人文社科
高校学术研究论著丛刊

新媒体与新平台环境下高职师范生信息化应用能力培养与提升

程林钢 著

中国书籍出版社

图书在版编目(CIP)数据

新媒体与新平台环境下高职师范生信息化应用能力培养与提升/程林钢著.--北京:中国书籍出版社,2020.7

ISBN 978-7-5068-7915-6

Ⅰ.①新… Ⅱ.①程… Ⅲ.①高等师范教育-信息化-能力培养-研究 Ⅳ.①G203

中国版本图书馆CIP数据核字(2020)第142609号

新媒体与新平台环境下高职师范生信息化应用能力培养与提升

程林钢 著

丛书策划	谭 鹏 武 斌
责任编辑	吴化强
责任印制	孙马飞 马 芝
封面设计	东方美迪
出版发行	中国书籍出版社
地 址	北京市丰台区三路居路97号(邮编:100073)
电 话	(010)52257143(总编室) (010)52257140(发行部)
电子邮箱	eo@chinabp.com.cn
经 销	全国新华书店
印 刷	三河市铭浩彩色印装有限公司
开 本	710毫米×1000毫米 1/16
印 张	17.75
字 数	243千字
版 次	2021年4月第1版 2021年4月第1次印刷
书 号	ISBN 978-7-5068-7915-6
定 价	89.00元

版权所有 翻印必究

目 录

第 1 章 互联网 + 教育 ………………………………… 1
1.1 互联网 + 教育与教育信息化 ………………………… 1
1.2 互联网技术的应用对教育的促进与影响 …………… 4
1.3 "互联网 +" 与教育的融合贵在信息技术应用 …… 9
1.4 在线教育平台构建和管理技术 ……………………… 17
1.5 实际需要的互联网 + 教育的技术创新 ……………… 25

第 2 章 师范生信息化应用能力培养方向与目标 ……… 28
2.1 《教育信息化 2.0 行动计划》的核心理念 ………… 28
2.2 师范生信息化应用能力培养的重要性 ……………… 30
2.3 师范生信息化应用能力培养现状 …………………… 31
2.4 师范生信息化应用能力培养方向与策略 …………… 38

第 3 章 师范生应具备的基础信息化应用能力 ………… 64
3.1 利用 Word 编辑教学文档 …………………………… 64
3.2 利用 Excel 统计分析教学成绩 ……………………… 69
3.3 PPT 课件的高效制作 ………………………………… 73
3.4 微课的制作 …………………………………………… 99
3.5 云存储的使用 ………………………………………… 120

第 4 章 师范生信息化的教育教学能力 ………………… 128
4.1 对多媒体教学资源的获取与处理 …………………… 128
4.2 多媒体教学素材加工 ………………………………… 145
4.3 新媒体环境下的教学设计 …………………………… 162
4.4 使用学科软件辅助教学 ……………………………… 169

第 5 章　在线教育 ·············· 180
5.1　线上线下融合的课程形态 ·············· 181
5.2　在线教学的新形态 ·············· 201
5.3　线上教学 ·············· 208
5.4　线上直播与录播 ·············· 213

第 6 章　中小学网络云学习平台 ·············· 218
6.1　国家中小学网络云平台 ·············· 218
6.2　钉钉在线课堂 ·············· 219
6.3　腾讯教育 ·············· 222
6.4　优学派智慧教育 ·············· 225
6.5　超星泛雅平台 ·············· 228
6.6　其他网络云学习平台 ·············· 234

第 7 章　如何实践翻转课堂和混合式教学 ·············· 252
7.1　如何实践翻转课堂和混合式教学 ·············· 252
7.2　翻转课堂如何改变教学 ·············· 255
7.3　如何利用交互式资源进行翻转 ·············· 262
7.4　如何选择与使用学习资料 ·············· 264
7.5　反思翻转课堂 ·············· 266

参考文献 ·············· 274

第1章 互联网+教育

网络等现代信息技术的发展带来了知识碎片化,信息传播的形式已经是知识传播的方式之一,而智能和感知技术给人类知识的积累与认知方式注入了新的内容。这些新技术的发展对人才能力的需求在演变,对教育内涵的影响也有突破性的变化。这种形势在不断提醒我们,教育的目的不是学会知识,而是习得一种思维方式。

1.1 互联网+教育与教育信息化

教育的一般问题随技术的引入而不断发展。以信息化为核心的新技术革命对人类的冲击比之前的机械化和电气化来得更为凶猛。它不仅仅带来人生活方式的改变,还带来了知识爆炸。知识爆炸是对人类思维的冲击,这种冲击对教育的影响显然比之前几次技术革命要大得多。

20世纪80年代的畅销书《第三次浪潮》对信息化的影响做了分析和展望,并总结了传统工业革命对教育的影响:"自19世纪中叶第二次浪潮掠过各个国家后,人们发现了一项无情的教育进展:孩子进入学校的年龄越来越早,在学校的年限越来越长,义务教育的时间不可避免地延长了。""大众教育显然是一项人性化的措施。1829年一群技术人员和工人在纽约市宣布:'除了生命和自由,我们认为教育是人类享受到的最大福祉。'然而,第二次浪潮的学校把一代一代的年轻人制作成电机科技和装配线所需要的顺从划一的工作人员。"该书同时也论及了"第三次浪潮"的特点,并分析了对教育的可能影响。其认为,真正的"第三次浪潮",更深刻地改变了人们对知识在几百年中形成的认识。更加详细的技术细节知识,使人系统化地掌握全部知识已经越来越困难,甚至有些不可能;同时,碎片化学习成为当前网络在线学习的主要形式,这已经影响了信息化时代成长起来的人的思维方式。

"信息化"一词最早于20世纪60年代出现在日本的一些学术文献中,其对应的英文词汇为Informationization。1993年9月,美国克林顿政府正式提出建设"国家信息基础设施"(National Information Infrastructure)计划,俗称"信息高速公路"(Information Superhighway)计划。在其带动下,许多发达国家和发展中国家相继出台了一系列国家信息基础设施建设规划,从而掀起了全球信息化建设的浪潮。1997年,我国召开的首届全国信息化工作会议对信息化的定义为:"信息化是指培育、发展以智能化工具为代表的新的生产力并使之造福于社会的历史过程。"

2012年,美国的Coursera、Udacity和edX三大平台强势推出MOOC(Massive Open Online Courses,大规模开放式在线课程,也称慕课)教育模式,掀起了教育信息化的新浪潮。从2013年起,我国的教育部门和大学陆续开始开发、建设基于三大平台的MOOC教育网站,比如爱课程网、清华大学开发的学堂在线、中国农业大学开发的雨虹学网等。

信息化技术的发展使基于互联网的相关技术已经与教育密不可分,且互相作用,并使教育进入一个新阶段,即互联网+教育阶段。下面介绍几个有趣的小故事。

可汗的故事:萨尔曼·可汗毕业于美国著名的麻省理工学院(MIT),毕业后就职于一家基金公司,成为一名白领。2004年,可汗上七年级的表妹纳迪亚在学习数学时经常遇到疑难问题,就向素有"数学天才"之称的可汗求助。可汗通过简单的聊天软件、互动写字板和电话对表妹进行辅导,为她解答各种数学问题。后来,可汗将这些数学辅导内容制作成视频,放到网站上,这些视频很快就受到了网友们的热捧。成为"网红"之后的可汗又开始尝试制作科学、计算机等科目的辅导视频。2007年,可汗正式创建了一家名为"可汗学院"的非营利性网站。除了视频授课,"可汗学院"还提供在线练习、自我评估及进度跟踪等学习工具。可汗说:"我希望可汗学院是一个独立的虚拟学校,所有人只要想学习,就可以来到这个平台。学生可以按照自己的步调学习。"

特隆的故事:塞巴斯蒂安·特隆是美国斯坦福大学的终身教授。2011年,特隆和同事彼得·诺维格教授决定,把他们在斯坦福大学讲授的"人工智能导论"(Introduction to Artificial Intelligence)课程放到网上。短短数月,这门课程就吸引了190多个国家约16万名学生注册。特隆还告诉本校的学生,如果不想去课堂听课也可以在网上学习。结果,超过3/4的本校学生选择了后者,在寝室里看视频、做练习。出人意料的是,这届学生的期中考试成绩比以往的平均成绩要整整高出一个等级,似乎学生更愿意在网络上学习。

中国大学 MOOC 的网友留言:我是一个上班族。全是因为兴趣爱好,想要学习 IT 并能够开发软件才选修了您的"C++语言程序设计"课程,全靠上下班路上的时间学习。通过网上跟着老师学习和练习,感觉能更容易、更系统地掌握 C++ 知识,而自己自学很难做到这点。

从以上几个小故事可以看出,互联网+教育已从梦想走向现实。互联网技术的应用促进了教学模式的多样化,例如,"可汗学院"可以像家教一样辅导中小学生的功课;大学老师可以将大学课堂拓展到校外,同时也提升了在校生的学习兴趣和学习效果。教育互联网化为"终身学习"提供了一种便捷有效的途径。

1.2 互联网技术的应用对教育的促进与影响

1.2.1 教学模式趋于多样化

教学模式是关于教学的理论化操作样式,是从教学原则、教学内容、教学目标、教学过程、教学组织形式到教学评价的整体模型。学校教育通常采用"课堂授课→课外作业→复习答疑→结课考试"的教学模式。这种模式千篇一律,所培养的学生习惯于被动接受,缺乏主动性。教育学家一直在积极探索,分别从哲学、心理学或生理学等不同角度对教学模式进行改进与创新。

信息技术、互联网技术、移动技术等现代信息技术在教育领域的应用极大地拓展了教育的时空界限,改变了教与学的关系,推动教学模式朝着多样化的方向发展。

以下是几种具有代表性的基于"互联网+"的现代教学模式。

1.2.1.1 MOOC 教学模式

MOOC 教学模式突破以往"课表+教室"的时空限制,多渠道拓展了教学资源,并能够提供个性化教学环境。其主要特征如下:

(1)大规模。大规模主要体现为学习者人数多;参与教师多并能以团队方式参与课程建设;平台具有大量可供选择的网络课程。

(2)开放。开放主要体现为学习者没有身份限制;具有开放的教学形式和课程资源;具有开放的教育理念。

(3)在线。教师可以随时随地将课程、教学内容与资源上传到网络平台。学习者只要具备上线条件就可以随时随地学习,并能够及时得到学习反馈和学习效果评价。网络平台可以实时记录学习者的学习轨迹。

MOOC教学模式为传统教学系统中基本要素（教师、学生、教材）之间的相互作用提供了更多选择，不同的优化组合可以建构出新的教学模式。另外，MOOC教学模式可以突破传统教学时空限制，拓展教学信息资源，扩大教学信息交流范围，提供个性化教学环境，从而为建构新型教学模式提供了技术条件。

1.2.1.2 SPOC（Small Private Online Course，小规模限制性在线课程）教学模式

SPOC中的Small和Private是相对于MOOC中的Massive和Open而言的。Small是指学生规模一般为几十人到几百人；Private是指对学生设置限制性准入条件，达到要求的申请者才能被纳入SPOC课程。SPOC教学模式的基本流程是，教师把在线视频和习题当作家庭作业布置给学生，然后根据学生所遇到的问题有针对性地安排课堂教学活动；学生必须保证学习时间和学习强度，参与在线讨论，完成规定的作业和考试等，且考试通过者才能获得学分。SPOC教学模式具有以下优势：

（1）提高教学质量。SPOC教学模式不是简单地照搬MOOC。课堂教学在SPOC教学模式中占据主导地位。SPOC课堂的教学活动以答疑、讨论为主，并引入问题探索，培养学生运用知识解决问题的能力。在学校，课堂学时是宝贵的。SPOC课堂的重点从"知识的传授"转变为"知识的吸收与内化"，而学生观看视频等知识传授活动通过线上完成，时间是灵活的，方式是自由的。这样学生学习更具有主动性，参与度更高，学习效果也更好。SPOC教学模式可以有效平衡因材施教和整体教学质量这两方面。

（2）降低教学成本。SPOC教学模式利用作业自动评判和学习轨迹追踪技术，将教师从烦琐的重复性劳动中解放出来；利用大数据技术，更方便地开展教学评估，降低教学管理成本。

（3）提升学校软实力。SPOC教学模式能够为不爱表达的同学提供一条网络交流渠道，加强师生之间的互动；能够通过课程

论坛促进同学之间的交流,互帮互学,形成良好的学习氛围。

1.2.1.3 混合式教学模式

在线教学模式和课堂教学模式各有千秋,网络环境下的混合式教学模式则融合了这两种教学模式的优势,把"以学为主"的教学设计和"以教为主"的教学设计结合起来,打破了传统学校教育的课堂教学模式,同时也突破了在线教学模式无法实时有效地沟通和交流的局限,是一种全新的教学模式。

加入信息元素的混合式教学模式,使传统教学课题的结构发生了根本改变。过去同步递进的大班教学,使很多接受能力慢的学生因赶不上老师进度而逐步产生厌学思想,甚至放弃学习。相比之下,混合式教学模式通过互联网环境,使学生多了课前预习及课后补习的渠道,并使学生可以在网络上得到知识,课堂上更多的是师生互动、答疑解惑。混合式教学模式需要集教学内容发布与管理、课堂教学、在线教学交互、在线教学评价、基于项目的协作学习、发展性教学评价和教学管理等功能于一体的网络教学平台来支撑。目前国内较流行的通用网络教学平台有4A、清华教育在线、电大在线、网梯教学平台、安博在线等,国外则有WebCT、Blackboard、UKeU、Frontier、Learning Space等。

1.2.1.4 微学习教学模式

微学习(Microlearning)教学模式指的是微观背景下的学习模式。提出微学习概念的林德纳认为,微学习就是一种存在于新媒介生活系统中的基于微内容和微型媒体的新型学习形态。微学习区别于微课程,微学习处理的是相对较小的学习单元及短期的学习活动。微学习教学模式把知识分解成小的、松散的且相互关联的学习单元,即碎片化但成系统、有组织的学习内容,然后学习者通过较短的、灵活的学习时间开展学习活动。其学习过程基于微型媒体工具,如手机、平板电脑等。微学习的核心理念是:

随时随地学习，想学就学。

名校、名师、精品、开放、免费和移动，现在已经融合并发酵出了 MOOC、SPOC、混合式、微学习等教学模式。发酵还在继续，未来还会出现什么，让我们拭目以待！

1.2.2 教师教学方式发生转化

"我能在网上看到全球最好的老师了，为什么一定要来听你的课？"这名学生的话会引起所有教师的思考。

互联网+教育模式的核心理念是共享和开放，其目的是实现教育资源价值的最大化。与传统视频公开课不同的是，在线课程能够提供学习者完整的学习体验，从电子化的教学大纲、教材，到在线教学视频、答疑、讨论和最终的学习评价，覆盖了完整的学习过程。

开设一门在线课程，教师的工作主要分两个阶段。第一阶段是课程内容建设。教师要根据在线课程的特点重新组织教学内容，录制教学短视频，并提供可自动评判的在线练习题。第二阶段是按教学大纲发布课程。学生按进度自主学习，而教师的主要工作是跟踪学习情况，及时提供在线答疑，并参与或引导学习讨论。可以清晰地看到，教师的教学方式和方法正在发生剧烈的变化。

1.2.3 学生学习方式发生转变

互联网+教育教学模式是以学生为中心开展各项教学活动的，学生是学习的发起者，而教师是引导者。学生在学习方式上必须有所转变，才能真正有所收获。

1.2.3.1 明确学习动机和预期

互联网是一个开放的世界，在线教育网站上的课程百花齐放。作为互联网+教育时代的代表性产品，MOOC 很热门也很尴尬。据统计,在免费、开放、自由的学习环境下,90%的学生不能完成在线课程的学习,中途辍学。网络课程的辍学率为什么这么高？教育技术咨询专家和分析师 Phil Hill 在 MOOC 教学实践的基础上总结出参加在线课程学习的五种学生类型。

（1）爽约者（No-Shows）。他们选修了某门在线课程,但从未进入过该课程的学习页面。在网络课程中,这类学生往往是最大的一个群体。

（2）袖手旁观者（Observers）。这些学生登录了课程,也许还阅读了课程内容,浏览了其他学生的讨论,但除了那些插在视频中的强制小测验,他们不会参与其他任何形式的练习、作业或考试。

（3）临时进入者（Drop-Ins）。他们参与某一门课程中的一些选题或一些活动（如观看视频、浏览或参与讨论组）,但他们不会去努力完成整个课程。

（4）被动参与者（Passive Participants）。这些学生以消费的方式浏览一门课程,也许观看视频、参加测试、阅读讨论组的内容,但是他们通常不会主动完成课程作业与任务。

（5）主动参与者（Active Participants）。这些学生全身心地参与课程,参与讨论组,并完成绝大多数作业、任务和所有的测验与评估。

如果要从网络学习中有所获,学生首先需要明确自己为什么学习、要学到什么,把自己从爽约者、袖手旁观者、临时进入者、被动参与者转化为主动参与者。只有有了明确的动机和预期之后,学习才是一个自发性的、主动的过程。然后学生可根据自己的兴趣和需要,进入选课环节。

1.2.3.2 正确选择课程

选课是开始在线学习的第一个环节。每门在线课程都有课程介绍、教学进度、评分方法,也有课程主讲教师的介绍。学生可以选择感兴趣的课程和老师。

和学校课程一样,在线课程也有开课和结课时间,并严格按教学大纲进行教学。学生应按照课程进度参与学习。如果学生仅仅是看视频,初步学习课程知识,每周只需要一两个小时就够了;如果学生希望深入掌握课程教学内容,并能够通过课程认证,拿到证书,那就需要投入较多的时间。通常,在线课程每周需要投入的时间不会超过 8 小时。除了查看课程公告,观看教学视频,做练习题、单元测验、单元作业和考试,课程的论坛讨论也是在线学习过程中的重要活动。提出问题并与老师讨论,能够让学生有效地吸收并内化知识。观看其他同学的帖子并积极参与讨论,或者互相评判作业,这些都是在线学习过程中很有意思的事情。在线课程的自动评判技术能让学生实时得到成绩,发现知识盲点。

1.2.3.3 碎片化持久学习

当今社会,每天信息都在呈爆炸式增长,知识更新快,学习已成为每个人生活的一部分。利用移动终端等佩戴装置进行碎片化学习成为一种新的学习方式。在线课程一般都是开放的,每个人都可以参与学习,不管是在校生还是在职人员,无论年龄大小,无论贫富强弱,只要注册一个账号就可以开始学习之旅。

1.3 "互联网+"与教育的融合贵在信息技术应用

信息技术的发展对教学理念、教学资源、教学过程、教师的教学方式和学生的学习方式都产生了深刻的影响,尤其是依托信息技术构建的多媒体和网络教学环境,为多元"学与教"方式的实现提供了理想的场所和技术支持。

1.3.1 信息技术应用增强"学与教"的内在关系

随着教育信息化的深入发展,各级各类学校的教学环境、教学资源都得到了极大的改善。信息技术在教育教学中的应用,使得学校对教育信息的处理和管理能力得到了提升,实现了教学信息数字化、信息存储光盘化、信息呈现多媒体化、信息传输网络化,并将逐步实现教学资源系列化、教学过程智能化和教学管理现代化。信息技术的发展对教育教学的影响,以及信息技术环境对"学与教"方式的支持表现在以下几个方面。

1.3.1.1 信息技术应用创新教学理念

信息技术的发展使得学生获取知识的途径发生了很大的变化。除了从教师和书本中获得知识,学生也可以从网络中检索到大量知识。教师不再是学生知识的唯一来源。学生的知识过去基本上是通过课堂来学习的,老师讲,学生听,然后记忆和理解;而现在,学生可以通过网上检索、通信交流、协同学习,甚至玩电子游戏来获得知识。因此,课堂教学形式受到了挑战。

随着建构主义学习理论的发展,学者对学生学习心理机制的理解也发生了变化。"知识不是通过教师传授获得的,而是在一定的情境下,借助他人的帮助,利用必要的学习资料,通过意义建构方式而获得的。"这个理念逐步深入人心。因此,教师的"传道、授业、解惑"的职能受到了挑战。当传统的教学理念不再适应当前的教学时,新的教学理念就应运而生。

(1)现代教学观。教学过程可看作师生交流、积极互动、共同发展的过程。在这个过程中,学生是知识积极的探索者和建构者,教师则是学生学习的帮助者和指导者。师生互动有利于培养学生的创新思维和创新能力,促进学生的全面发展。

(2)现代学生观。学生可看作独立的、有待完善的、发展中的"人"。教育的职责是要把学生培养成为具有完善人格、丰富知识、创新思维和创新能力的一代新人。鉴于此,在信息技术环境下新的教学理念强调师生之间、学生之间的动态信息交流,通过信息交流实现师生互动,相互影响、相互沟通、相互补充,并实现共识、共享和共进,彼此形成一个真正的"学习共同体"。新的教学理念的核心是"交互"——交往和互动。对教学而言,这意味着对话、参与、共同建构；对学生而言,这意味着心态的开放、主体性的凸显、个性的张扬、创造性的解放；对教师而言,这意味着上课不仅传授知识,更要一起分享理解。

1.3.1.2 信息技术应用创新教学资源

信息技术的发展促使教学资源发生了根本性的变化。其形态除了传统的文字教材和音像教材,还出现了以多媒体计算机和网络为载体的教学课件、专题学习网站和网络课程,构成了立体化的教材体系;再加上印刷品、模型等传统媒体,以及试卷试题与测评工具、文献资料、目录索引和网络资源等,构成了丰富多彩的教学资源。不同的教学资源可以支持不同的教学活动。尤其是教学课件、专题学习网站和网络课程,因其具有丰富多样的信息资源承载形式、灵活方便的交互特点,将被越来越多地应用于信息技术环境下的多元"学与教"方式中。

1.3.1.3 信息技术应用创新教学过程

信息技术对教学过程的影响表现在教学内容、教学策略(包括教学模式、教学方法和教学组织形式)和教学评价等方面。

(1)信息技术应用对教学内容的影响。传统教学内容的组织结构是线性的,在教学中强调由浅入深、由近及远、由具体到抽象的原则。信息技术的运用可以克服线性知识结构的缺陷,使信息具有多种形式、非线性网络结构的特点,以符合学生的认知规律。教师可以运用信息技术并按照人类的思维方式、基于语义网络的理论来组织教学内容,从最初的知识节点出发,把呈网状分布的知识链结成一种多层次的知识结构。学生可以根据自己的实际能力和学习需要来安排学习,充分发挥自己的积极性和主动性。另外,教师可以运用信息技术对教学内容进行结构化、动态化和形象化处理。教学内容可以集文本、动画、声音、图像于一体,使知识信息的来源丰富、内容充实、形象生动且具有吸引力。信息技术的运用能够为学生创造一个宽阔的时域空间,既能超越现实,生动地展示历史或未来的认识对象,又能拓宽活动范围,将巨大空间与微观世界的事物展示在学生面前,还能使教育资源共享变为现实,使学生占有的时域空间不断扩大。

(2)信息技术应用对教学策略的影响。在信息技术环境下,教师可以利用多媒体计算机创设启发式、引导式的学习情境,充分调动学生的思维,发挥学生学习的主动性,引导学生积极主动地完成学习任务。学生可以利用多媒体计算机和网络开展自主学习、协作学习。师生双方可以通过计算机和网络进行随时随地的交流与沟通,并可以平等地占有资料、交流心得、研讨问题。信息技术从根本上改变了传统的教学结构,使得呈现在学生面前的不再是单一的文字材料和一成不变的粉笔加黑板的课堂,而是多媒体教学资源和教学环境,是学生可以自主学习和协作学习的多媒体网络教学系统(其输入/输出手段的多样化使教学具有很强的交互能力)。多种学习方式交替使用,可以最大限度地发挥学生学习的主动性,并促使学生完成学习任务。在这种形势下,我们不仅要重视教师的"教"法,更要重视学生的"学"法。教学模式、教学方法和教学组织形式的改变,使得教学策略研究成为新课程改革的重要内容。

(3)信息技术应用对教学评价的影响。传统的教学评价主要以考试测验为主,评价主体、评价内容、评价方式都比较单一。新的教学理念要求教学评价主体多元化、评价方式多元化。信息技术正好可以对评价方法和手段提供支持,例如,运用信息技术编写的计算机测试工具,既可用于学生自我反馈,也可用作教师电子测评的手段;利用网络平台的记录、分析功能进行的数据挖掘,可以优化教学过程评价;利用计算机制作的档案袋,可以对学生的成长过程进行跟踪评价,等等。

1.3.1.4 信息技术应用创新教学环境

信息技术的发展,改变了传统的粉笔加黑板的单一的教学环境,构建了多媒体教室、网络教室、移动网络教室、专用教室,以及校园网络环境和互联网网络环境,使得"学与教"的活动可以在各种适宜的信息化环境中开展。

多媒体教室可以实现多种教学资源的随机呈现;网络教室可让学生使用信息技术工具和网络资源进行自主学习与研究型学习;移动网络教室可以实现不受时间、地点限制的学习活动;专用教室可以满足特殊学习活动的需要。不同的教学环境可以支持不同的教学活动。可以通过选择合适的教学环境,充分利用现有的信息技术软硬件条件,为教学活动提供支持和保障。学校中的信息技术环境还包括教师电子备课室、校园网与学校主控室、录播教室、区域综合性应用平台等公共教学服务环境。教师电子备课室可以为教师提供良好的备课、研讨环境;校园网与学校主控室可以为全校教师和学生提供网络教学平台及教学资源;录播教室可以为师生提供优质课的录制、观摩和研究;区域综合性应用平台可以为学校和本地区的教学、教研提供案例、远程教学观摩及评课,为促进学生、教师、学校,乃至地区教育的均衡、和谐发展,以及为深化教育教学改革做出贡献。

1.3.1.5 信息技术应用创新学习方式

信息技术在教育教学中的应用,除了影响教学,还会影响学生的学习方式。学习方式是指学生在完成学习任务过程中的基本行为和认知取向。根据国内外学者的研究,学习方式主要有两种:一种是传统的学校教育采用的学习方式,注重学生对知识的接受和独立完成任务,是一种被动的、接受的、封闭的学习方式;另一种是在对传统学习方式进行反思和批判的基础上形成的学习方式,注重学生对知识的积极建构和合作学习,是一种主动的、发现的、合作的学习方式。在教学过程中,这两种学习方式往往同时出现,相互融合在一起,关键要看以哪种学习方式为主,以哪种学习方式为辅。传统的学习方式把学习建立在人的客体性、受动性和依赖性之上,忽略了人的主动性、独立性和合作性。新的学习方式将被动的、接受的、封闭的学习方式转变为主动的、发现的、合作的学习方式，提倡自主与探索，发挥学生的主体意识、创造性和实践能力，从而使学生真正成为学习的主人。

1.3.2 大数据推动教育模式继续演变

1.3.2.1 大数据催生新的教学模式

通过大规模教学数据来对课程资源进行反复检验和改进，可进一步提高在线教学资源的优质性。同时，在线学习并不是孤立的记忆与练习。开放的网络教学平台为学生和学生、学生和教师之间搭建了良好的交流途径，应鼓励学生协同学习、发表观点、交流看法以培养互相学习的氛围，使学生在探讨中提出问题，在相互质疑与论证中得出正确的结论，共同成长。这样的互动过程也有助于教师掌握学生的学习情况，便于教师有针对性地答疑解惑，解决学生学习过程中的问题。此外，教师之间也可以通过交流平台对课程的教学重点、难点进行分析探讨，以便促进新的、更好的教学模式的产生，使未来新的教学模式更趋于科学化、合理化。

1.3.2.2 大数据转变教学观念

伴随着信息技术的进步和大数据的不断发展，大规模在线教育平台将给教学机构的教学观念带来深刻影响。当在线学习逐渐成为学生获取知识的主要途径时，传统课程将起到辅助教学的作用。"翻转课堂"的教学组织形式，将改变以往课上教师授课、课下学生练习的教学观念：课下，学生通过网络在线学习，自学全球一流大学高质量的课程内容；课上，教师组织学生对所学知识进行复习、讨论、答疑解惑。

1.3.2.3 大数据促进个性化教育

为学生创造个性化教育的环境,依据学生的学习情况和个人特点开展有针对性的教学指导,是教学模式改革发展的必然趋势。个性化教育要求施教者必须了解学生已有的知识储备、学习能力及兴趣特长等。尽管过去我们也强调因材施教,但真正做到这一点并非易事,而大数据时代为其实现提供了可能。

1.3.3 大数据+物联网+云计算=智慧课堂

在"互联网+"时代,基于物联网、大数据、云计算等新一代信息技术构建的智慧课堂相较于传统课堂,在信息技术与教学的融合创新及应用上具有重要的特色,其核心特征包括以下四个方面。

(1)教学决策数据化。智慧课堂以构建的信息技术平台为支撑,基于对动态学习大数据的收集和挖掘分析,对学生学习全过程及效果进行数据化呈现,依靠数据精准地掌握学情,甚至每个学生的学习情况,并基于数据进行决策。智慧课堂可方便教师有的放矢地安排及调整教学内容的重点和难点,并为学生的私人定制化学习、个性化发展提供可能与平台。

(2)评价反馈即时化。智慧课堂教学中采取动态伴随式学习评价,重构了形成性教学评价体系,即贯穿课堂教学全过程的动态学习诊断与评价,包括课前预习测评与反馈、课堂实时检测评价与即时反馈、课后作业评价及跟踪反馈,从而实现即时、动态的诊断分析及评价信息反馈。

(3)交流互动立体化。智慧课堂教学的交流互动更加生动灵活,教师与学生之间、学生与学生之间的信息沟通和交流方式多元化,除了在课堂内进行师生互动,师生还可以借助云端平台进行课外交流,在任何时间、任何地点进行信息交流和互动,从而实现师生、生生之间全时空的持续沟通。

(4)资源推送智能化。智慧课堂为学生提供了形式多样的富媒体资源,包括微视频、电子文档、图片、语音、网页等,而且可以根据学生的个性化特点和差异,智能化地推送针对性的学习资料,满足学生富有个性的学习需求,帮助学生固强补弱,提高学习效率。

智慧课堂是当前教育信息化研究的新的热点问题,体现了学校教育信息化发展从理念到实践、从宏观到具体、落实到课堂教学的客观趋势。智慧课堂是"互联网+"时代学校教育信息化聚焦于教学、聚焦于课堂、聚焦于师生活动的必然结果。其利用"互联网+"的思维方式和大数据、物联网和云计算等新一代信息技术打造智能、高效的课堂,实现课前、课中、课后全过程应用,从而促进学生的发展。

1.3.4 虚拟现实技术和人工智能技术将引领教育的发展

虚拟现实技术能表现出一切人所具有的感知作用。虚拟现实技术由于具有交互性、沉浸感和构想性等特征,以及具有景物内部多方位观察与情境再现的功能,可以充分调动学习者的思维和感觉器官,从而将为教育领域的发展注入新的活力。

现代远程教育作为交互式的网络教育,需要对课堂场景、教学设备、实验情景进行逼真模拟以达到理想的教学效果,这使得现代远程教育和虚拟现实技术的结合成了必然。利用虚拟现实技术实现时空虚拟、内容虚拟、学习设备虚拟、角色虚拟,将为远程教育带来长远的发展空间。

(1)增强课件效果,丰富课程资源。
(2)构建虚拟学习环境,实现远程教育导航。
(3)构建虚拟实验环境,实现远程技能训练。
(4)实现多人协作的虚拟学习环境。

将虚拟现实技术引入课堂,与课中教学知识点进行深度整合,可为学生创造真实学习情境。在课堂上,赤壁之战可以"围观"了、人的体内可以"旅游"了……所有极大、极小、极抽象和极具体验感的知识点,都可以立体学习了。在教学实践中,亲身经历、亲身感受比空洞抽象的说教更具说服力,主动地去交互与被动地去观看有质的差别。因此,虚拟现实技术可以广泛用于学习情景的创设,增加学习内容的形象性和趣味性,进而实现模拟训练。采用虚拟现实技术进行学习和教育,不仅可以减少现实空间中某些训练操作的困难和危险,更可以大幅度降低训练费用。可以说,虚拟现实技术将是继多媒体技术、计算机网络技术之后,在教育领域内最具有应用前景的一项技术。

虽然互联网+教育在我国已经扎根并发展了起来,但目前做得比较多的还是内容建设、工具建设、线上线下结合等工作,这样的在线教育仍具有局限性。在线教育的真正突破点是技术发展支持下的个性化学习体验。也就是说,只有人工智能技术的发展及其与教育的深入融合,才能够打破目前在线教育的局限性,真正实现优质高效的远程教育。试想,未来人工智能技术实现突破后,有可能会出现高水平的机器人教师,它们会根据教学中的提问和解题中的问题,构建一个学生的学习优势、弱势模型,从而实现因材施教。这样才能在随时、随地、随意学习的基础上,达到"学好"的效果。

教育中的人工智能可以实现什么?如何实现?人工智能是否能打开学习黑匣子,让我们更深入地了解学习是怎么发生的?数据收集及数据处理是否可以帮助我们优化学习路径,通过梳理,我们认为人工智能可能会在自动批改作业、个性化学习、内容分析、智能评测等几个领域影响教育行业。

1.4 在线教育平台构建和管理技术

构建一个好的在线教育平台,除了充分利用以上提及的互联网基础技术,还要充分考虑平台的可扩充性、可维护性及安全性保障等诸多因素。

1.4.1 在线教育平台构建技术

一个理想的在线教育平台应该完全基于云架构进行设计、开发、部署。图1-1所示为一个在线教育平台架构实例。其中,基础设施即服务层的数据中心用于存储在线教育数据,是必不可少的组件,而其他组件如录播教室、多媒体教室等均可独立于在线教育平台存在。平台即服务层由不同功能的云提供相应的云服务。应用即服务层则基于底层数据和服务针对不同的上层用户提供不同的教育应用。

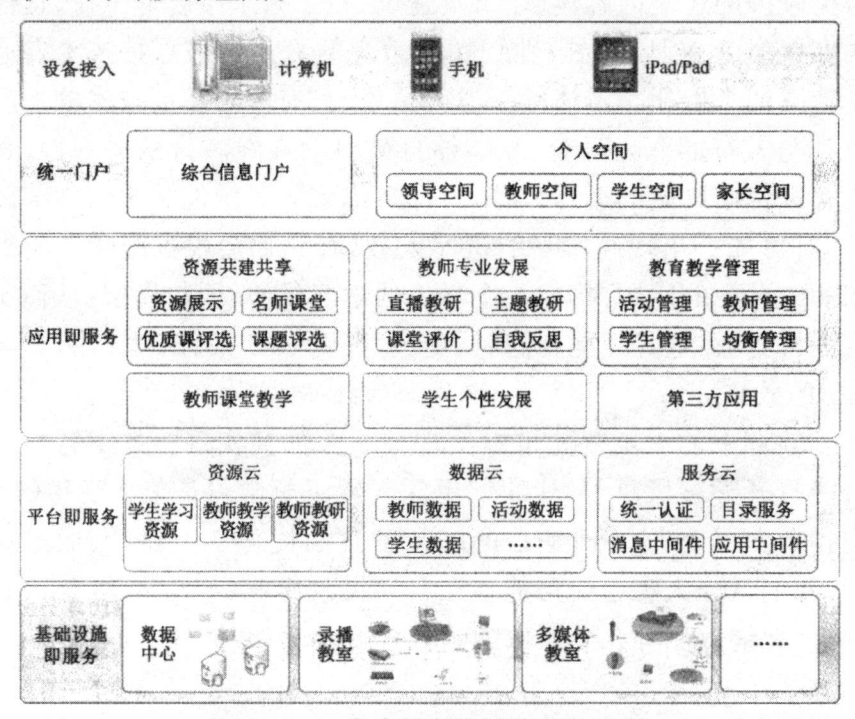

图1-1 一个在线教育平台架构实例

部署和运行一个在线教育平台需要可扩展的基础网络拓扑支撑,以便应对在线教育资源和用户持续增加、平台功能不断扩充,以及计算机集群动态变化等情况。

图1-2所示为中国农业大学雨虹学网的技术架构,其利用基础设施层技术、中间层技术及Web层技术为教师和学生提供功

能丰富的服务。

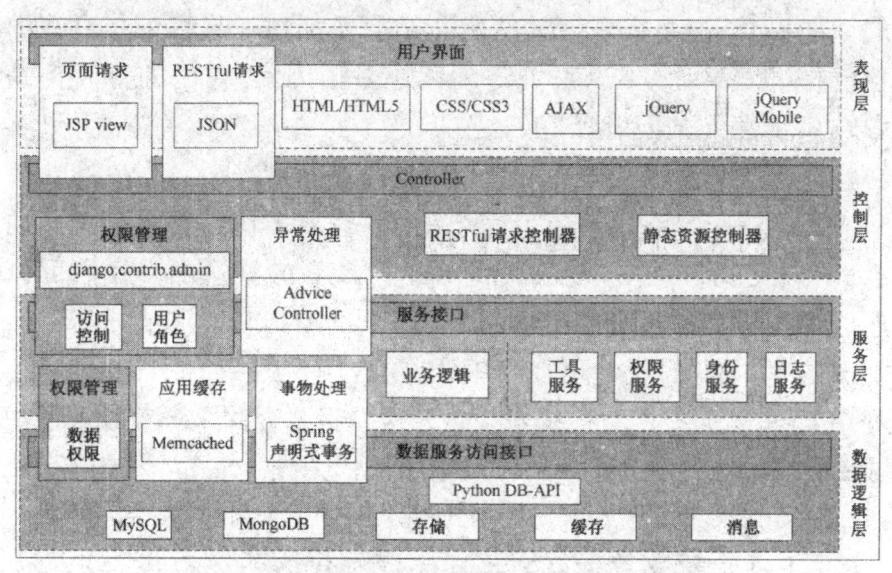

图 1-2 中国农业大学雨虹学网技术架构

一个好的技术架构易于在线教育平台功能的实现、维护和扩充，一个优秀的系统部署方案能够保障在线教育平台的顺利运行、维护和扩展，而一个符合在线教育工作者和在线教育接受者实际需求的功能组合、合理设计的数据仓库，以及科学严谨的信息流转逻辑设计等才能构成一个在线教育平台有机体，它们是在线教育平台的灵魂，在很大程度上决定了在线教育平台的价值和命运。

1.4.2 高性能网站构建技术

架构在互联网上的教育网站需要具有应对大规模访问的性能，即具有高吞吐能力。高性能系统的瓶颈是指影响其性能的关键因素，这些关键因素又会随着系统的运行不断发生变化或迁移。例如，由于站点用户组成结构的多样性和习惯的差异，不同时段系统的瓶颈各不相同。又如，站点在数据存储量或浏览量增长到不同级别时，系统瓶颈也会发生迁移。同时，在这些关键因素的背后，也存在很多不能忽视的子因素，它们构成了性能优化的"长尾效应",也就是说,单个子因素的优化可能不会带来明显的性能提升,但多个子因素的优化结果叠加在一起将带来可观的性能提升。然而,不论是关键因素还是子因素,它们的背后都是影响系统性能的问题所在,这些问题本身并不涉及关键性,只有在具体系统和应用场景下,才会看出其是否关键。

那么,一个互联网+教育网站到底需要多快呢?对于页面加载,研究发现,1~3s能够提供给用户最高的舒适度。我们可以通过权衡页面的美和快,通过减少网页的HTTP请求来提高页面加载效率。例如,设计更加简单的、包含较少图片和脚本的页面;利用CSS背景图片偏移技术呈现多个图片;合并JavaScript脚本或CSS样本表;充分利用HTTP中的浏览器端Cache策略等。

1.4.3 在线教育平台安全保障措施和技术

在线教育平台无论是部署在局域网中,还是部署为互联网云平台,都需要切实可靠的安全措施保障其顺利运行和维护。目前,可以通过以下几个方面的措施或相关技术达到系统安全运行的目的。

(1)硬件设施保障措施。一个标准的机房环境是保障系统主机避免任何可能的停机及数据破坏与丢失的关键所在。选择性能优异、功能强大的服务器能够保证硬件具有足够的带宽和I/O吞吐能力,保障其长时间运行。同时,使用优秀的应用服务器技术能够实现负载均衡,避免单点故障。

(2)服务器平台的系统软件符合开放系统互联标准和协议。

(3)具有足够的存储能力。系统的存储能力主要考虑用户数据的存储空间、文件系统、备份空间、测试系统空间、数据库管理空间和系统的扩展空间等;同时,还要考虑随着时间的推移可能引发的服务器系统扩展行为,包括性能、处理能力的扩充,磁盘存储空间的扩展,I/O能力的扩充等。建议采用磁盘阵列等措施保障系统存储的安全性和可靠性。

（4）多道安全防范。根据用户的不同需求，可采用多层、异构、高性能的硬件防火墙对主机进行全面的保护；安装专业的防病毒扫描软件，杜绝病毒对主机的感染；选择安装。

（5）选择强大的数据库系统。

以上常规安全保障措施能够大幅度减少来自网络外部的安全威胁。除此之外，局域网内部的管理也非常重要。局域网内网逻辑边界不完整、缺乏有效身份认证机制、缺乏访问权限控制机制、内网主机漏洞及监管不严格等问题一直未得到很好的解决，造成了内网安全维护更加困难的局面。针对以上问题，首先要增强对内网用户及接入设备的有效监管，在此基础上采取技术手段实现安全防御：采用安全交换机，利用网络分段及VLAN方法从物理上或逻辑上隔离网络资源，从而加强内网的安全性；及时更新操作系统安全补丁，防患于未然；适时进行数据备份以防止软硬件故障及病毒破坏数据；使用代理网关隔离内外网之间的数据包交换，在代理服务器两端采用不同协议标准来阻止外界非法访问的入侵；充分利用网络操作系统提供的保密措施，设置目录和文件访问权限及密码，保证安全访问；针对计算机及其外部设备和网络部件的泄密渠道，如电磁泄漏、非法终端、搭线窃取、介质的剩磁效应等采取相应的保密措施。可以看到，在局域网内部，为了应付比以往更严峻的安全挑战，安全不应只停留在"堵""杀""防"，应该以动态的方式积极主动应对来自安全的挑战，因此，健全的内网安全管理制度及措施对保障内网安全来说必不可少。

此外，对于部署为云平台的系统，除了以上常规安全防御技术，还需要针对云平台面临的特定的安全问题采取相应的防范措施。一般来讲，云平台都采用安全的运行构架来保证其安全运行，但由于其大量采用虚拟化、分布式部署等技术，因而带来以下独特的安全问题：

（1）安全边界不清晰。云平台服务器采用了虚拟化技术，而虚拟化带来的风险主要表现在虚拟机被滥用、虚拟机逃逸、多租户间隔离失效、虚拟机的安全策略迁移等,这给已经定义好的安全边界带来很多冲击。另外,终端用户数量非常庞大,海量用户的身份认证与授权、访问权限的合理划分,以及账号、密码及密钥管理等都给云平台安全管理带来了巨大的压力。此外,实现共享的数据存放分散,使云平台无法像传统网络那样清楚地定义安全边界和保护措施。

（2）数据安全隐患。随着云计算技术的发展,云平台发展的趋势是将用户数据和相应的计算任务交给全球运行的服务器网络与数据库系统,用户数据的存储、处理和保护等操作都在云端完成,这样更多的业务数据、更详细的个人隐私信息将暴露在网络上,必然引发更大的泄露风险。用户数据面临的威胁不仅来自服务商、黑客、相邻恶意租户及后续租户对数据进行滥用或窃取、篡改等带来的风险,而且来自自然灾害、数据跨境流动等客观因素带来的问题。

（3）云平台应用程序安全涉及每类云服务。不管是SaaS、PaaS还是IaaS,都存在应用程序安全问题,服务商云平台上容易被放置恶意攻击程序,如果不加检查控制将导致诸多不良后果;应用程序接口安全问题也很突出,因为服务商需要提供各种接口供开发者调用,不可避免会存在不安全的接口,容易被恶意用户利用;应用程序本身的代码安全问题也会影响云平台安全,如果PaaS平台应用程序本身的代码存在各种漏洞,不仅直接导致该应用程序运行错误,还可能会影响PaaS平台本身的正常服务。

（4）系统可靠性和稳定性的隐患。云计算基于开放的互联网提供服务,面临众多未知的安全风险,云中存储了大量的数据,很容易受到数据窃取者的恶意攻击,以及滥用资源的云计算用户本身的攻击。当遇到严重攻击时,云系统可能面临崩溃的危险,无法提供高可靠性、稳定的服务。云服务不可用的原因主要包括DDoS攻击和僵尸网络、Web服务攻击、软硬件故障、电力中断和自然灾害等。另外,由于云服务提供商对应用程序开发有较多限制,这又给PaaS服务中应用程序的迁移带来了兼容性方面的安全问题。

（5）云服务运维和管理措施尚须提高水平。首先，特权用户如管理员的过失行为可能造成服务中断等严重后果。其次，云服务的运维层级发生了变化，原来基于物理主机的监控不再有效，无法有效监控虚拟主机是否已经出现问题。最后，云服务还处于发展阶段，云服务提供商在管理上的漏洞较多，对运维人员缺少针对性管理，并且缺少专门的机构、岗位和管理制度等。

以上云平台安全问题已成为困扰云计算更好发展的重要因素，其解决依赖于云服务提供商、云平台企业用户及云服务监管方的共同参与。

总之，在线教育平台的安全保护是一项重要、复杂的工作，而且随着服务平台和服务内容及访问用户的不断增加，可能还会出现新的安全问题。因此，应始终保持积极的态度，不断提升网络安全技术水平，使在线教育平台服务朝着可持续的方向健康发展。

1.4.4 在线教育平台维护和管理技术

当在线教育平台建好之后，接下来的任务就是保证其一直在线且正常运行。负责平台运维工作的单位需要制订相关的平台维护管理制度，建立系统运行和维护、平台信息安全和保密等规章，指派管理员负责日常运维及安全监控等工作。

一个功能完善的在线教育平台不仅要全天候处理来自世界各地用户的正常请求和操作，还要面对可能来自各个角落的误操作甚至恶意攻击，因此，系统日常运维监管工作是不可或缺的。一个平台的运维不仅包括系统操作指导、因系统缺陷导致的各种Bug的修复、因误操作导致的数据错误维护、系统突发事件的诊断和排除、咨询服务、数据备份、定期提供运维报告等内容，还包括因业务发展需要或需求变化而引发的小变动（如新增软件功能开发或已有软件功能完善），以及定期清理运维过程中所生成的生产数据库中的临时表，从应用系统角度来优化数据库，如辅助平台开发商建立并优化索引、优化存储过程、拆分数据库表等，从而不断提高平台运行性能。

　　部署在云端的平台运维不同于传统运维的三个挑战如下：（1）在云平台上实现应用的快速部署、快速更新、实时监控。云计算时代要求运维人员能够自动化地部署应用程序和所有支持的软件及软件包，然后按照软件生命周期阶段性地维护和管理应用程序，如自动扩展事件或进行软件更新等。（2）快速创建和复制资源模板。有序地对资源模板进行资源配置和更新，可保障在云端更加轻松地部署、配置和管理应用。（3）利用工具轻松地在云中快速部署和管理应用程序，同时自动处理容量预配置、负载均衡、Auto Scaling 和应用程序状况监控，这是对运维人员的新要求。可见，云平台运维更加强调运维人员对软件工具的熟练把握，因为在云计算时代，所有对物理设备的操作都变成了代码操作。

　　随着云计算、云存储、云安全技术的不断发展，云运维作为一种新的运维模式，弥补了传统运维需要大量人工干预、实时性差等不足，为用户提供了一种快速部署和应用运维系统的方法，彻底改变了传统高成本的运维服务模式。其优势是可以在云维护平台的支撑下实现检测、监控、故障排除的自动化、智能化，并通过云数据挖掘、处理、运算等手段对运维工程师的工作进行高效协调、调度和指引，从而实现对服务器、网络及应用程序等的维护工作。当有突发问题时，云运维系统能及时发现问题，解决问题，从而保证软硬件设施正常运行，而且这一切操作均能够自动完成，基本不需要人工干预。与传统的运维服务相比，云运维具有显著的优势。首先，它变被动为主动。基于云计算的运维服务以各种监控、告警、日志、报告服务工具为依托，通过全面的网络式监控及早发现故障隐患，从而可以建立主动式运维。其次，它大幅度降低了运维成本。云运维把数据乃至应用程序全部集中到云端，即数据中心的服务器上。对于运维来说，这意味着大量本地的运维工作可以转移到云服务器端，运维的总体工作量大大减少，运维成本也大幅度降低。

总之，要想成功运营一个在线教育平台，强大的技术支撑是必不可少的。由于在线教育平台面向全球开放，其要确保 7×24 小时不间断运行和提供服务以保证高可用性。

1.5 实际需要的互联网+教育的技术创新

"打基础、重实践、分层次、扬个性、求创新"的个性化教育口号容易喊，但落地和执行是难题。经过多年的教学实践，我们总结出以下有利于激发学生学习热情的几点建议：

（1）以"学生做"为中心设计教学内容。注重平时作业和教学过程的把控，让学生把平时作业看成"游戏"中的过关，过一关就能看到自己成绩的变化。

（2）为不同的学生留不同的作业。学习好的学生可以放弃容易的作业，直接挑战难度较高的作业。

（3）允许提前考试。当学生完成课程内容学习和作业后，可以申请提前考试。

（4）把大多数课程知识点录制成视频存放在在线教育平台上，让基础差的学生可以反复看，让学习好的学生可以提前学。

（5）充分发挥现实课堂和网络课堂的"社区"作用，在这个"社区"中，鼓励学生有"扬个性"的表现。例如：

乐于助人——在在线教育平台的论坛中，有人乐于回答同学的问题，甚至当网络论坛回答不方便时，他会约在某个教室回答问题。

默默奉献——在在线教育平台的公共课堂笔记中，有人会整理一个全面和精练的课堂笔记，作为全班同学的参考资料。

喜于挑战——在在线教育平台自动评判的作业中，有人喜欢挑战教师布置的"难"作业，求"过瘾的作业"。

在学生"扬个性"过程中，教师要善于引导，要特别珍惜和学生面对面的课堂时间。好的课堂讲授是教育工程与教学艺术的充分结合。在课堂上，教师要一边牢记教学任务，一边牢记"激发学生学习兴趣和引导学生的学习热情是教学的第一目标"，所以在课堂上，要常口头点名表扬那些在在线教育平台中"默默奉献""乐于助人"的学生；对一些有难度的课堂问题，多提问那些"喜于挑战"的学生，而对那些"作业进度慢"的学生要多提醒，总之，依托在线教育平台，个性化教育更容易落地。

为了满足实际教学需要，在线教育平台应该针对性地提供更加丰富、人性化的功能，辅助教学机构和教师实现个性化教学。

（1）教学需要好的辅助教学工具。目前在线教育平台中集成的作业自动评判工具、抄袭检查工具、课堂点名工具、作业互评工具、Wiki协作工具、问卷调查工具等实用工具为提高教师教学效率和减少教学工作量提供了强有力的保障。

教学实践过程中还需要更专业化的、智能化的作业自动评判工具、作业错误分析工具、协作论坛、疑问自动解答工具、练习试卷的错题统计和分析工具等，这些工具对于提高学生的学习效率、进一步减轻教师劳动负荷都有促进作用。相信随着"互联网+"技术的不断发展，有问题及时解答、有缺点及时指出、有进步立竿见影等支教促学的智能化工具将不断涌现，最终使教师和学生在教学活动中都轻松。

（2）个性化教学呼吁教育大数据分析工具。在实际教学实践过程中，教师需要及时和善于掌握学生的学习情况，只有这样才能实现个性化教学。比如根据学生的实际学习程度，针对不同学生留不同的作业；学习好的学生可以选择放弃容易的作业，直接挑战难度稍大的作业，这些都依赖于大数据分析工具的支撑。利用实用、优秀的教育大数据分析工具能够实现根据不同学生的实际情况对其进行针对性的辅导。教育大数据分析工具会记录跟踪学生的学习成效和行为轨迹，并利用学生的学习行为数据去矫正"关卡"难度系数等参数，便于教师更好地指导学生和调整教学。同时，教育大数据分析工具也支持对教师教学行为进行追踪和分析，便于教学管理机构对其教学进行评价和监督。

互联网+教育的发展已经产生了教育大数据,但对其分析挖掘的程度远远不够。随着技术创新的不断深入,更多、更好的教育大数据分析工具将脱颖而出,更好地满足个性化教学的需要。

(3)学习效果呼吁寓教于乐。面对正在成长起来的互联网时代"原住民",教育的创新式发展势不可挡,寓教于乐的教学方式无疑最具吸引力。

可以以"游戏"为载体,将课程知识点的学习和应用贯穿始终,以使学生在参与游戏的过程中对知识点进行循序渐进的学习和巩固,从而实现学生学习的趣味化和教师教授的灵活化。从学生角度而言,作为参与"游戏"的主体,其学习主动性会有很大的提高,游戏化学习系统则会根据学生"闯关"的难度和速度,自动设置新"关卡",即不同的学生有不同难易程度的学习路径,既有阶梯式的提高也有跳跃式的提高,从而殊途同归,实现自主化的个性化学习;从教师角度而言,只要合理划分知识点的不同难度层次,针对不同难度层次设计好对应的游戏题目即可。

互联网+教育技术的创新要达到支持教师进行游戏化教学的目标,仍然需要教师优秀的设计。教师需要注意对平时作业和教学过程的把控,而教学进度则完全交由学生自己把握,寓教于乐,从而使学生在游戏中快乐地达成自己的学习目标。

第 2 章　师范生信息化应用能力培养方向与目标

信息技术的发展改变了高等教育的诸多方面,高等教育的未来在向个性化适应性方向转变,要求高等学校的教师提高信息技术应用能力,引领高等教育变革,促进高等教育人才培养。

2.1 《教育信息化 2.0 行动计划》的核心理念

"教育信息化 2.0"的新征程已经开启,智能化将与数字化、网络化、泛在化同行并进一步领跑。教育信息化生态系统的所有利益相关者,都会是创新者和受益者。所以,从以数字化、网络化技术主要领跑的 1.0 转段升级为以大数据、智能化领跑的 2.0,不仅是技术的跃升,更是人类学习的更深刻的革命。

一个核心理念就是融合:坚持信息技术与教育教学深度融合。体系建设的五大方向分别是网络化、数字化、智能化、个性化、终身化。

建设的八大任务分别是资源普及、空间覆盖、网络扶智、治理能力、百区千校万课、数字校园、智慧教育、信息素养。

(1)资源普及。一句话概括就是建立大平台,形成体系标准,找出普教优课,职教信息化精品资源,高校慕课资源好内容,最终实现互通共享。

(2)空间覆盖。一句话概括就是人人通继续搞,培训依托运营商继续推,最终实现人人都空间,空间最终打通形成一个类似

第 2 章　师范生信息化应用能力培养方向与目标

信用档案的学习档案,作为未来社会衡量一个人的通用指标。

（3）网络扶智。继续促进教育均衡。

（4）治理能力。从教学和教务两方面,学校和政府两个层次提升。最终实现打通一盘棋统筹管理。

（5）百区千校万课。树区域典型,1000 普教 +300 职校 +100 高校做标杆,设标准从一师一优课、信息化大赛课程、精品课程,到开放慕课中优中选优。

（6）数字校园。推进宽带卫星联校试点行动。与中国卫通联合在甘肃省甘南藏族自治州、云南省昭通市、四川凉山彝族自治州各选择 1 个县开展试点,每县选择 1 所主体学校和 4 所未联网学校（教学点）,免费安装"中星 16 号"卫星设备并连通网络,开展信息化教学和教研,为攻克边远山区、海岛等自然条件特殊地区学校联网问题、实现全部学校 100% 接入互联网探索路径。促进数字校园建设全面普及。落实《职业院校数字校园建设规范》,发布中小学、高等学校数字校园建设规范,推动实现各级各类学校数字校园全覆盖。将网络教学环境纳入学校办学条件建设标准,数字教育资源列入中小学教材配备要求范围。加强职业院校、高等学校虚拟仿真实训教学环境建设,服务信息化教学需要。推动各地以区域为单位统筹建立数字校园专门保障队伍,彻底解决学校运维保障力量薄弱问题。

（7）智慧教育。以雄安新区为首做 10 个范围区,教育信息化理论不足就做补充理论:从顶层技术研究,教育信息化相关学科建设,到相关学术研究。

（8）信息素养。充分认识提升信息素养对于落实立德树人目标、培养创新人才的重要作用,制定学生信息素养评价指标体系,开展规模化测评,实施有针对性的培养和培训。

信息化 2.0 建设的五大保障措施分别是统筹、多元、培训、宣传、安全。

2.2 师范生信息化应用能力培养的重要性

信息技术对于教育体系的影响,是一种整体性的系统变革。在互联网+各行各业的大趋势下,要充分认识信息技术是行业运行和学校教学的有机组成部分(有些行业甚至是关键部分),中国社会经济转方式、调结构、保民生、创新发展促使学校教育人才培养体系在信息化支持下进行重构。

费斯勒(Ralph Fessler)于1984年提出了整体、动态的教师生涯循环论,整体探讨教师生涯发展,把教师专业发展划分为八个阶段:职前教育阶段(pre-service)、引导阶段(induction)、能力建立阶段(competency building)、热心和成长阶段(enthusiastic and growing)、生涯挫折阶段(career frustration)、稳定和停滞阶段(stable and stagnant)、生涯低落阶段(career wind down)、生涯退出阶段(career exit)。其中,职前教育阶段(pre-serviee)是教师专业发展的初始阶段,对整体教师专业发展水平具有重要的影响作用。处在职前教育阶段的教师,我们称之为师范生,包括在大学或师范学院就读的师范生以及处在师资培养阶段的教师,他们一般会在师资培养结束之后从事基础教育工作,成为中小学教师。可见师范生的培养质量直接影响中小学教师的各项素质与能力,所以中小学教师所应具有的素质与能力应为师范生培养的目标和内容。

师范生信息化应用能力培养的重要性。信息技术应用能力是信息化社会中小学教师必备专业素质能力,师范生作为中小学教师的前端角色,正处于教师教育起步和成长阶段,其培养目标和任务必然要包含信息技术应用能力的培养,并且成为师范生培养的重要内容之一。《教育部关于大力推进教师教育课程改革的意见》中明确指出,加强信息技术课程建设,提升师范生信息素养和利用信息技术促进教学的能力。《关于"十三五"期间全面深入推进教育信息化工作的指导意见(征求意见稿)》也指出,要将信息化教学能力培养纳入师范生培养课程体系,将教师信息技术应用能力作为教师资格认定的必备条件。由此可见师范生信息化应用能力的培养至关重要。

2.3 师范生信息化应用能力培养现状

2.3.1 培养现状和存在的问题方面

信息技术由过去的单一要素,扩展为无所不在的泛在学习环境(空间),促使互联网+新形势下的教育人才培养体系发生整体性、系统性的变革。信息化融入职业教育创新发展体现在职业教育信息化人才培养体系的重构、信息化职业教育教学模式创新、职业教育数字资源建设与应用、职业教育人员信息化能力发展、职业院校数字校园建设、职业教育信息化体制机制建设等多个方面。然而,发展过程中还存在很多问题和挑战。

信息化融入职业教育创新发展是一项动态的、复杂的系统工程,需要所有利益相关者,包括职业院校、政府、行业、企业、社区、信息化部门和研究机构的共同努力。除了继续深化认识、脚踏实地的努力外,我们别无选择,正如刘延东原副总理所说:"在教育大国向教育强国迈进的进程中,加快教育信息化既是事关教育全局的战略选择,也是破解教育热点难点问题的紧迫任务。"

师范生与中小学教师信息技术应用能力培养现状和存在的问题方面,相关研究通过文献分析、现状调查等不同的方法了解师范生信息化应用能力培养的现状,分析存在的问题并提出针对性的改进建议。例如,钟晓燕等总结了师范生教育技术能力培养的现状:首先,从培养途径上看,目前各高师院校主要是依托学校统一规划开设的教育技术类公共课程。其次,从培养对象上来看,教育技术应用能力的培养是面向各学科师范生,他们来自不同专业，具有不同学科背景和不同知识水平。从培养时间上来看，绝大多数的师范专业的师范生教育技术能力培养都是一学期或者一学年的培养。同时学者也提出了目前存在的问题：课堂教学的培养途径过于单一；统一内容和步调的学习忽略了师范生的学科差异性、针对性、适用性；有限的课时设置不利于师范生教育技术能力的后续学习和持续提高。刘艳丽提出师范生教育技术能力培养存在培养方式单一、培养内容重技术，轻应用，与教学实践相脱节、培养过程缺乏对反思的重视等多方面的问题。

由此可知，目前师范生信息化应用能力培训虽取得了一些成绩，但由于传统的培养模式和方法的局限性，师范生信息化应用能力仍需进一步提高。针对培养方式单一、培养时间固定、个性化学习方式缺失等问题，移动学习是比较理想的解决策略，所以，移动环境下师范生信息化应用能力培养策略的研究就尤为重要。

现状调研与分析方面，相关研究都提出了目前信息技术应用能力培训存在的问题，并提出移动学习解决策略。例如，孙旭涛分析了移动学习环境下高校师范生信息化教学能力的构成，包括基本信息化能力、信息化教学设计能力、教学资源设计和开发能力、信息化教学评价能力、信息化教学反思能力五个方面，进而以许昌学院师范生为例分析了目前师范生信息化应用能力培养普遍存在的问题，主要有课程设置没有切合实际，阻碍了学生信息技术能力的培养、信息化教学设计能力培养效果不尽人意、教学资源的整合和活动设计能力缺乏、教学实施能力偏低等，进而提出移动环境下师范生信息化应用能力培养的策略：改善培养模式，提高信息技术与课程整合能力，培养师范生的创新意识，提高教学设计能力。崔萌等分析了信息技术应用能力培养现状及存在的问题：培训内容和培训步调统一、培训时间集中且时间较长、培训设备不便捷、培训交互方式单一、培训环境和教学应用情境分离，进而提出移动学习解决策略。徐红梅指出，目前信息技术应用能力培训以现行教材为主体，模块内容过多且内容更新过慢，导致师范生能力培养内容不能与时俱进，影响师范生信息化

第2章 师范生信息化应用能力培养方向与目标

应用能力的发展,提出将移动学习中的微课程的思想引入师范生信息化应用能力培养过程中等。

由相关文献分析可知,现有的调研与分析有利于了解师范生信息化应用能力培养现状以及培养策略的研究水平,为本研究奠定了基础。但是,目前师范生信息化应用能力培养在课程内容和培养方式等方面存在一定的问题,相关学者专家也提出了一些改进策略,但策略的构建大多处于理论探讨阶段,过于概括导致可行性不强,并且缺少实证研究验证策略的有效性,所以,本研究在策略的可行性研究及有效性验证方面需进一步研究。

目前,我国中小学教师信息技术应用能力培训活动的开展,主要依托全国中小学教师信息技术应用能力提升工程项目展开,与其他相关培训项目(如国培计划)相整合展开培训。目前中小学教师信息技术应用能力培训存在的问题主要有以下几点。

(1)培训内容和培训步调统一。在传统的教师培训中,组织者往往采用统一的培训内容和统一的培训步调,没有考虑教师信息技术素养的个体差异,而且难以照顾到不同地区、不同学校和不同教师特殊岗位之间需求的差异,针对性不强。受训教师往往是不同的专业、单位部门、年龄等,他们具有不同的知识结构和学习能力,面对统一的培训内容反应各异。因此,设置统一的培训内容不利于教师的个性化学习。这种学习方式不够灵活,无法适应教师的个别学习需求,受培训的教师往往会想出各种方法应付学习,这样的培训实际上没有真正达到学习的效果。

(2)培训时间集中且时间较长。传统的集中面授式培训,一般是在规定的时间地点进行,大多会选择受培训教师的假期时间安排培训活动。这种形式便于教师集中精力进行学习交流,遇到学习问题能够及时得到同伴或者培训教师的帮助指导。但是在实际过程中,集中培训的形式存在的一些问题往往使得培训的效果大打折扣。教师作为成人,角色具有多面性,工作具有多样性,自身工作安排、家庭情况等原因使得教师很难保证在集中培训期间全身心投入学习中。

（3）网络远程培训也需要受培训教师在工作时间以外安排时间进行远程学习。而且，一些网络培训课程时间较长，无法激发教师学习的兴趣，这样的培训非但不能提高中小学教师信息技术应用能力，反而增加了额外的学习负担。教师不愿意在休息时间花很长时间进行相关的网络学习，经常会出现为了应付学习课时，出现弄虚作假的学习现象。比如，统一时间用多台电脑播放教学视频，或者找代理机构或软件代替学习。

（4）培训设备不便捷。目前传统的中小学教师信息技术应用能力培训中，教师对信息技术应用能力相关知识点的学习、中小学教师之间的互动交流、中小学教师与培训专家之间的沟通交流等大部分的学习活动都必须在电脑和网络环境中进行。中小学教师任务繁多，可用于集中学习信息技术应用的时间少，但其零碎时间多，利用空间广，可挖掘的潜力非常大。但电脑的移动性有限，教师想学习时并不一定有可用的电脑，这容易对教师学习的积极性产生消极影响。同时，由于电脑不便于携带，教师学习的时间和空间受到很大的限制，不利于学习者随时随地学习，浪费较多可利用的学习时间。

（5）培训交互方式单一。不论是集中面授还是远程网络培训，都或多或少的存在交互方式单一的问题。集中面授过程中，培训教师基本采用讲授的方式传授知识，受培训的教师更多是聆听，信息传递为单方向的灌输方式，而在远程网络培训中，接受培训的教师利用远程网络平台进行学习，由于目前教师远程学习平台功能有限，加之培训组织管理不足，使远程培训平台不能实现良好的在线交互或线下互动。

（6）培训环境和教学应用情境分离。教师的工作是实践性很强的专业，中小学教师信息技术应用能力培训应以解决教学实际问题为其追求的主要目标。在教育技术能力培训中，很多培训只关注了培训期间知识的短期内化过程，一个项目学习下来，短期内对教师触动较大，当回到学校真实教学环境中，曾经的项目培训所得便逐步衰减。这样的培训忽视了中小学教师教育教学行

第2章 师范生信息化应用能力培养方向与目标

为的实践特征,难以满足中小学教师自身教学技能提高的需要。很多接受过培训的教师在回到实际工作环境后,未能像预期的那样应用培训所学改善教学行为,甚至过一段时间,又回到了培训前的状态。培训和工作是两种不同的情境,受训教师面对情境的变化,很难将培训所学顺利地迁移至工作情境中。因此,项目式的培训课程不能支持教师的常态化学习,难以使信息技术在教学中得到理想的应用效果。因此,如何实现教师培训学习和教育应用一体化,是当前中小学教师信息技术能力培训模式研究的一个重要课题。

2.3.2 培养效果影响因素方面

培养效果影响因素方面,相关研究基于不同的理论和研究方法对师范生信息化应用能力培养效果影响因素进行了总结归纳。并提出培养策略建议。

例如,王丹丹以技术接受模型(Technology Acceptance Model,TAM)为基础,探讨影响师范生信息化使用行为的关键影响因素,指出培养内容尽量与师范生将来的工作任务相匹配、注意培养师范生使用信息技术的自我效能感、良好的信息技术环境支撑及学习服务支持,使师范生能够在技术环境中有效学习,便于建立师生共同体和学习共同体的构建、从师范生的角度出发考虑技术的开发和引用提高技术的有用性和易用性。

刘艳丽从体验学习圈理论提出师范生信息化应用能力培养应注意选择适合体验学习的培养内容(Content,内容)、创建真实的学习体验(Experience,情景体验)、设计反思性的活动(Reflection,反思活动)、提供再实践的机会(Practice,实践)。陈维维从课程平台、活动平台和技术平台三方面探讨了师范生信息化应用能力培养影响因素。冉新义提出在师范生信息化培养中应注意构建基于ICT的教师教学实践共同体。陈永光指出加强现代教育思想和教育理论学习、提高师范生的信息素养水平、注重培养信息化教学设计能力、提供足够的信息化教学实践机会、提高信息化学习资源和学习环境的综合利用水平。杨彦栋等人提出基于能力标准的"现代教育技术"公共课程教学内容重构的建议：课程内容应与基础教育信息化建设相适应、教学内容要具有实用性和前沿性、教学内容应注重理论与实践并重。朱永海等人提出将《中小学教师教育技术能力标准》融入"现代教育技术"课程体系中，采用中小学教学真实问题—课堂教学—学习活动/教学实验—问题解决—反思的服务学习教学模式，重点关注"标准"的导入、新课标的导入，以及新模式的导入等，推进"标准"与"现代教育技术"课程教学充分融合。

教学内容的选取和资源建设方面，策略的构建多以高等师范院校的教育技术相关课程为出发点，多以"现代教育技术"课程为例，遵照目前的教学目标和教学内容，设计开发微课程、微课或微视频等适合在移动环境下开展学习的资源，以此来探索移动学习资源支持下的师范生信息化应用能力培养策略。

微课程设计开发方面，谷跃丽以《现代教育技术》实验课为例研究微型课程的设计；孙婕等人开发了旨在培养化学师范生提问技能的微课程；陈苏芳以培养师范生教学设计能力为主线设计并开发了相关的微课程；梁洁等人设计开发了旨在提高师范生信息化教学设计能力的微课程。微课方面，胡兆欣提出了微课理念下的师范生教师职业技能训练的方法策略；马金钟等人开发与设计了"现代教育技术"课程的微课；叶笑蕾等人进行了师范毕业生职前培训中的微课教学相关的研究；微视频方面，邵明杰设计了应用于现代教育技术公共实验课的微视频，探索了情景化任务驱动的教学策略。

由相关的文献分析可知，教学内容的选取和资源建设方面的研究肯定了微课程、微课或者微视频等微视频类移动学习资源在推动师范生信息化应用能力培养变革方面的积极作用，所以，在移动环境下师范生信息化应用能力培养过程中，要注重移动学习资源建设，尤其是微视频类移动学习资源。

第 2 章　师范生信息化应用能力培养方向与目标

同时,此方面的研究提供了大量信息技术移动学习资源建设,尤其是微视频移动学习资源的设计和开发方法和案例。例如,谷跃丽设计开发了《网络教育资源的搜索与整理》《数码视频的才给予处理》两个微视频案例;孙婕等人设计开发了导入、提问、讲解等十种化学教师教学技能的培养微课程案例;陈苏芳设计了旨在提高师范生教学设计能力的微课程案例;邵明杰设计了Excel的使用技巧微视频案例等。大量相关案例的开发与制作为移动环境下师范生信息化应用能力的培养的资源建设提供了实践指导。

另外,此方面的研究提出了一些微视频类移动学习资源在师范生信息化应用能力培养方面的应用策略及模式,如谷跃丽提出的基于资源的学习模式、基于案例的学习模式、协作学习模式;孙婕等提出了体验式学习模式;陈苏芳提出的基于案例的反思学习模式;邵明杰提出情境化任务驱动策略;徐红梅提出于微型课程开发的师范生信息技术与课程整合能力培养模式等。这些微视频的应用模式在构建移动环境下师范生信息化应用能力的培养策略方面具有不可否认的理论指导作用。

但是,此类研究一般依托高等师范院校的教育技术类课程,受制于课堂教学,因而提出的移动学习资源的使用策略大部分是基于课堂教学的方式,例如谷跃丽提出的微课资源支持的基于课堂教学的协作学习模式;孙婕等人提出的将微视频资源应用于课堂教学前的翻转课堂教学模式;陈苏芳提出的基于 Moodle 平台的在线学习模式等。基于移动学习方式的应用策略不明晰。鉴于移动学习与移动学习资源的紧密相关性,所以,应进一步深入研究信息技术移动学习资源在移动环境下师范生信息化应用能力培养方面的应用方法,提出有效应用策略。

由此可知,信息技术应用能力培养效果的影响因素一般有内容、情境、反思、实践、基于技术的师生教学共同体等,移动环境下师范生信息化应用能力培养属于信息技术应用能力培养方式中的一种,因此,在制订移动环境下师范生信息化应用能力培养策略时也应考虑到这些影响因素。

2.3.3 培养模式和应用策略

培养模式和策略方面,相关研究针对目前师范生信息化应用能力培养现状提出一些针对性的解决策略。例如,唐加军等人提出以"现代教育技术"课程的课堂教学为主,以做中学教学模式为辅的二元培养模式;钟晓燕等人提出传统课堂面授+网络自主学习的培养模式;狄芳、郝雅琪基于TPACK框架进行师范生信息化应用能力的培养等。

由此可知,在改进培养效果方面,很多研究已提出了有效的策略和方法,但现有的策略方法大都是依托课堂教学、网络平台或者两者合一,专门针对移动环境下的策略方法构建的研究较少,因移动学习在师范生信息化应用能力培养中确实具有重要作用,所以有必要专门研究师范生信息化应用能力培养策略,丰富此方面的研究。

2.4 师范生信息化应用能力培养方向与策略

2.4.1 培训目标

根据本研究提出的基于 Web 2.0 高校教师教育技术能力评价指标体系,可以将培训的总体目标确定为:(1)明确教育技术对教学、科研等的重要意义,具备不断学习 Web 2.0 等新技术、新理论的意识和能力,遵守相关道德规范并成为学生的榜样;(2)掌握信息技术的基础知识和操作技能,具有利用信息技术获取、交流、处理和应用教学信息的能力;(3)能够针对学习者特征确定教学目标、选择教学内容、设计并实施有效的教学活动;能够综合运用形成性评价和总结性评价,并对教学过程不断调整;

(4)能够在教学中创新应用信息技术,并利用信息技术促进个人科研及专业发展。

在总体目标的指引下,可以设置分阶段的培训目标。如可以按照《国家高校教师教育技术能力指南(试用版)》中提出的学习模仿期、困惑徘徊期、整合应用期及创新发展期四个阶段来确定培训目标,但是不能将能力标准中的四个维度机械地分割到四个阶段。因为本研究提出的基于 Web 2.0 高校教师教育技术能力评价指标体系中的四个维度在每个阶段都会有所体现。如意识与责任维度,在每个阶段都有所体现,但从学习模仿期到创新发展期的过程中,教师的责任与意识也得到发展变化;也可以按照美国《国家教师教育技术标准》(2008)中对教师教育技术能力发展阶段的划分方法,即分为起始水平、发展水平、熟练水平和变革水平等四个级别,分别对每个级别的培训目标进行描述。

2.4.2 移动环境下师范生信息化应用能力培养策略构建

2.4.2.1 移动环境下师范生信息化应用能力培养策略构建依据

(1)理论基础支撑

本研究选取了移动学习理论、建构主义理论、联通主义理论、成人学习理论、教学设计理论、教师教育理论为主要理论基础,为策略的构建提供理论指导。移动学习是本策略中最重要的学习方法,其强调对学习者的学习服务支持。移动学习理论中的移动环境下自主学习活动设计、移动环境下协作学习活动设计、移动学习资源开发与设计、移动环境中的评价设计等内容为移动环境下师范生信息化应用能力培养策略的构建提供了理论指导。移动学习的碎片化直接影响学习者系统知识的构建。联通主义理论为本研究中如何保障师范生在碎片化的知识中构建系统的知识网络体系提供了重要的理论指导。建构主义学习理论强调学习活动以学生为中心和情境,建构主义学习理论为本研究提供了关于师范生信息化应用能力培养学习活动设计的启示,包括自主学习活动过程、协作学习活动过程,以及如何在移动环境下设计师范生信息化应用能力培养情境。教学设计理论为师范生培养活动设计实施的重要指导理论。教学设计理论为移动环境下师范生信息化应用能力培养策略验证提供了教学设计方法的指导,包括前端分析、教学目标和教学内容分析、教学过程设计、设计评价等。

（2）策略的构建过程

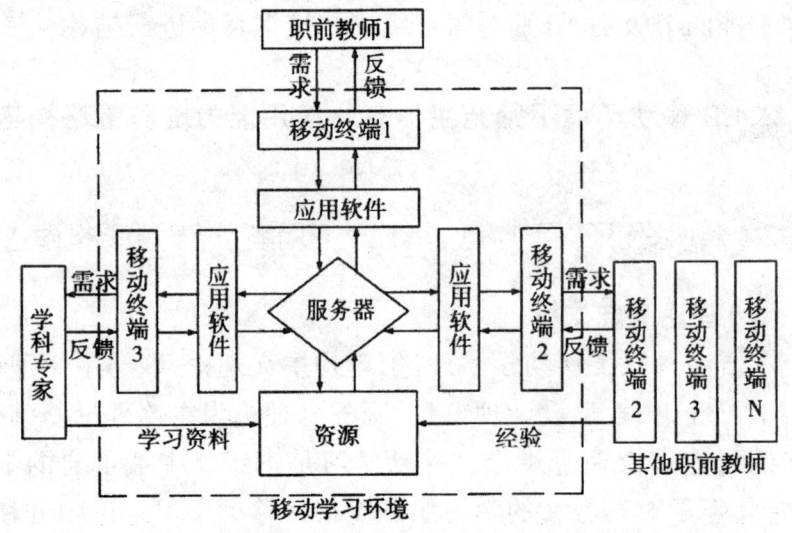

①第一版移动环境下师范生信息化应用能力培养策略(V1.0)。

根据前期研究提出了第一版移动环境下师范生信息化应用能力培养策略,如图2-1所示。

图2-1 第一版移动环境下师范生信息化应用能力培养策略

本版策略的主体主要包括学科专家、师范生、移动学习环境。其中,学科专家具有丰富的学科教学经验,负责对师范生进行知识教学,移动学习环境指为师范生的学习提供各种学习条件的教学环境,主要包括移动学习网络接入技术、移动学习服务器、移动学习软件系统、移动学习资源和移动学习终端设备。本策略主要体现移动学习环境下的互动性,主要包括四个方面的互动:师范

第2章 师范生信息化应用能力培养方向与目标

生与移动学习资源的互动,师范生与学科专家的在线或非在线交流互动,师范生之间的交流互动,师范生之间的经验分享。

第一,师范生与移动学习资源的互动。师范生有了学习需求之后,可以随时使用移动学习终端上的移动学习软件,在移动学习网络接入技术的支持下,访问存放在移动学习服务器上的移动学习资源;移动学习资源为师范生提供所需知识,满足师范生的自主学习需求。

第二,师范生与学科专家的在线或非在线互动。师范生有了学习需求之后,现有的移动学习资源不能满足师范生的学习需求,需要学科专家来为师范生提供学习支持,满足师范生的学习需求。此时,师范生可以随时使用移动终端上的移动学习软件,在移动学习网络接入技术的支持下,与学科专家进行实时的互动,师范生提出问题,学科专家在线解答,满足师范生的学习需求。

师范生也可以与学科专家进行非在线的互动。师范生可以随时使用移动终端,使用移动学习软件,在移动学习网络接入技术的支持下,将学习问题提交到移动服务器,并通过移动学习软件将师范生的问题传达给学科专家,学科专家对问题进行非在线的解答,通过移动学习软件将解答结果提交移动学习服务器,移动学习服务器通过移动学习设备将解答结果传送给师范生,满足师范生的学习需求。

第三,师范生之间的交流互动。师范生在遇到问题的时候,也可以通过小组学习的方式,通过随时使用移动终端和移动学习软件,在移动学习网络接入技术的支持下,与其他师范生交流,以小组学习和合作学习的方式解决学习中存在的问题。

第四,师范生之间的经验分享:师范生在学习过程中有了好的经验体会,可以随时使用移动终端,使用移动学习软件,在移动学习网络接入技术的支持下,将经验体会提交到移动学习服务器,移动学习服务器将教学经验加入移动学习资源中,提供给师范生,满足师范生的学习需求。

②第二版移动环境下师范生信息化应用能力培养策略

（V2.0）。

在与相关专家学者就第一版师范生信息化应用能力培养策略讨论之后发现,第一版策略体现了基于移动设备的移动学习过程,但忽略了师范生信息化应用能力培养的相关内容策略重于描述移动学习具体过程,要素和观点提炼不够,师范生培养部分描述过少,并且整体描述不符合策略的描述方式。所以,在此基础上对策略进行进一步的修正,得到第二版移动环境下师范生信息化应用能力培养策略,如图 2-2 所示。

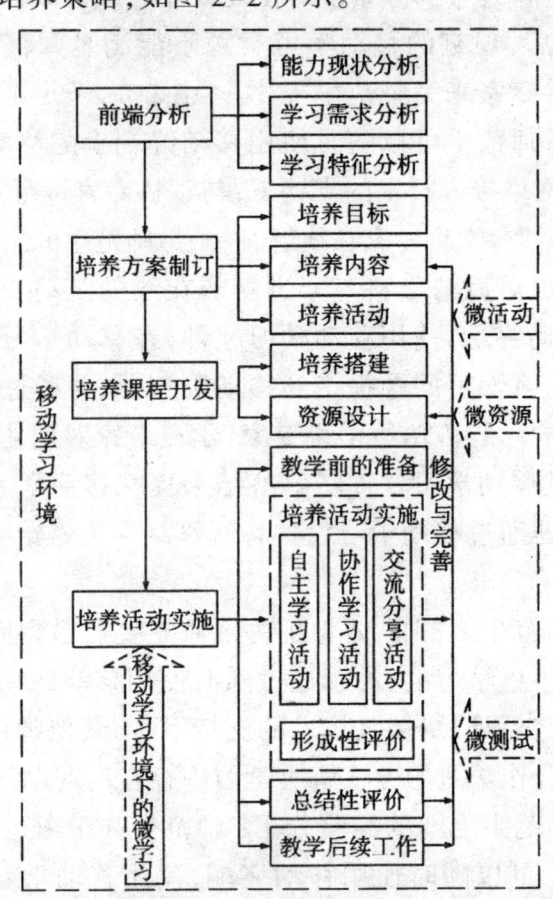

图 2-2 第二版移动环境下师范生信息化应用能力培养策略

第二版移动环境下师范生信息化应用能力培养策略共分四个部分,分别是前端分析、培养方案制订、培养课程开发、培养活动实施。

第2章 师范生信息化应用能力培养方向与目标

①前端分析。师范生信息化能力现状分析:编制师范生信息化应用能力现状调查问卷,获得并分析师范生的学习起点水平,为确定培养内容提供参考;师范生信息化能力培养需求分析:编制师范生信息化应用能力培养内容需求调查问卷,获得学习需求,为确定培养内容提供参考;师范生学习特征分析:分析师范生的学习规律,以便根据师范生的特点开展培养。

②确定培养方案。包括确定培养目标,确定培养内容,设计培养活动。

③开发培养课程。包括培养平台搭建与培养资源设计。

④培养实施。培养前的准备工作:人员准备、设备准备等;培养活动的开展:师范生随时随地都可以进行自主学习、协作学习,也可以通过培养平台与他人沟通交流,分享经验,在参加培养的过程中完成形成性评价;培养总结性评价;培养后续工作,及时修改与完善。

第二版策略的特点有:①便捷性,大部分的环节都是以移动学习的方式实现,师范生可以随时随地随机选择培养内容,参与交流,参加评价;②微型性,所有的学习资源微型化,评价微型化,使师范生可以进行微型学习活动;③互动性,师范生与培养资源的互动、师范生与学科专家的互动、师范生之间的互动;④经验分享,师范生有了好的教学经验,可以随时使用移动终端,在移动学习网络接入技术的支持下,通过朋友圈、微信群、微社区等方式将教学经验分享给他人。

③第三版移动环境下师范生信息化应用能力培养策略。在与相关专家学者就第二版师范生信息化应用能力培养策略讨论之后发现,策略的构建已经注意到师范生培养的各个环节,不再单纯思考移动环境方面的内容,较第一版已有较大进度,但策略的构建重点考虑了移动环境下师范生培养的各个环节,但忽略了信息技术应用能力培养相关内容;策略体系重于描述师范生培养整体过程,过于宏观,细节描述不够。所以,结合专家学者给出的建议,本研究在第二版策略的基础上,提出第三版策略,做了以

下四个方面的修正：①体现师范生培养相关内容；②体现移动学习设计相关内容；③体现信息技术应用能力培养相关内容；④高度提炼策略体系，并以此策略为基础，进行策略应用设计。

2.4.2.2 移动环境下师范生信息化应用能力培养策略内容

本研究在文献调研、国内外研究现状分析、相关理论指导下提出了移动环境下师范生信息化应用能力培养策略，如图2-3所示。

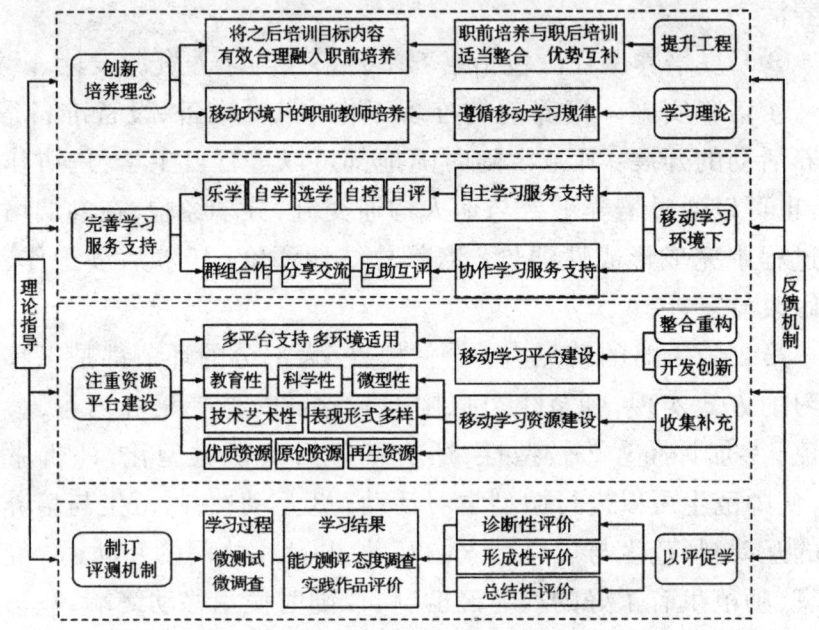

图 2-3 第三版移动环境下师范生信息化应用能力培养策略

（1）创新师范生信息化应用能力培养理念

①职前培养与职后培养优势互补，变亡羊补牢为未雨绸缪。师范生长期处于实践工作环境中，其专业发展遵循着实践范式，接受实践性知识的培养。信息技术应用能力是信息社会教师必备的实践能力，由于信息技术发展迅速，师范生必须紧跟信息时代的步伐，及时提高自身的信息技术应用能力，以适应社会的发展。所以，国家出台了一系列师范生信息化应用能力培养政策，旨在全面提高师范生的信息技术应用能力水平。

由于受学校教育的影响，师范生信息化应用能力的培养依托

第2章 师范生信息化应用能力培养方向与目标

于现代教育技术课程或者教育技术课程的实施。教学模式局限于课堂教学、课程内容过分强调理论知识且更新过慢等诸多诟病,导致师范生信息化应用能力的培养效果不佳。教师无法获得入职后工作所需的信息技术实践性知识与锻炼,导致在执教第一年无法面对复杂的信息技术教学工作。

解决此问题的途径之一便是将职后教师信息技术能力培养的目标内容及时融入师范生信息化应用能力培养活动当中,变"亡羊补牢"为"未雨绸缪"。提升工程的配套政策"两标准一指南"的出台,为信息技术应用能力的提升工作进行了科学详细的规划和建议,以它们为指导对师范生进行信息技术应用能力的培养能够从源头上对教师的信息技术能力进行系统培养,使师范生在成长阶段就学习和锻炼未来工作需要的实践知识与技能。如果做好这种未雨绸缪型的师范生信息化能力培养工作,对教师的信息技术能力提高将起到事半功倍的效果。

所以,在创新师范生信息化应用能力培养理念方面,本研究提出的第一条策略为职前培养与职后培养优势互补,变"亡羊补牢"为"未雨绸缪"。即将师范生信息化应用能力提升相关的能力标准、课程标准及评测标准引入师范生信息化应用能力的培养过程中,借鉴和吸收师范生信息化应用能力培养的内容与方法,增强职前培养与职后培养的衔接力度,两者优势互补,促进教师的专业发展。

②引入移动环境下师范生培养理念,创新培养模式。《教育部关于大力推进教师教育课程改革的意见》中明确指出,要深化教师教育改革,创新教师培养模式。《教育部关于实施全国中小学教师信息技术应用能力提升工程的意见》文件指出要推行符合信息技术特点的师范生培养新模式,推行移动学习,为教师使用手机、平板电脑等移动终端进行便捷有效学习提供有力支持,全面提升师范生的信息技术应用能力。从移动学习自身的角度看,其自身所具有的即时性、泛在性等优势,为移动学习在师范生培养中的应用提供了内部条件。同时,物质基础基本具备、师范生

乐于接受、个性化学习需求日益增多等众多外部环境为移动学习带来了外部条件。因此,针对师范生信息化应用能力培养的特点和需求,设计与之相关的移动学习资源与活动,具有现实意义。

(2)完善移动环境下师范生信息化应用能力培养服务支持

学习活动是移动学习的重要组成部分,是真正促进移动学习发生的重要因素。自主学习活动和协作学习活动能够激发学习者能动性,能够帮助学习者参与、反思、表达、交流、探索。移动环境下师范生信息化应用能力培养是技术支持下的学习活动,在移动环境下,师范生主要进行的是自主学习活动和协作学习活动,所以移动环境下师范生信息化应用能力培养应重视移动环境下的自主学习服务支持和协作学习服务支持。

①自主学习服务支持。自主学习是以学生作为学习的主体。在学习过程中,学习者有强烈的内在动机,积极、主动参与整个学习过程的学习活动,可以根据学习目标自我制订学习计划,自我选择和调整,对学习过程进行自我调节和监控。赵宏等人认为自主学习成功的关键是保证元认知监控,学习者必须做到对学习的计划、控制、调节和评价,才能称之为自主学习,并提出成人学习者自主学习能力构成,如图2-4所示。李春英等人提出引领学习过程的自主学习服务框架,指出自主学习服务支持包括优化的学习资源、科学选择与组织的学习内容,交互活动设计和学习效果的及时反馈等几个方面,如图2-5所示。

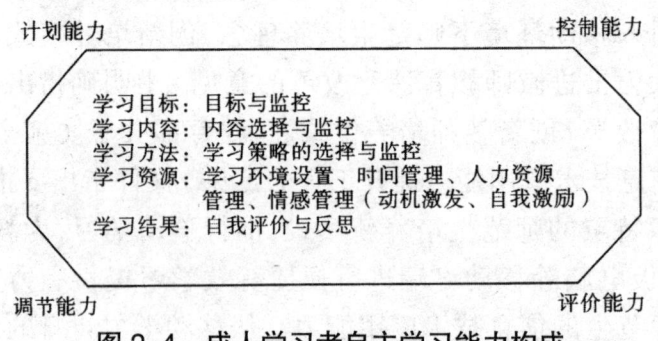

```
          计划能力                              控制能力
      ┌─────────────────────────────────────────────┐
      │  学习目标:目标与监控                        │
      │  学习内容:内容选择与监控                    │
      │  学习方法:学习策略的选择与监控              │
      │  学习资源:学习环境设置、时间管理、人力资源  │
      │           管理、情感管理(动机激发、自我激励)│
      │  学习结果:自我评价与反思                    │
      └─────────────────────────────────────────────┘
          调节能力                              评价能力
```

图2-4 成人学习者自主学习能力构成

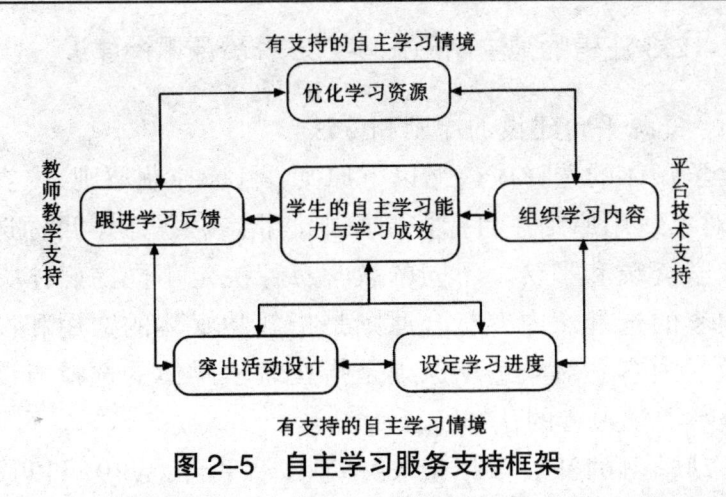

第2章 师范生信息化应用能力培养方向与目标

图 2-5 自主学习服务支持框架

因此,本研究提出移动环境下师范生信息化应用能力培养活动中的自主学习服务支持应保障学习者对贯穿学习过程的学习目标、学习内容、学习方法、学习资源和学习结果进行计划、控制、调节和评价,将其概括为自主学习服务支持应保障师范生自学、选学、乐学、自控、自评五个要点。

②协作学习服务支持。协作学习活动是通过小组或团队的形式组织学生进行互相促进学习的一种活动。协作学习可以充分调动学生积极性、参与性。学习者将其在学习过程中学习材料、学习信息和学习心得与小组中的其他成员交流共享,共同学习。保障学习者有效进行协作学习包括引导学习者根据需要形成协作小组、保障在学习过程中进行沟通交流分享各种学习资源、保障协作小组能够有效解决问题并且共同完成一定的任务等,形成相互影响、相互促进的人际关系,最终成为协作学习共同体,促进个体的成长。

因此,本研究提出移动环境下师范生信息化应用能力培养活动中的协作学习服务支持应保障师范生在学习过程中有效进行协作学习,包括引导学习者根据需要形成协作小组、保障协作小组之间进行有效的交流与协作、保障协作小组有效解决问题等,将其概括为保障群组合作、交流分享、互助互评。

2.4.2.3 注重师范生信息化能力培养资源平台建设

（1）资源平台建设的原则和方法

教学媒体的选择应遵循以下原则：目标控制原则、内容符合原则、对象适用原则。目标控制原则是指应根据教学目标选取适用的教学资源和平台。不同的教学目标决定不同的媒体类型和媒体内容的选择。内容符合原则是指教学媒体的选用和设计应符合教学内容。对象适用原则是指在教学媒体的选择与设计时要充分考虑学习者的认知特征。

移动学习的开展依赖于APP等移动平台，APP可以通过开发软件自行开发，也可以借助现有的APP平台开展学习活动。资源建设的一般流程为开发、评审、使用。资源建设遵循三层开发机制，如图2-6所示。第一，组织教育专家和专业技术人员根据培养内容的要求联合开发原创性资源；第二，通过购买或合作共享整合现有的优质资源，实现资源的互补共享；第三，将学习过程中来自学习者的生成性资源，尤其是一线教学的案例资源，筛选重组，形成可当作补充性资源课程供学习者学习，从而形成良性循环。

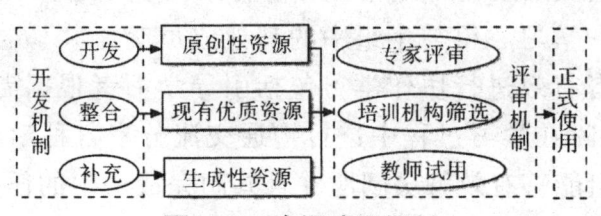

图 2-6 资源建设机制

移动环境下师范生信息化应用能力培养活动中的媒体选择也应遵循以上三大基本原则，要考虑资源平台的适用性和成本，为了保障师范生的学习不受资源平台的限制，资源平台的选择和建设要尽量做到多平台支持、多环境适用。

（2）资源的表现形式及评价标准

移动环境下师范生信息化应用能力培养应多提供教学改革相关的研究论文、多提供可观摩分析的课例、多提供政策解读文

第2章 师范生信息化应用能力培养方向与目标

件、多提供教学设计案例等专业资源。例如,师范生已掌握一定的教育教学知识,但缺少真实的实践经验,需要通过看论文、看课例来补充自己的不足,所以,移动学习设计过程中应多提供实践案例课例等,以此增加师范生的实践经验;又如,师范生不太了解相关教育政策,需要通过阅读教育政策的解读文件来提高职业敏感度,所以,在移动学习资源中,应注意提供信息技术应用能力相关政策及解读方面的学习资源。移动学习具有碎片化学习的特征,应重点关注适合碎片式学习的微型课程资源开发,同时,其学习时间一般较短,所以该微型资源尽量针对那些不需要深度思考的学习内容而开发,增强其趣味性。

李利基于情境学习提出真实性学习的概念,指出情境学习或者真实性学习并不等同于在实践中学习,是指学习者在与实际工作高度模拟的情境中进行学习,并以信息技术师范生案例教学应用实例为依据强调案例教学在师范生实践性知识和能力的发展过程中的重要作用。信息技术相关知识具有很强的实践性,属于较为典型的实践性知识,仅凭知识技能的掌握不能保证师范生真正理解信息技术的实践应用。在没有进入实践课堂的条件下,师范生需要获得真实案例或者课例等资源内容支持,以便最大限度地将知识内容转化为实践能力。所以,移动环境下师范生信息化应用能力的培养活动应为师范生提供内容丰富、形式多样、真实模拟的案例资源支持,以便提高自主学习的效果。

针对普遍意义上的教学材料,何克抗等人提出了五个评价维度,即分别从教学材料的教育性、科学性、技术性、艺术性、经济性五个方面进行综合评价。移动环境下师范生信息化应用能力培养的教学资源也必须遵循教学材料的一般原则,符合其评价标准。另外,必须符合移动学习资源的评价标准,如微型性。

2.4.2.2.4 制定移动环境下师范生信息化应用能力培养测评机制

评测指南指出要以以评促学、以评促用为基本原则,依据师范生信息化应用能力标准,科学确定测评内容,开发测评工具,利用信息技术手段,建立测评系统,确保测评结果客观有效。教学设计理论中,根据评价的功能不同,将教学评价分为诊断性评价、形成性评价和总结性评价。本研究中,移动环境下师范生信息化应用能力培养测评机制主要包括两个部分:学习过程中的评测和学习效果的评测。

(1)学习过程。形成性评价是在某项教学活动中,为了使活动效果更好而不断进行的评价。由于移动学习微型性的特点,形成性评价在移动环境下师范生信息化应用能力培养过程中更易实现,教师根据教学内容设置形成性评价环节,表现形式可以为问卷调查、微测试、投票、个别询问等,媒介可以选择具有测验调查功能的平台本身,也可选择测验调查功能的其他软件平台的测试链接,如问卷星、微信投票等。形成性评价旨在了解师范生学习需求、掌握情况、学习进度,以便教师随时跟进监督师范生的学习情况,及时调整教学计划,做到以评促学。

(2)学习效果。移动环境下师范生信息化应用能力培养效果的调查从能力测评、态度调查两个方面入手。能力测评属于客观评价,主要包括两个方面,概念知识主要通过测试考察师范生的学习情况,应用技能主要通过师范生提交的作品判断是否已经具备所需技能。学习作品可以是心得体会、学习报告、不同类型的课件、教学设计甚至课堂实录等。学习作品的评价包括教师评价和学生互评,通过学生之间的评价达到取长补短的效果。态度调查属于主观评价,从评价的主体看属于自我评价,通过问卷调查的形式了解学生对自身学习情况的判断和评价。

2.4.3 移动环境下师范生信息化应用能力培养教学设计

本研究遵循教学设计一般规律,以移动环境下师范生信息化应用能力培养策略为指导,设计移动环境下师范生信息化应用能力培养教学设计。

第2章 师范生信息化应用能力培养方向与目标

2.4.3.1 策略对教学设计的指导

移动环境下师范生信息化应用能力培养策略对教学设计的指导主要表现在教学目标分析、学习者特征分析、教学内容分析、学习活动设计、教学环境与资源的准备和教学评价五个方面。

（1）教学目标分析方面。移动环境下师范生信息化应用能力培养策略中指出要将职前培养和职后培养相结合，借鉴师范生信息化应用能力培养的能力标准，分析和确定师范生信息化应用能力培养的具体目标。学习者特征分析主要指对师范生的分析，包括师范生的移动学习需求、师范生的认知特征、师范生的移动学习习惯等内容。

（2）教学内容分析方面。移动环境下师范生信息化应用能力培养策略中指出要选取贴合中职前教学实践的教学内容，师范生信息化应用能力培养课程标准正是从职前教学实际出发制订的，有系统的教学主题和教学要点，对本次教学内容的分析有重要指导作用。

（3）学习活动设计方面。移动环境下师范生信息化应用能力培养策略提出要为师范生提供移动环境下的自主学习服务支持和协作学习服务支持，所以学习活动设计应涵盖自主学习活动和协作学习活动两大类。

（4）教学环境与资源的准备方面。移动环境下师范生信息化应用能力培养策略给出了环境和资源的选择与设计原则及方法，根据资源和平台的选择及设计基本原则设计教学环境和资源。

（5）教学评价方面。移动环境下师范生信息化应用能力培养策略给出了评价机制的系统构成，主要包括形成性评价和总结性评价两个方面，所以在教学设计中要体现这两个方面的评价过程。

移动环境下师范生信息化应用能力培养策略对移动环境下师范生信息化应用能力培养教学设计的指导作用如图2-7所示。

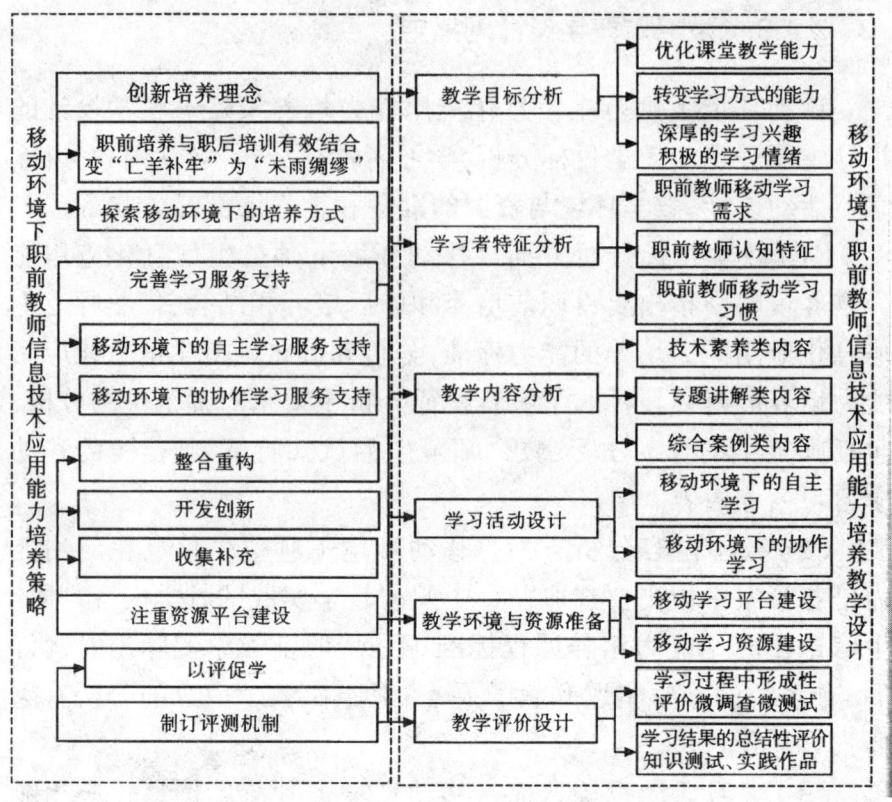

图 2-7 移动环境下师范生信息化应用能力培养策略对教学设计的指导

整体的教学设计流程图如图 2-8 所示。

2.4.3.2 教学目标

新课程对学生的全面发展作了全新的定位,每一门课程都提出要对以下三个目标进行有机整合:知识与技能、过程与方法、情感态度价值观。这三个目标既各有内涵,又有机地统一在新课程目标中,反映了新课程目标的多元性、综合性与均衡性。移动环境下师范生信息化应用能力培养教学设计的教学目标分为以下几点。

(1) 操作技能领域

①提高师范生应用信息技术优化课堂教学的能力。理解信息技术在优化课堂教学方面的重要作用,了解优化课堂教学的信

第2章 师范生信息化应用能力培养方向与目标

息技术工具的类型、功能及特点,掌握信息技术在课堂教学中运用的方法策略,能够合理设计技术支持下的课堂教学活动,能够应对技术支持下的课堂教学中的常见问题。

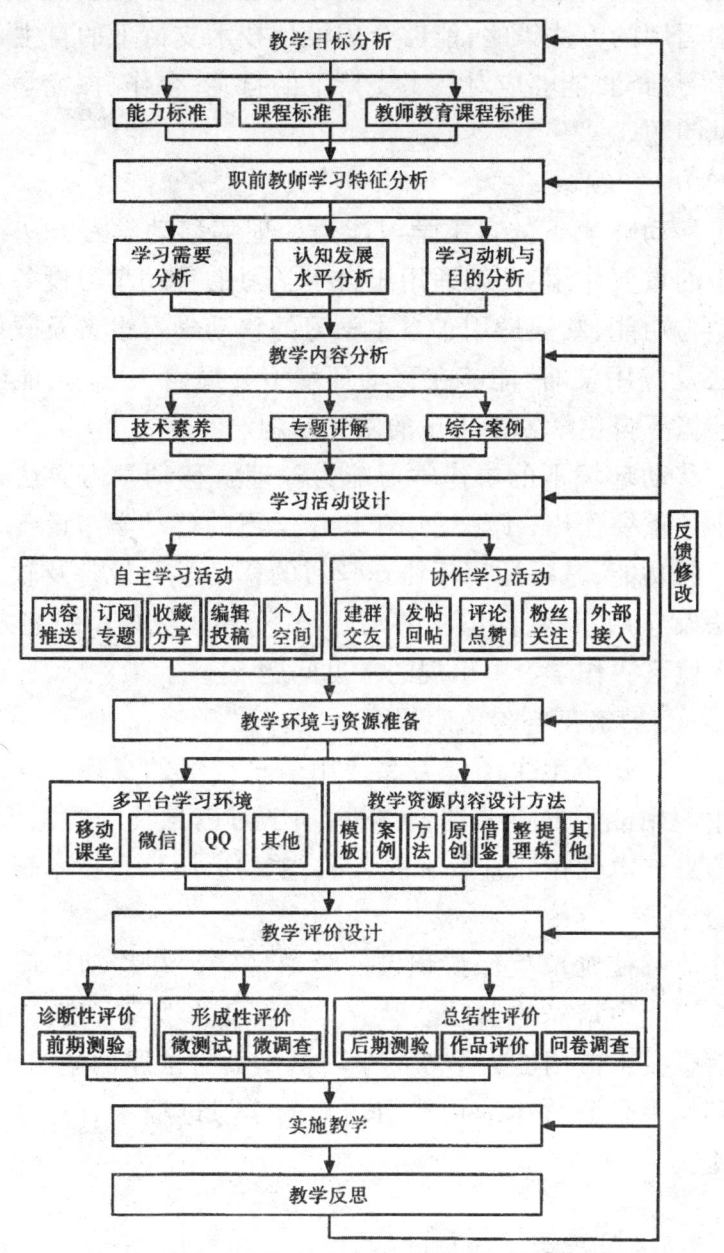

图 2-8 移动环境下师范生信息化应用能力培养教学设计流程

②提高师范生应用信息技术转变学习方式的能力。理解信息技术在转变学习方式方面的重要作用,了解支持自主、合作、探究学习方式的信息技术及资源,掌握信息技术在自主、合作、探究学习中运用的方法策略,能够合理设计技术支持下的自主、合作、探究学习活动,能够应对技术支持下的自主、合作、探究学习活动中常见问题。

(2)认知领域

①移动环境下的自主学习能力。理解移动学习方法在自主学习中的重要作用,了解适用于自主学习的移动学习设备及软件的类型与功能,掌握适用于自主学习的移动学习设备及软件的操作方法及应用策略,能够在移动环境下开展自主学习,能够应对移动环境下自主学习中出现的常见问题。

②移动环境下的协作学习能力。理解移动学习方法在协作学习中的重要作用,了解适用于协作学习的移动学习设备及软件的类型与功能,掌握适用于协作学习的移动学习设备及软件的操作方法及应用策略,能够在移动环境下开展协作学习,能够应对移动环境下协作学习中出现的常见问题。

(3)情感态度与价值观层面

①增强师范生主动学习和运用信息技术的意识。意识到信息技术应用能力的重要性,增强主动学习信息技术的意识,主动运用信息技术优化课堂教学的意识,主动运用信息技术转变学习方式的意识。

②能够使师范生保持积极的学习情绪。在移动环境下信息技术应用能力培养的学习过程中具有积极的学习态度,对移动环境下信息技术应用能力培养的学习活动具有浓厚的学习兴趣,在移动环境下信息技术应用能力培养的学习过程中具有愉悦的学习体验。

2.4.3.3 师范生学习特征分析

师范生的身份和学习特点与非师范生不同,有其特殊性。他

第 2 章 师范生信息化应用能力培养方向与目标

们既是学生又是准教师——教师专业化的第一阶段即准备阶段。既要学习做人师的学问,又要学习做经师的学问。人师就是教学生怎样做人——践行着德育;经师就是教学生怎样学习——践行着智育。我们的教学要人师和经师两者合一,每个教科学知识的人,既是一个模范人物,同时也是一个有学问的人。

同时,师范生是我国大学生中的一个特殊群体,他们将肩负着培养我国新一代成长的重任,在我国未来教育事业发展及教育水平的提高中起着重要作用。师范生由于发展目标明确,其在学习中具有以下特点:首先是重视学习,但对大学学习意义认识较功利;其次是想有更多的知识,但追求的是应用型知识;再次是对学习环境与条件期望高,但学习并不很主动、深入;最后是想获得好的学习结果,但不知怎么学,也不知学了些什么。

师范生作为成人学习者,具有与一般成人学习者共同的学习特征。他们的学习目的是以问题为中心的,寻求教育方案解决某问题,以达成其目标;学习技巧是自我导向的,传统上不依靠他人给予方向,通常对新信息报以怀疑的态度,接受它之前喜欢先试一试,较为批评性的、主观的;学习要求上寻找相关或直接可以应用至他们要的教育,即及时的与适合他们生活的,如果学习是及时的与适合的,他们会为自己的学习负责。

2.4.3.4 教学内容分析

杨彦栋等人通过图书馆和网络书店共收集到 32 本名为《现代教育技术》(教程或理论与应用)的公共课教材,通过分析这些教材的内容,发现高校"现代教育技术"课程教学内容分布主要集中在教育技术概述、教育技术基础理论、教学媒体的应用、多媒体课件制作与素材获取、教学系统设计、教学环境与资源、教学评价、远程教育与网络教育、信息技术与课程整合、信息检索和利用、教育技术实践训练、信息素养和信息道德等,如图 2-9 所示,并指出"现代教育技术"公共课存在教学内容基本是教育技术学专业主干课课程的浓缩、课程主要内容存在陈旧现象,不能及时体现现代教育技术的发展动态等。

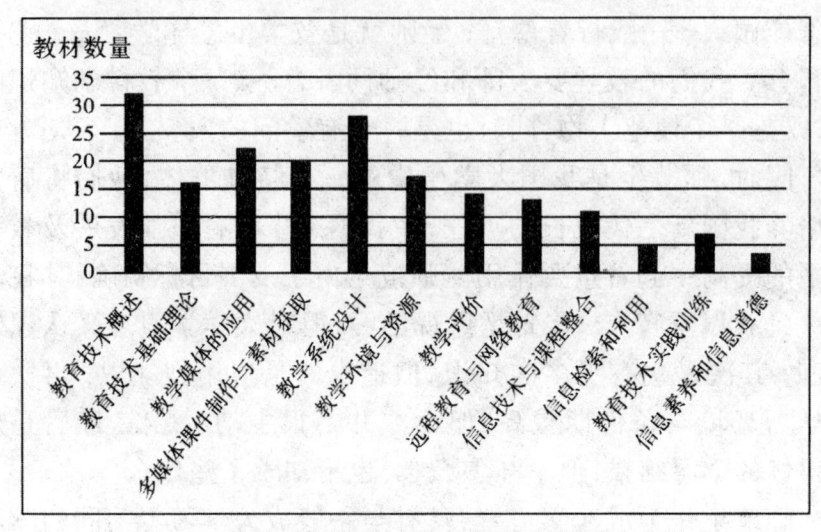

图 2-9 高校"现代教育技术"课程教学内容分布

能力标准中对教师的信息技术应用能力进行了新的梳理和界定,如图 2-10 所示,也给出了相应的课程标准归纳如图 2-11 所示。

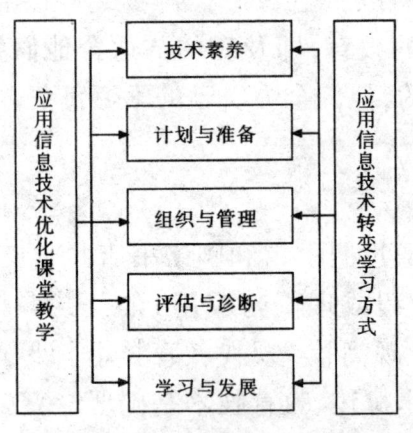

图 2-10 能力标准中教师信息技术应用能力框架

第2章 师范生信息化应用能力培养方向与目标

```
                          技术素养类
                              │
  ┌───────────────────────────┴───────────────────────────┐
  │  T1信息技术引发的教育教学变革                          │
  │  T2多媒体教学环境认知与常用设备使用                    │
  │  T3学科资源检索与获取              T16网络学习空间的构建与管理
应用│  T4素材的处理与加工                T17网络教学平台的应用          │应用
信息│  T5多媒体课件制作                  T18适用于移动设备的教学软件应用 │信息
技术│  T6学科软件的使用                                             │技术
优化│  T7信息道德与信息安全                                         │优化
课堂│                          综合类                               │课堂
教学│                                                              │教学
  │  T8简易多媒体教学环境下的学科教学  T19网络教学环境中的自主合作探究学习
  │  T9交互多媒体环境下的学科教学      T20移动学习环境中的自主合作探究学习
  │  T10学科教学资源支持下的课程教学                              │
  │                          专题类                               │
  │  T11技术支持的课堂导入            T21技术支持的探究学习任务设计 │
  │  T12技术支持的课堂讲授            T22技术支持的学习小组的组织与管理
  │  T13技术支持的学生技能训练与指导  T23技术支持的学习过程监控     │
  │  T14技术支持的总结与复习          T24技术支持的学习评价         │
  │  T15技术支持的教学评价                                        │
  │                        教师发展类                             │
  │  T25中小学教师信息技术应用能力标准解读                        │
  │  T26教师工作坊与教师专业发展                                  │
  │  T27网络研修社区与教师专业发展                                │
```

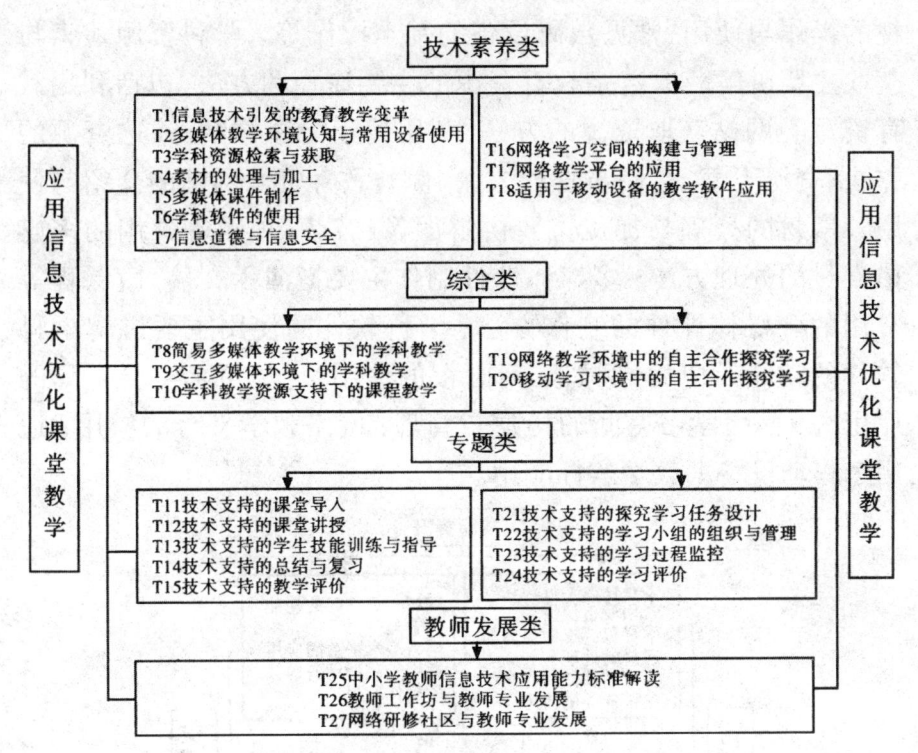

图2-11 课程标准中对内容的要求

结合师范生教育技术能力培养课程内容要求和课程标准的内容要求，本研究选取适合在移动环境下培养的教学内容，设计了移动环境下师范生信息化应用能力培养内容体系，如图2-12所示。

技能提升主题主要提供与师范生信息化应用技能相关的知识与内容，主要包括多媒体教学环境认知、常用设备使用、学科资源检索与获取、素材的处理与加工、多媒体课件制作、学科软件的使用、网络学习空间的构建与管理、网络教学平台的应用、适用于移动设备的教学软件应用等方面的内容。多媒体教学环境认知主要讲解多媒体教学环境的构成要素及其教学功能；常用设备的使用主要讲解多媒体教学环境中常用设备的使用方法及一般问题及解决方法，例如多媒体计算机的基本操作、电子白板基本功能的操作与使用、投影机的基本操作、实物展台的使用、触控电视的操作与使用、常见数码设备的基本操作等。学科资源检索与获取主要讲解获取数字教育资源的主要途径和方法，包括利用教育资源类网站获取资源的方法、利用搜索引擎检索、筛选资源的方法、资源下载、存储与管理方法、优秀教育资源网站的介绍与使用。素材的处理与加工主要讲解图像、音频、视频等常用的多媒体素材的处理方法；多媒体课件制作主要指演示文稿、微课程等常用的多媒体课件的制作方法；学科软件的使用主要讲解学科软件的功能及应用，例如几何画板的使用，化学仿真实验工具的使用等；网络学习空间的构建与管理；网络教学平台的应用；适用于移动设备的教学软件应用。

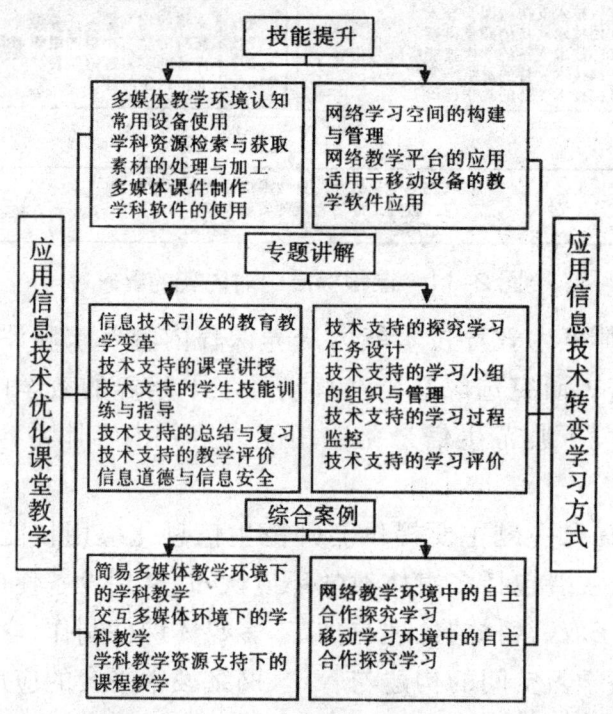

图 2-12 移动环境下师范生信息化应用能力培养内容体系

专题讲解主题主要包括信息技术引发的教育教学变革、技术支持的课堂导入、技术支持的课堂讲授、技术支持的学生技能训练与指导、技术支持的总结与复习、技术支持的教学评价、信息道德与信息安全、技术支持的探究学习任务设计、技术支持的学习

·58·

第2章 师范生信息化应用能力培养方向与目标

小组的组织与管理、技术支持的学习过程监控和技术支持的学习评价等内容。

综合案例主题主要包括提供简易多媒体教学环境下的学科教学、交互多媒体环境下的学科教学、学科教学资源支持下的课程教学、网络教学环境中的自主合作探究学习、移动学习环境中的自主合作探究学习等案例及分析。

2.4.3.5 学习活动设计

移动环境下师范生信息化应用能力培养活动主要分为两个方面：自主学习活动和协作学习活动。

在自主学习活动中，学习系统提供丰富的学习内容，师范生能够根据自己的学习需求随时随地进行自主学习，获取丰富的学习内容，订阅需要的学习模块，收藏分享自己的学习经验，遇到问题时，也可以通过软件平台与教师进行提问进而得到答疑，也可以建立个人空间，记录自己自主学习的过程。

在协作学习活动中，师范生可以通过软件平台完成协作学习活动。可以按照需要建立学习兴趣小组，协作完成学习任务，也可以通过软件平台交流分享自己的学习经验。

2.4.3.6 教学环境与资源的准备

本研究选择 APP 模块化开发工具开发适用于本研究的软件平台，命名为移动课堂。移动课堂 APP，总共包括六大模块八大功能。六大模块为技能提升、专题讲解、综合案例、群聊、社区和投稿，八大功能为各类内容发布、群聊功能、社区功能、投稿功能、收藏功能、订阅功能、个人空间和软件设置。

各类内容发布功能提供各类内容的发布，包括文稿、视频、图集，本研究按照研究需要遵从内容体系创建发布内容，师范生可以对发布内容进行评论、收藏和分享。

群聊功能提供自由建组和进组、添加和删除好友（好友关

注)、各类信息(如文字、图片、语音)的发布、群组管理(消息置顶、消息免打扰、聊天记录等)等功能。

社区功能提供发帖、回帖、评论、点赞、分享和删帖等功能。投稿功能主要完成信息反馈,师范生可以通过此功能将信息反馈到软件后台。收藏功能主要用于师范生的收藏管理。订阅功能为师范生提供按需订阅所需内容的功能。个人空间功能为师范生提供一个创建个人用户空间的平台。软件设置主要是软件自身的一些个性化设置。

移动课堂APP功能模块介绍如图2-13所示。

移动课堂,其功能主要有内容推送,订阅专题,收藏分享,编辑投稿,创建个人空间、建群交友,发帖回帖,评论点赞,粉丝关注,第三方接入、软件接入等。

内容发布共三个模块:技能提升、专题讲解、综合案例。

技能提升的教学内容主要包括常用信息技术设备的操作,通用软件和学科软件的使用方法,使用网络教学平台,进行数字教育资源的获取、加工和制作等内容。本研究根据具体内容和师范生的学习需求,将技术素养类的教学内容分为PPT、WORD、EXCEL、常用设备、软件平台、资源检索、文件管理、法律法规、其他技能共九个模块。PPT、WORD、EXCEL三个模块主要讲解这三种常用软件的操作技巧及其在教学中的应用方法;常用设备、软件平台这两个模块主要讲解信息技术教师需要掌握的常用设备和学科软件的操作方法和技巧;资源检索模块主要讲解信息技术教师需要掌握的利用教育资源类网站获取资源的方法、利用搜索引擎检索筛选资源的方法、资源下载、存储与管理方法、优秀教育资源网站的介绍与使用等内容;文件管理主要讲解信息技术教师必备的文件管理方面的技巧;法律法规模块主要讲解与信息技术使用和信息安全相关的法律常识、文件规定等。其他技能主要讲解除了上面模块以外的信息技术操作技巧。专题讲解教学内容主要包括知识资讯、政策文件、课堂教学、创新教学共四个模块。

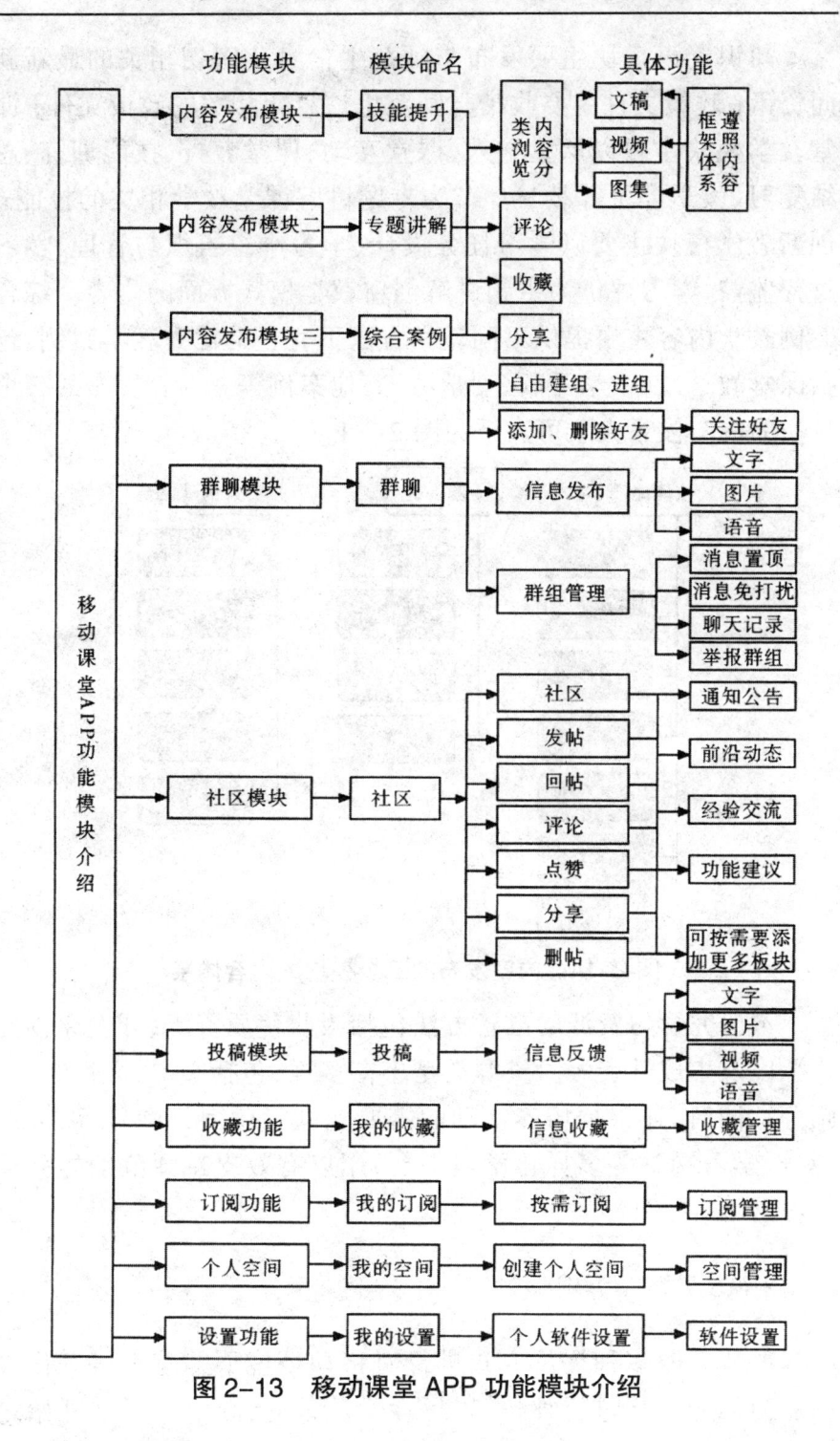

第2章 师范生信息化应用能力培养方向与目标

功能模块	模块命名	具体功能

移动课堂APP功能模块介绍

- 内容发布模块一 → 技能提升 → 内容分类浏览 → 文稿 / 视频 / 图集 → 遵照框架体系内容
- 内容发布模块二 → 专题讲解 → 评论
- 内容发布模块三 → 综合案例 → 收藏 / 分享
- 群聊模块 → 群聊
  - 自由建组、进组
  - 添加、删除好友 → 关注好友
  - 信息发布 → 文字 / 图片 / 语音
  - 群组管理 → 消息置顶 / 消息免打扰 / 聊天记录 / 举报群组
- 社区模块 → 社区
  - 社区 → 通知公告
  - 发帖 → 前沿动态
  - 回帖 → 经验交流
  - 评论
  - 点赞 → 功能建议
  - 分享
  - 删帖 → 可按需要添加更多板块
- 投稿模块 → 投稿 → 信息反馈 → 文字 / 图片 / 视频 / 语音
- 收藏功能 → 我的收藏 → 信息收藏 → 收藏管理
- 订阅功能 → 我的订阅 → 按需订阅 → 订阅管理
- 个人空间 → 我的空间 → 创建个人空间 → 空间管理
- 设置功能 → 我的设置 → 个人软件设置 → 软件设置

图 2-13 移动课堂 APP 功能模块介绍

知识资讯模块主要发布与师范生信息化密切相关的最新新闻资讯；政策文件主要收集与师范生信息化相关的政策文件；课堂教学模块主要以课堂导入、课堂互动、课堂教授、技能训练、总结复习、教学评价等教学环节为专题讲解课堂教学相关的技能；创新教学模块主要以学习任务设计、学习小组组织与管理、学习过程监控、学习评价为主题讲解创新教学模式方面的内容。综合案例教学内容主要提供不同教学方法下完整的优秀教学案例，包括课堂教学、在线学习、移动学习、其他案例等。内容发布的三个模块的内容体系大致可表示为图2-14。

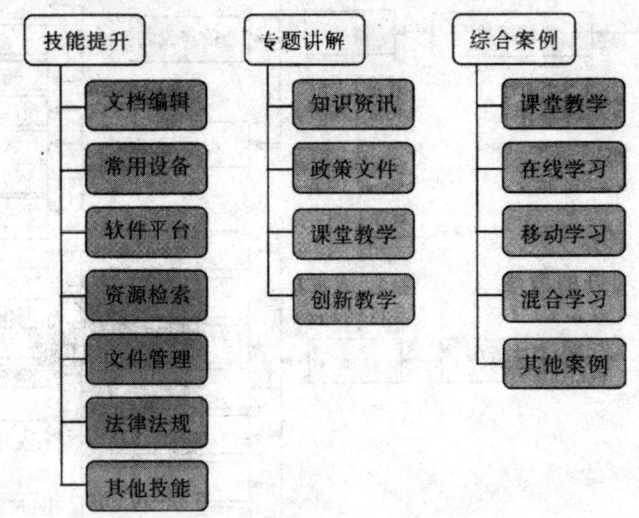

图2-14 内容发布的三个模块的内容体系

本研究学习资源的准备方法包括吸收优质资源、开发原创性资源以及生成性资源。资源类型丰富多样，包括文本、微视频、动画等。同时，还根据培养活动的需要建立了微信订阅号、新浪微博号、学习网站等多样化学习平台，用以有效支持师范生的移动学习。

2.4.3.7 教学评价设计

本节采取多种评价方式进行对移动环境下师范生信息化应用能力培养效果进行评价，以评促学。首先，在学习活动开始之

第2章 师范生信息化应用能力培养方向与目标

前发放前测试卷,判断师范生信息化应用能力整体水平。其次,发放信息技术应用能力学习需求调查表调查师范生的整体学习需求。

在培养的过程中,根据学习内容设计学习需求微调查和学习效果微测试,以动态地了解当前师范生信息化应用能力的学习情况和学习需求,以便及时调整培养计划。

在培养计划结束之后,发放信息技术应用能力测试卷,测试师范生的学习质量,评价师范生所提交的作品作业;运用教师评价和学生互评的方式评价其信息技术应用的掌握情况,发放态度调查表,了解师范生对本次学习活动的感受和评价。

第3章 师范生应具备的基础信息化应用能力

当前中小学教师面临着严峻的挑战和压力,一方面学生的求知欲是旺盛的,另一方面知识更新的速度也是前所未有的。今天的教师,不管是主动的,还是被动的,都必须在教学中广泛而深入地应用信息技术,只有这样才能适应时代的发展。

3.1 利用 Word 编辑教学文档

3.1.1 输入教学设计

编写教学设计首先要进行构思,例如分析教学内容、根据学生的实际情况选择教学方法、设计学生练习等,在完成这些构思以后,就可以在 Word 中进行编写录入、排版规划,最后还可以打印出来。

一份标准的教学设计通常包含标题、教材分析、学情分析、教学目标、教学重难点、教法与学法、教学准备、教学环节和教学板书等。在输入教学设计内容时经常要用到中文、英文、标点、符号和表格等。

3.1.1.1 输入教学设计基本环节

本教学设计可以先将教学设计的主要环节文字输入,再使用"样式"设置和"自动编号"快速搭建好教学设计的主要框架。

（1）打开文件。运行 Word 软件,打开文档。

（2）选择输入法。单击任务栏上的输入法图标,在弹出的输入法菜单中,选择"搜狗拼音输入法"。

（3）输入书名号。右击搜狗输入法状态条上的"软键盘"工具,输入左书名号,按照同样的方法输入右书名号。

（4）输入文字。在书名号(《》)中间定位光标并单击,输入文字,再在右书名号右侧定位光标并输入文字"教学设计",按回车键换行,继续输入教学环节相关文字。

（5）选择标题文字。左手按住键盘上的 Ctrl 键(按 Ctrl 键时可选中不连续区域),右手按住鼠标左键不放,拖动鼠标,选中一级标题文字。

（6）创建一级编号。单击"开始"选项卡,创建一级标题编号。

（7）创建二级编号。参考步骤（5）和步骤（6）,创建二级标题编号。

（8）增加缩进。选中二级标题,单击"开始"选项卡"段落"组中的"增加缩进量"按钮。

3.1.1.2 制作教案中的表格

表格常用于比较、归纳知识概念,根据需要制作表格。

（1）插入表格。选择要插入表格的插入点,插入表格。

（2）选择单元格。将鼠标指针放到表格的第 1 行,按住鼠标左键不放,向右拖动鼠标,选中要合并的单元格。

（3）合并单元格。将鼠标指针放在被选中的表格上右击,在弹出的菜单中单击合并单元格。按同样的方法合并其他需要合并的单元格。

（4）调整列宽。用鼠标左键单击表格中任意一点,使表格处于选定状态,将鼠标指针放在要改变列宽单元格的列线上,鼠标指针变成◄►形状,按住鼠标左键向左或向右移动以改变列宽。

（5）输入内容。单击第 1 个单元格,出现闪动的光标,输入有关文字,移动光标到其他单元格,输入文字。

（6）设置对齐方式。选中单元格中文字，选择"布局"→"对齐方式"→"水平居中"工具。

（7）设置边框。将鼠标指针放到表格上右击，在右键快捷菜单中选择"边框和底纹"命令，在弹出的"边框和底纹"对话框中，设置表格外边框。

（8）设置底纹。选中表格中部分单元格，参考步骤（7）打开"边框和底纹"对话框，设置单元格底纹效果。

3.1.1.3 制作板书

在教学完成后，一般要对一节课所学知识进行归纳总结，教学设计最后还应该含有板书设计。教学设计中知识结构图主要通过文本框和图形来绘制，其中利用文本框插入文字，可以使其中的内容成为一个整体，而且插入的文本框可以根据需要放在文档版面的任意位置，使排版显得更加自由灵活。

（1）插入文本框。在文档中选择插入点，选择"插入"→"文本框"→"简单文本框"命令，系统自动插入文本框。

（2）调整文本框。将鼠标指针移到文本框的尺寸控制点上，当指针变成四箭头形状时，拖动鼠标，将文本框调整到合适的大小。

（3）移动文本框。将鼠标指针移到文本框的边缘非尺寸控制点上，当指针变成四箭头形状时，拖动鼠标，将文本框移到合适的位置。

（4）删除文字。单击文本框内任意位置，即可选中文本，按Delete键删除文本框中默认的文字。

（5）输入课题。在文本框中再插入一个文本框，输入课题文字，设置文字格式，并移动该文本框到第1个文本框的上方。

（6）设置文本框格式。双击文本框的边线，打开"设置文本框格式"对话框，设置文本框格式。

（7）复制文本框。选中步骤中（6）插入的文本框，按"Ctrl+C"组合键复制文本框，在空白处单击并按"Ctrl+V"组合键粘贴文本框。

（8）改写内容。删除粘贴的文本框中的内容，输入其他内容，并调整文本框到合适位置。

（9）组合文本框。按住 Shift 键不放，选中所有文本框，右击选择"组合"命令，组合所有文本框。

（10）绘制大括号。单击"插入"选项卡"插图"组中的"形状"命令，在"形状"下拉菜单中选择"基本形状"中的"左大括号"选项，按住鼠标左键不放，拖动鼠标绘制左大括号，用同样的方法绘制"右大括号"。

3.1.2 排版教学设计

用 Word 进行文字处理，一般是先输入文字，然后进行排版。排版包括文字格式排版和段落排版两个方面。

3.1.2.1 设置文本格式

完成文字输入后，给文档中不同部分（如标题、提纲、正文等）的文字设置不同的格式，可以使文档内容层次分明，重点突出，也可以使文章变得生动活泼，更容易阅读。

（1）选中文字。打开教学设计，按住鼠标左键，拖动选中的文字，被选文字呈黑底白字。

（2）设置文字格式。单击"开始"选项卡，设置字体、字号等。

（3）居中对齐。单击"开始"选项卡下"段落"组中的"居中"按钮，使文字居中对齐。

3.1.2.2 设置段落格式

输入一段文字后，Word 可以为其设置段落格式，如行间距、段前（后）间距、首行缩进等格式，也可以根据需要修改这些格式。通常段前要空 2 个字符，采用添加空格的方法可以实现，但却不规范，正确的方法应该是设置段落缩进。

（1）选择段落。单击需要设置段落缩进的段落，将光标放在该段落中。

（2）设置段落格式。右击,在弹出的菜单中选择"段落"命令,打开"段落"对话框,设置段落缩进。

3.1.3 页面布局

页面包括所用纸张大小、方向和文章在纸张中的位置等信息。因为 Word 采用所见即所得的方式进行排版,用户在屏幕上所看到的排版效果基本上和打印出来的效果相同,不用进行模拟显示。用户只要设置好纸张大小和页边距,以后不论用户如何调整字体大小和字间距,都可以保证全部打印在所设的纸上,因此首先要对教案的页面进行设置。

编写好的教案一般是要打印到纸上的,这就需要选择一个合适的纸型。一般情况下,页面大小和打印时所采用的纸张大小应一致,但用户也可以根据需要自由设置打印纸的尺寸,默认的纸型是 A4。页边距是用来设置纸张在上、下、左、右 4 边所留空白的大小,如果选用标准设置,页边距会使用默认设置,用户也可以自定义页边距。

（1）设置纸张大小。选择合适的纸张大小。

（2）设置页边距。单击"页面布局"选项卡下"页面设置"组中的"页边距"按钮,选择"自定义边距"命令,打开"页面设置"对话框,自定义页边距。

（3）插入页码。单击"插入"选项卡下"页眉和页脚"组中的"页码"按钮,选择"页面底端"选项下的"普通数字 2"命令,即可在页面底部中间插入页码。

3.1.4 打印文档

教学设计已经全部完成,最后就需要打印输出了。在打印之前,为避免出现意想不到的打印效果,在将教学设计打印到纸张上之前,可以利用 Word 提供的打印预览功能对整个排版效果进行预览,如果不理想,可以再进行调整。为了节省纸张,还可以设置双面打印。

（1）选择打印。打开文档，选择"文件"选项卡下的"打印"标签。

（2）预览文档。右侧预览窗中显示了文档的打印效果预览，拖动右边的垂直滚动条，可以查看教学设计的其他页。

（3）设置双面打印。连接好打印机，装上与页面设置相同大小的纸张，设置双面打印参数，开始打印第1页。

（4）打印第2页。查看双面打印说明，将已打印的纸按要求叠插入纸盒中，继续打印第2页。

3.2 利用 Excel 统计分析教学成绩

3.2.1 Excel 简介

Microsoft Excel 是 Windows 操作系统下最常用的电子表格处理软件，具有强大的数据处理与电子图表制作功能。利用 Excel，可以方便地制作出教学所需的各类电子表格，并轻松完成复杂的数据运算。

下面介绍与 Excel 有关的几个重要概念：

工作簿：是一个 Excel 文件，其扩展名为 .xls，在默认情况下由 3 个工作表组成。在 1 个工作簿里，最多可存放 255 个工作表。在默认情况下，Excel 会自动将工作簿命名为 Book1，其中包含三个工作表，即 Sheet1、Sheet2 和 Sheet3。

工作表：是以列和行的形式组织和存放数据的表格，每个工作表里最多可以有 256 列、65536 行，列数用英文字母表示，行数用数字表示。工作表通过窗口左下角的工作表标签来标识，当前正在操作的工作表标签是白底黑字、带下划线的样式，叫做"活动工作表"。在默认情况下，活动工作表为 Sheet1。

单元格：行和列相交所构成的方格，是工作表的最小单位，一个单元格最多可容纳32000个字符。单元格根据其所处的列号和行号来组合命名,如"D5"表示D列和5行相交处的单元格。当前正在操作的单元格会被黑线框住,叫做"活动单元格",活动单元格右下角有一个黑点色小方块,叫做"填充柄"。

名称框:名称框里显示当前单元格或者一组单元格区域的名称,在名称框里输入单元格的名称后敲回车,可以迅速选中相应的单元格。

编辑区:用鼠标单击编辑区,准备输入数据时,在编辑区左侧会出现3个按钮,"×"为"取消"按钮,用于取消编辑的信息,恢复单元格编辑前的状态,"√"为"输入"按钮,用于确认编辑的内容,"fx"为"插入函数"按钮,单击"插入函数"按钮,会弹出"插入函数"对话框,引导用户在单元格里输入函数。

3.2.2 利用 Excel 进行成绩的分析与统计

3.2.2.1 Excel 中的快速运算

打开存放原始数据的工作簿,将鼠标移到窗口底部的状态栏上,单击鼠标右键,在弹出的快捷菜单里单击"求和"选项后,拖动鼠标选中需要求和的数据区域,即可在状态栏右侧看到求和运算的结果。快捷菜单里各选项对应的运算如表3-1所示。

表3-1 快捷菜单里各选项对应的运算

选项	说明
无	不进行任何运算,在状态栏里不显示任何结果
平均值	计算鼠标选中区域里所含数据的平均值
计数	统计鼠标选中区域里非空白单元格数量
计数值	统计鼠标选中区域里存放有数值的单元格数量
最大值	计算鼠标选中区域里所含数据的最大值
最小值	计算鼠标选中区域里所含数据的最小值
求和	计算鼠标选中区域里所含数据的和

如果需要对大量数据进行较为复杂的运算,使用公式或函数会更加轻松快捷。

3.2.2.2 学生个人总分的计算

用鼠标单击存放第1位学生总分的单元格,单击"常用工具栏"右侧的"自动求和"按钮,Excel会自动完成求和函数的输入并准确选中求和区域,敲回车键进行确认后,即可得到这个学生的总分。

再次选中存放第1位学生总分的单元格,将鼠标移到右下角的填充柄上。当鼠标指针变为黑色小十字形时,双击鼠标左键或者按下鼠标左键向下拖动,即可利用快速输入法,完成班级里其他学生总分的计算。

3.2.2.3 学生个人平均成绩的计算

用鼠标单击存放第1个学生平均成绩的单元格,单击"自动求和"按钮右侧的小三角按钮,在弹出的快捷菜单里单击"平均值"选项,Excel会自动完成求平均值函数的输入并自动框选单元格区域,我们需要用鼠标单击编辑区,手动修改公式并确认以后再敲回车键。因为学生的平均成绩等于总分除以考试科目,我们也可以在单元格里手动输入公式来计算第1个学生的平均成绩。

3.2.2.4 根据总分计算学生在班级里的排名

在教学数据的统计中,有时会用到较为复杂的函数。对学生成绩进行排名需要用到排序函数RANK,其语法格式是:RANK(number,ref,order)。括号里3个参数项的含义如下:

Number表示需要计算排位次序的单元格名称或数值。

Ref表示一个单元格区域,要将第1个参数的值跟这一区域里的数据进行比较以确定其排位次序。

Order 是用来说明排序方式的数值：如果 order 为 "0" 或省略，Excel 将对数字按照降序排列的方式排序；如果 order 不为零，Excel 将按照升序排列的方式排序。

用鼠标单击存放第 1 个学生总分名次的单元格，输入公式后敲回车键确认，得出第 1 个学生的名次后，仍可通过快速输入法得到其他学生的名次。

3.2.2.5 统计各学科的及格人数和及格率

利用统计函数 "COUNTIF"，可以计算出各学科的及格人数，其语法格式是：COUNTIF（range, criteria），其中 "range" 表示需要计算满足条件的单元格数目的单元格区域，"criteria" 表示统计单元格数目时所需满足的条件。

3.2.2.6 按照分数高低排序

在分析学生成绩时，经常需要把成绩按照由高到低的顺序排序。如果需要按照总分由高到低排序，只需单击 "总分" 这一列下面的任意单元格，再单击 "常用" 工具栏里的 "降序排列" 按钮即可。

如果在排序时出现总分相同的情况，我们还可以增加其他排序条件，单击 "数据" 菜单下的 "排序…" 命令，在弹出的 "排序" 对话框里，设置好排序的关键字和排序方式后，单击 "确定" 按钮即可完成排序操作。

3.2.2.7 符合条件的数据筛选

在 Excel 中，可以利用自动筛选功能迅速找到满足条件的所有数据。

打开工作簿选中单元格，依次单击 "数据" 菜单下的 "筛选/自动筛选…" 命令，可以看到第 2 行每个单元格的右侧都会出现一个倒三角按钮，单击倒三角按钮，可以在对应列按条件进行筛选。

3.3 PPT 课件的高效制作

由于 Office 版本的更新,不同版本的界面也不一样,但是它们的功能是一样的,本节以 PowerPoint 2010 为例来进行 PPT 课件的制作,这些方法在其他版本的 PowerPoint 中同样适用。

为了提高制作课件的效率,在使用 PowerPoint 软件制作课件之前,应先为课件创建并保存一个新的演示文稿文件,并养成随时保存的习惯;同时,可以为课件单独准备一个文件夹,用来存放课件及相关素材文件。

3.3.1 创建课件文件

3.3.1.1 创建演示文稿文件

图 3-1 所示为小学语文课件《画家和牧童》的封面,封面是课件的一个重要组成部分。本例将利用 PowerPoint 的主题功能,创建一个只有一张封面幻灯片的演示文稿,并保存。

图 3-1 课件封面

PowerPoint 2010 启动后,会自动新建一个空白演示文稿,在此文稿的幻灯片上选择主题,使用占位符输入课题及其他信息,并保存,即可创建一个新的课件文件。

运行软件单击"开始"按钮,选择"所有程序"→"Microsoft Office"→"Microsoft PowerPoint 2010"命令,运行软件,界面图3-2所示。

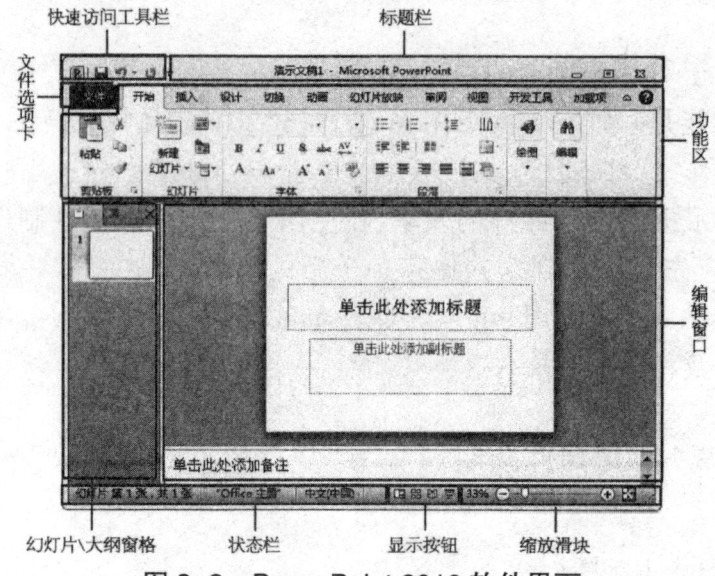

图 3-2 PowerPoint 2010 软件界面

设置页面大小单击"设计"选项卡下"页面设置"组中的"页面设置"按钮,在"页面设置"对话框中按图3-3所示的操作,设置封面的页面比例和方向。

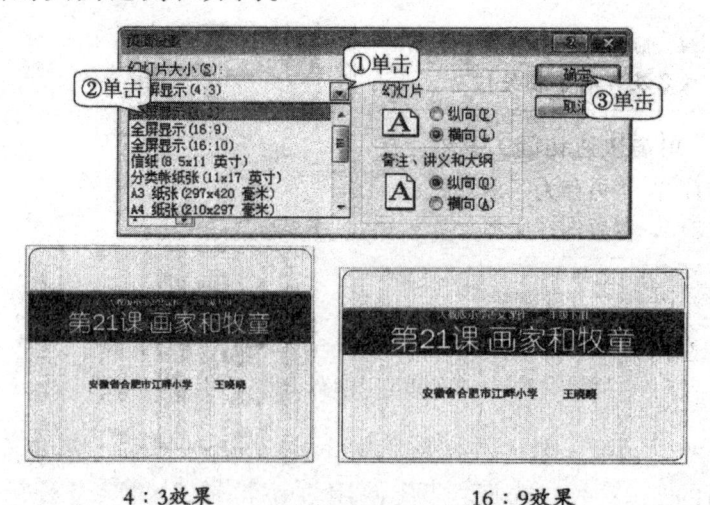

图 3-3 设置页面大小

3.3.1.2 幻灯片的选中、复制和移动

要选中幻灯片中的多个对象时,可以用鼠标直接拉动,如果要全部选中,可以用快捷键"Ctrl+A",要部分选中,按下 Ctrl 键后,用鼠标点击。另外的选中方法是,在"开始"选项卡的"编辑"组中,点击"选择"按钮,可以"全选",若点击"选择窗格"(也可以通过在绘图工具栏中的"格式"选项卡中的"排列"组中,点击"选择窗格"),可以在此按下 Ctrl 键时,用鼠标选中不同的对象。

若复制幻灯片上的某些内容,需要选中该幻灯片上的内容(文本框或者图片等),点击"复制",在新的位置点击"粘贴",或利用快捷键(复制:"Ctrl+C",粘贴:"Ctrl+V")。若需要复制整张幻灯片,则在左边的"普通视图"(点击"视图"→"普通")中,选中要复制的幻灯片,利用 Shift 键可以连续多选,利用 Ctrl 键可以选中任意一张幻灯片。

若在同一文档中移动某一张或某几张幻灯片,先选中该幻灯片,可以在"普通视图"上直接拖动,也可以点击右下角的"幻灯片浏览"按钮,在"幻灯片浏览"视图中拖动选中的幻灯片,拖到适当位置放手即可。

3.3.1.3 播放演示文稿内容

通过"幻灯片放映"可以将制作好的幻灯片进行全屏、连续播放。放映状态下的幻灯片不可以进行任何编辑,但可以直接播放音乐、视频、动画等素材,并可以通过选择不同的指针添加墨迹注释。

图 3-4 展示了多种课件放映方式,在教学过程中可以根据实际需要,灵活选择。

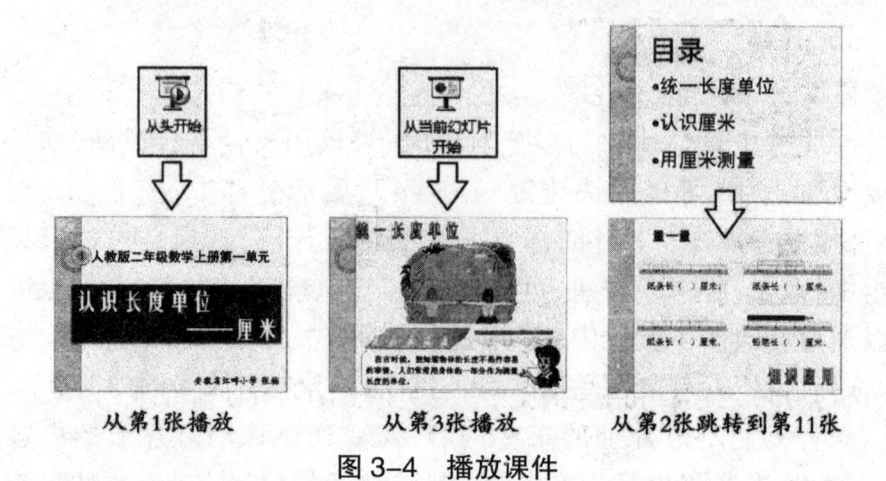

从第1张播放　　　　　从第3张播放　　　　从第2张跳转到第11张

图 3-4　播放课件

下面将利用"幻灯片放映"选项卡中的按钮分别从第 1 张、第 3 张开始播放幻灯片,并在播放过程中利用快捷菜单从第 2 张幻灯片跳转到第 11 张幻灯片。

(1)从头播放。打开课件文件,按图 3-5 所示的操作,即可从第 1 张幻灯片开始播放,单击鼠标左键或敲击空格键可继续播放第 2 张。

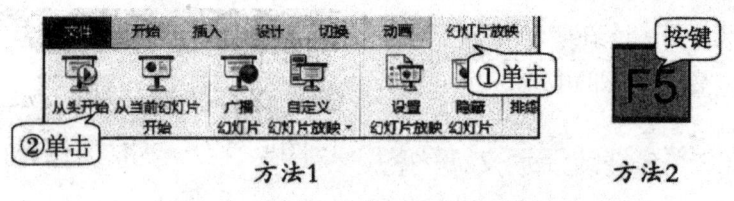

方法1　　　　　　方法2

图 3-5　从第 1 张幻灯片开始播放

(2)从当前播放。在"幻灯片\大纲"窗格中选中第 3 张幻灯片,按图 3-6 所示的操作,即可从第 3 张幻灯片开始播放,单击鼠标左键或敲击空格键即可继续播放第 4 张。注意,从当前幻灯片播放时,一定要先选中幻灯片。

(3)跳转播放。在第 2 张幻灯片"目录"放映状态下,按图 3-7 所示的操作,可直接切换到第 11 张幻灯片,再单击鼠标左键或按空格键,可继续播放第 12 张幻灯片。

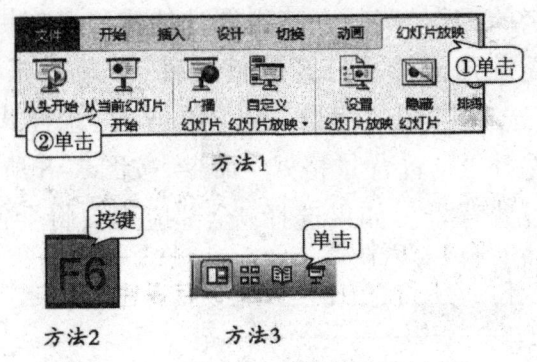

第3章 师范生应具备的基础信息化应用能力

图 3-6 从第 3 张幻灯片开始播放

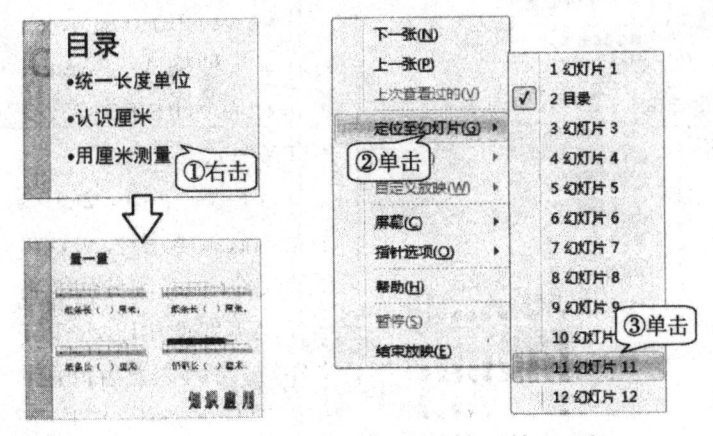

图 3-7 从第 2 张幻灯片跳转到第 11 张

（4）结束播放。在最后一张幻灯片播放结束后，单击鼠标左键或敲击空格键可结束幻灯片放映，返回幻灯片编辑状态。如果在放映最后一张幻灯片之前需要结束放映，可以直接按键盘上的 Ese 键退出幻灯片放映状态。

3.3.2 添加课件素材

3.3.2.1 添加文字素材

在多媒体课件中，文字是不可或缺的内容。在 PowerPoint 2010 中，不能像在 Word 软件中那样直接将文字添加在页面上，而是需要通过"文本框"和"艺术字"两种方式为幻灯片添加文字，这样看似复杂的操作,实际上使得课件的排版工作更为灵活。

(1)设置目录背景。打开课件文件,新建一张空白幻灯片,选择"设计"选项卡,在"背景"组中单击"背景样式"按钮,在弹出的列表中选择"设置背景格式"命令,按图3-8所示的操作,为目录幻灯片设置背景。如果选择"全部应用",将会使所有的幻灯片都使用当前背景。

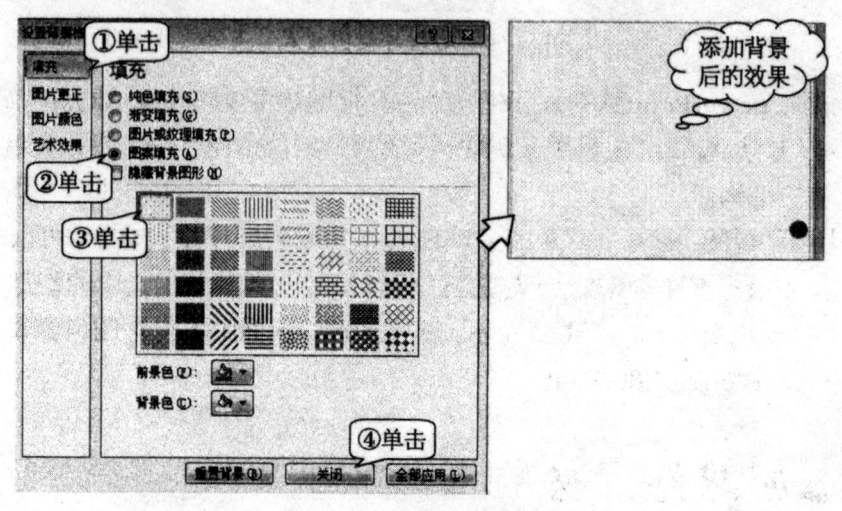

图3-8 设置目录背景

(2)添加艺术字标题。选择"插入"选项卡,按图3-9所示的操作,即可添加艺术字标题。单击艺术字会插入光标,可以编辑修改艺术字的内容。

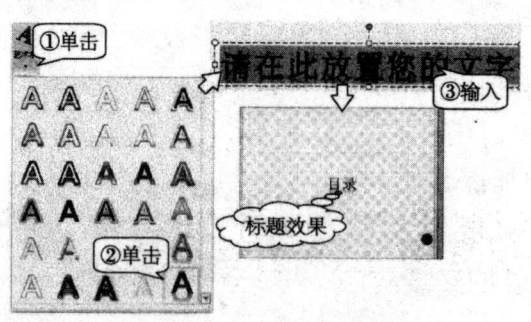

图3-9 添加艺术字标题

(3)修饰艺术字效果。选中艺术字标题,选择"开始"选项卡,按图3-10所示的操作,修改艺术字标题的字体、角度、文本效果及位置。

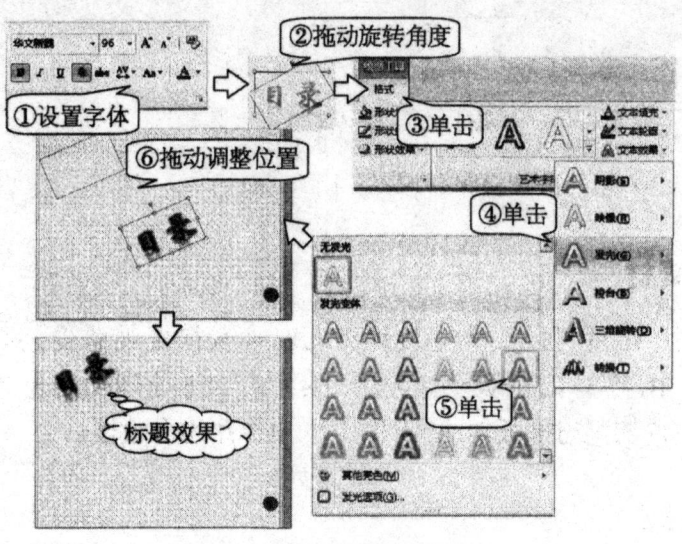

图 3-10 修饰艺术字标题

（4）添加文本框内容。按图 3-11 所示的操作，为目录页添加 3 个文本框，并修饰文本框的文字。同时选中多个文本框，可以同时修改所有文本框的文字字体格式。

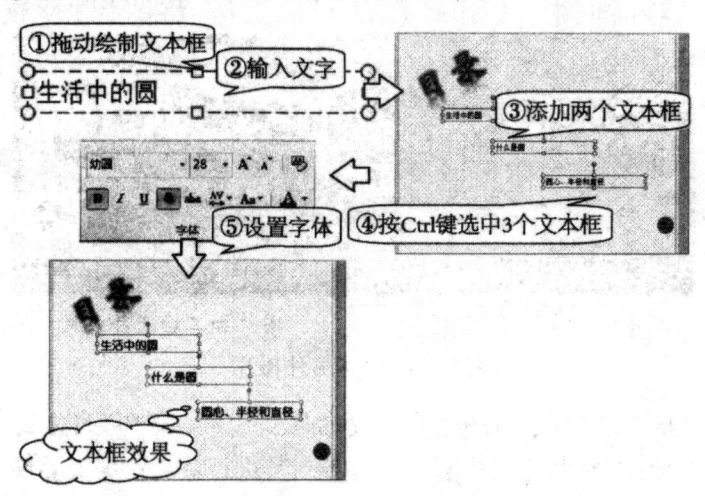

图 3-11 添加文本框内容

（5）修饰文本框效果。同时选中 3 个文本框，按图 3-12 所示的操作，修饰文本框效果。

（6）保存课件。单击"保存"按钮保存课件。

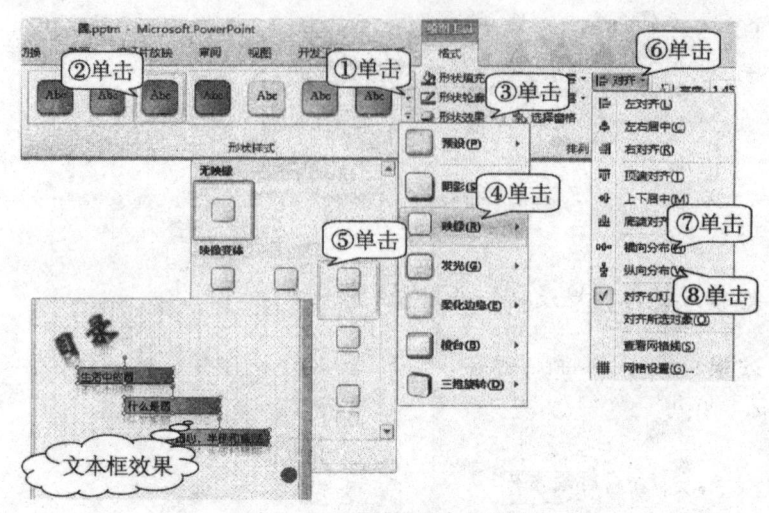

图 3-12　修饰文本框效果

3.3.2.2 添加图片素材

（1）插入图片。打开课件文件，选中要插入图片的幻灯片。单击"插入"选项卡下"图像"组中的"图片"按钮，在弹出的"插入图片"对话框中，按图 3-13 所示的操作，将图片"北京"插入幻灯片中。按住 Ctrl 键可以选中多个文件，按"插入"按钮后这些文件都将被插入到幻灯片中。

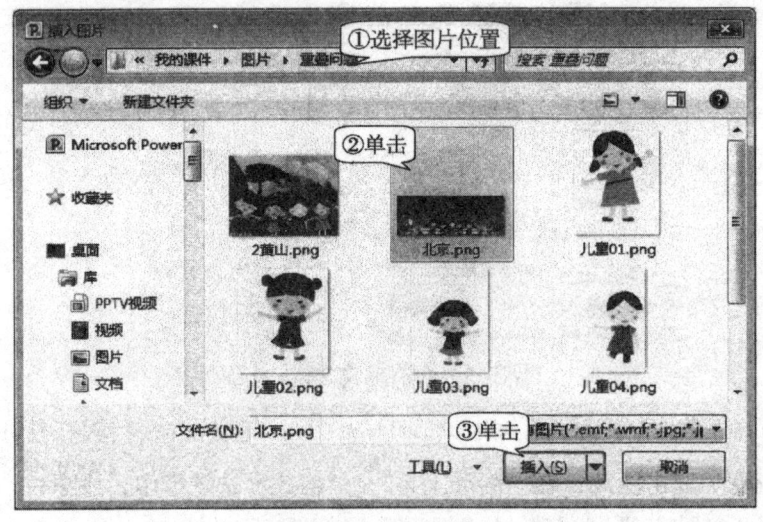

图 3-13　插入图片

第3章 师范生应具备的基础信息化应用能力

（2）裁剪图片。双击图片，在"图片工具"|"格式"选项卡中，按图3-14所示的操作，裁剪图片。拖动黑色的裁剪手柄也可以裁剪图片。被裁剪掉的图像并不会丢失，向外拖动手柄时，被裁减掉的图像会还原出来。

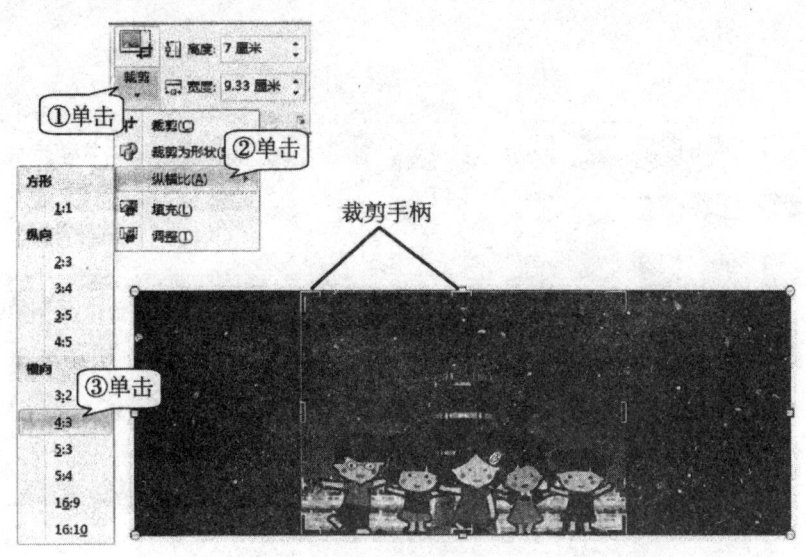

图3-14 裁剪图片

（3）设置图片尺寸。双击图片，在"图片工具"|"格式"选项卡中，按图3-15所示的操作，设置图片尺寸。设定图片的高度后，图片的宽度也会按比例随之缩放。拖动图片的控制手柄可以调整图片尺寸。

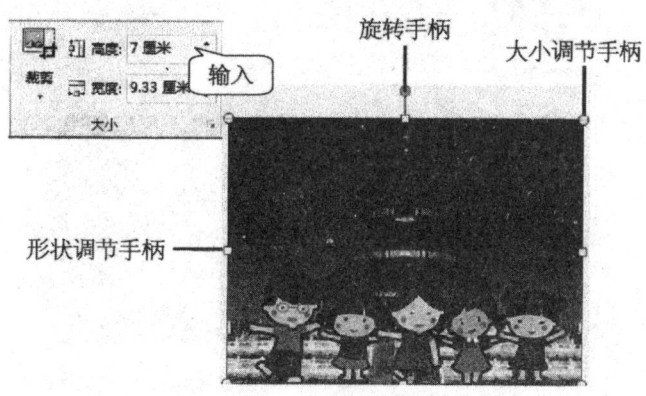

图3-15 设置图片尺寸

（4）添加图片边框。双击图片，在"图片工具"|"格式"选项卡中，按图 3-16 所示的操作，添加图片边框，调整图片位置。如果对调整后的图片效果不满意，而改动又较大，难以复原时，可以单击"调整"组中的"重设图片"按钮，使图片还原到刚插入幻灯片中时的状态。

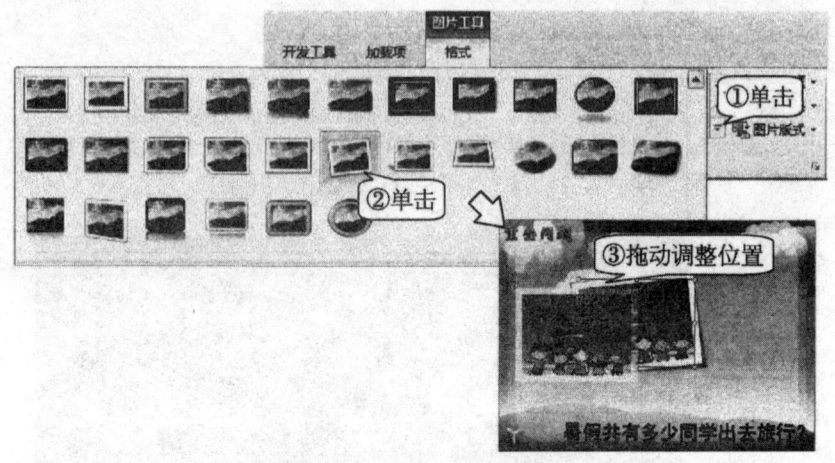

图 3-16 添加图片边框

（5）删除图片背景。将图片"儿童 01"插入到当前幻灯片中，双击图片，在"图片工具格式"选项卡"调整"组中，选择"删除背景"按钮，按图 3-17 所示的操作，删除图片中原有的白色背景，设置图片尺寸，并调整到合适位置。

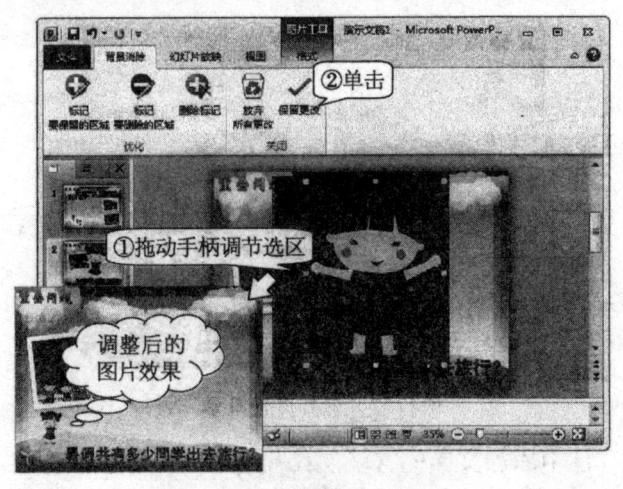

图 3-17 删除图片背景

（6）插入其他图片。按照步骤（1）的操作将"黄山"及"儿童02"~"儿童07"7张图片插入到当前幻灯片中。

（7）加工其他图片。按照步骤（3）~步骤（5）的操作为其他图片设置尺寸、添加边框、删除背景、调整位置等，效果图3-18所示。

图3-18 加工其他图片

（8）保存课件。单击"保存"按钮保存课件。

3.3.2.3 添加声音素材

声音是多媒体课件的一种重要的构成元素。课件中的声音可以设置为幻灯片播放时的背景音乐，也可以作为朗读、范读等配音。PowerPoint 2010中可以插入多种格式的声音文件，其自带的录音功能，也为插入课件配音提供了方便。

小学英语课件"Small animals"中第1张到第4张幻灯片中的内容是一首英语歌曲的歌词，需要实现的效果图3-19所示，在放映第1张幻灯片时，背景音乐"song.mp3"自动播放并持续，第4张幻灯片播放结束后，背景音乐停止。

首先将背景音乐"song.mp3"插入到第1张幻灯片中，之后分别设置音乐的开始播放方式和结束时间，最后再通过PowerPoint 2010自带的"剪裁音频"工具，将重复两遍的音乐（00：35：50）在第1遍（00：19：50）结束的位置进行裁剪。

图 3-19 添加背景音乐

(1)插入背景音乐。打开课件文件,选择第 1 张幻灯片,选择"插入"选项卡,按图 3-20 所示的操作,在第 1 张幻灯片中插入音乐文件"song.map3",并拖动图标到合适位置。在幻灯片编辑状态和放映状态下,鼠标指针移动到声音图标上,都会出现声音播放控制条,通过控制条上的按钮可以控制声音的播放和音量。

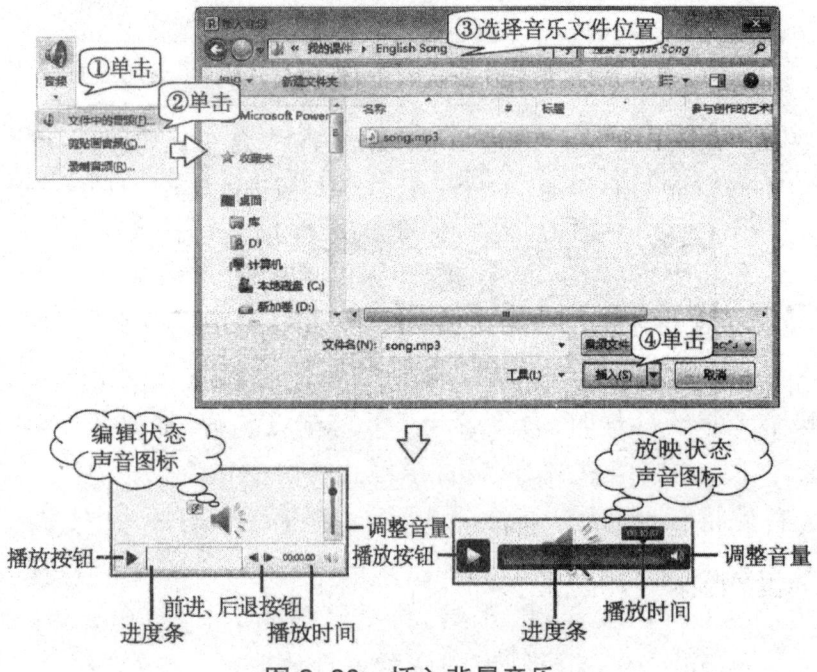

图 3-20 插入背景音乐

· 84 ·

第3章 师范生应具备的基础信息化应用能力

PowerPoint 中能插入的音频格式常见的有 .mp3、.mid、.wav、.wma，此外，.adts、.adt、.aac、.aif、.aifc、.aiff、.au、.snd、.midi、.rmi、.m2、.m3u、.m4a、.wax、.asf 格式的音频文件也可以插入到幻灯片中。

（2）设置音乐开始方式。在幻灯片上单击选中声音图标，按图 3-21 所示的操作，将背景音乐"song.mp3"设置为第 1 张幻灯片放映时自动开始播放。

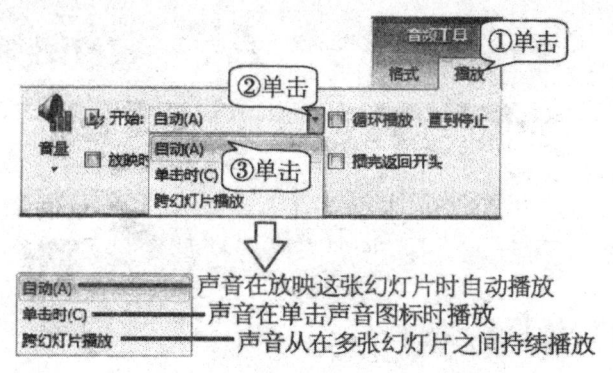

图 3-21　设置音乐开始方式

（3）设置声音结束时间。选择"动画"→"动画窗格"按钮，打开动画窗格，按图 3-22 所示的操作，将背景音乐"song.mp3"设置在第 6 张幻灯片结束时停止播放。背景音乐"song.mp3"要从第 1 张幻灯片播放到第 4 张幻灯片结束，因此输入"4"。

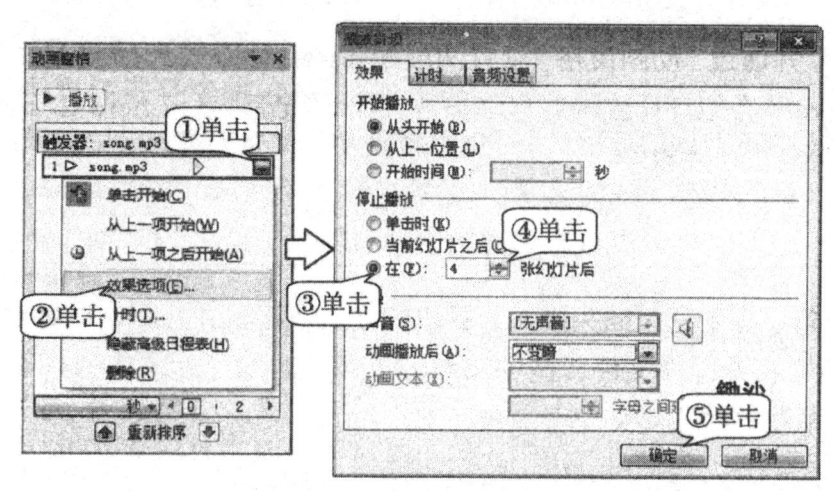

图 3-22　设置声音结束时间

（4）裁剪音频。选择"音频工具"→"播放"→"裁剪音频"按钮，按图3-23所示的操作，将重复两遍的音乐（00：35：50）在第1遍（00：19：50）结束位置进行裁剪。

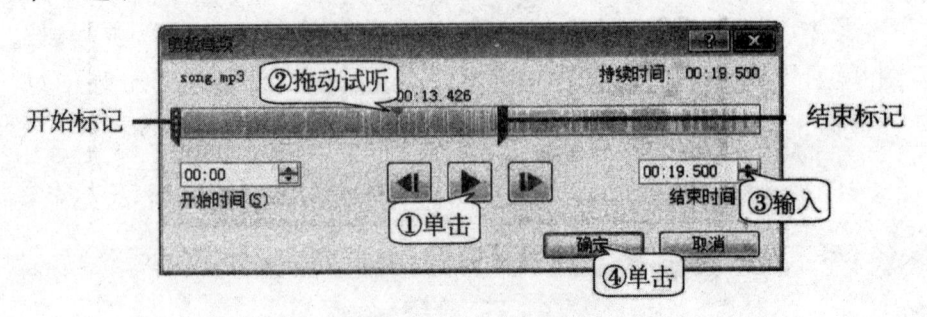

图3-23 裁剪音频

（5）保存课件。单击"保存"按钮保存课件。

3.3.3 设置课件动画

3.3.3.1 添加自定义动画

自定义动画是PowerPoint 2010软件的一项基本功能，幻灯片中的对象都可以为其添加自定义动画效果。在常规的课件制作中，设计并使用好自定义动画能够使课件更为灵活、生动。

图3-24中所示的小学数学课件"平行四边形的面积计算"实例中要实现将一个平行四边形通过裁剪、拼贴的方式，转变成为一个长方形的动画效果，从而帮助学生更为直观地理解平行四边形面积计算公式的含义。

该实例将利用自定义动画中的"进入""退出"和"动作路径"来实现剪刀、虚线、三角形等对象的出现、消失及移动，并通过设置动画的开始方式来实现部分动画的同步效果。

（1）添加动画对象。打开课件文件，图3-25所示的操作，在幻灯片上添加制作动画的图片、文字及图形，设置对象的格式，并拖动调整对象的位置。摆放图形的过程中，可以通过"开始"选项卡中的"排列"按钮和"对齐"按钮，调整图形之间的位置和层叠关系。

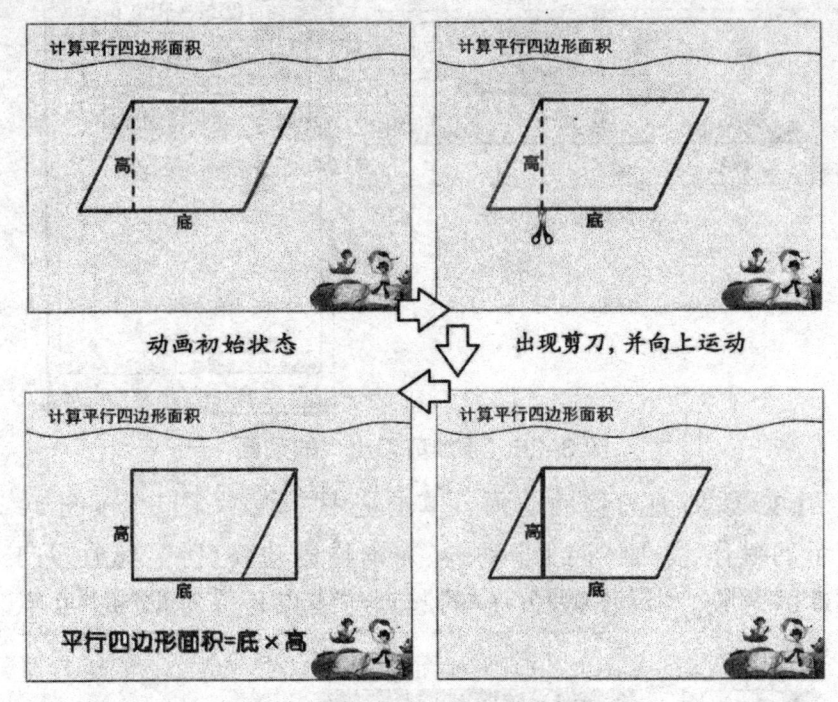

动画初始状态　　　　　　出现剪刀,并向上运动

三角形移动到右边,出现公式　　虚线和剪刀消失,出现三角形和梯形

图 3-24　动画运行过程

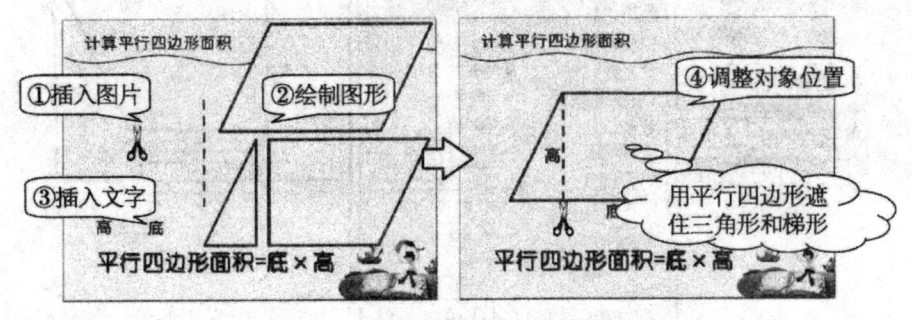

①插入图片　②绘制图形　④调整对象位置

③插入文字　　　　　　用平行四边形遮住三角形和梯形

图 3-25　添加动画对象

（2）添加剪刀出现动画。选择"动画"选项卡下"动画"组中的"动画窗格"按钮,打开"动画窗格"窗口,单击选中"剪刀"图片,按图 3-26 所示的操作,添加"淡出"动画,实现剪刀的出现效果。"动画窗格"窗口中的"播放"按钮可以在幻灯片编辑状态下直接预览动画效果。

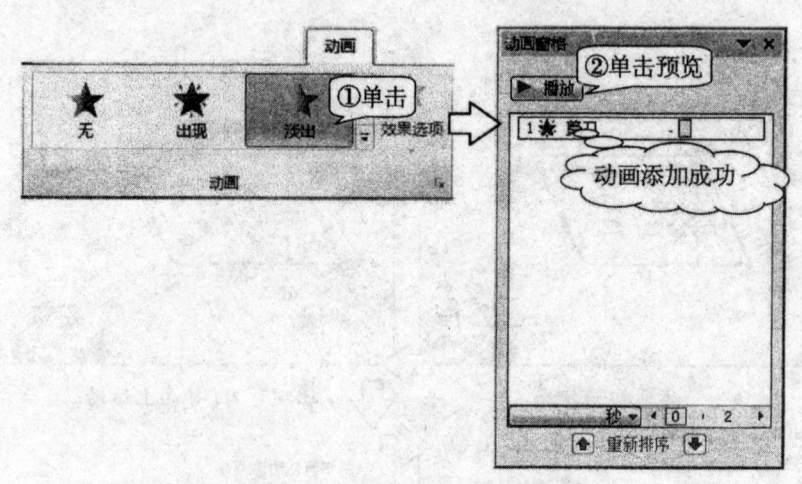

图 3-26　添加剪刀出现的动画

（3）添加剪刀移动动画。单击选中"剪刀"图片，按图 3-27 所示的操作，添加"向上"动画，并调整运动终点，实现剪刀向上移动的效果。"动作路径"中的起点与终点是以对象的中心点来计算的。

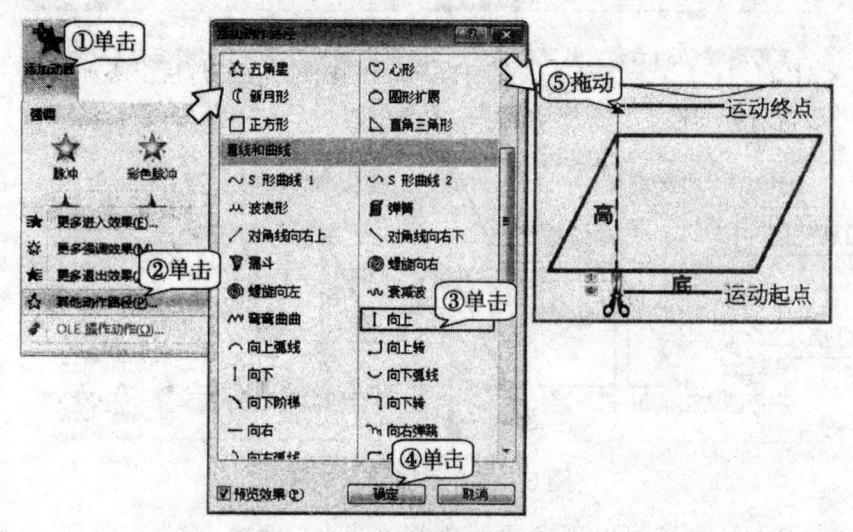

图 3-27　添加剪刀移动动画

（4）添加剪刀消失动画。单击选中"剪刀"图片，按图 3-28 所示的操作，添加"淡出"动画，实现剪刀向上消失的效果。

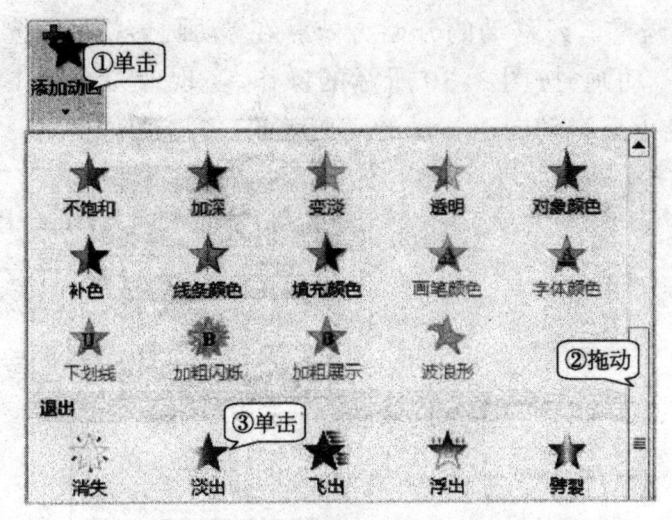

图 3-28 添加剪刀消失的动画

要为一个对象添加多个动画,必须使用"添加动画"按钮,如果直接在"动画"选项卡中设置,则是修改这个对象之前设置的动画。

(5)添加其他动画。重复上述操作步骤,如图 3-29 所示,依次设置"虚线消失""平行四边形消失""三角形移动"和"公式出现"4 个动画。

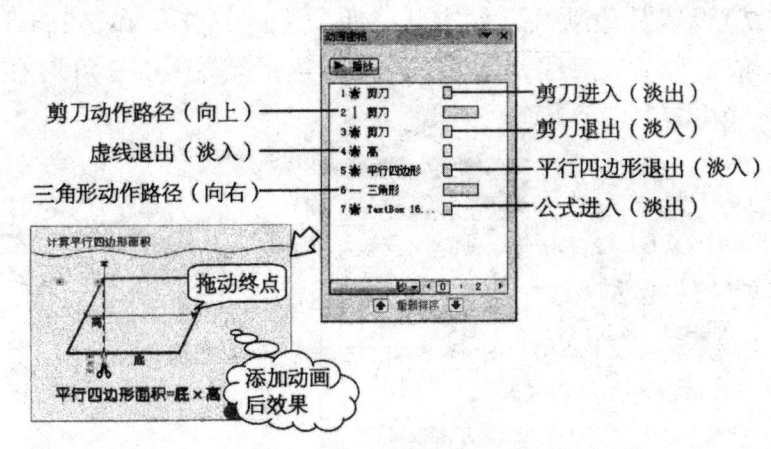

图 3-29 添加其他动画

如果有相同效果的动画出现,可以使用"动画刷"按钮来提高工作效率。

(6)调整剪刀移动的开始方式。在"动画窗格"中选中剪刀的"向上"动画,按图3-30所示的操作,实现剪刀在第1个动画"淡出"结束后自动向上移动的动画效果。

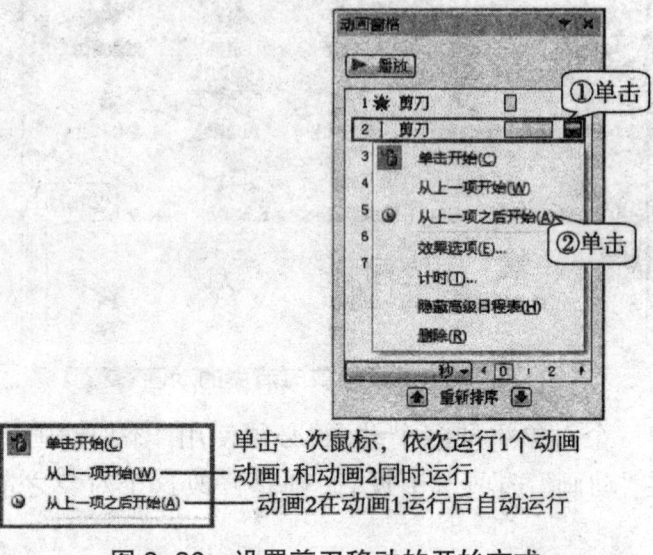

图3-30 设置剪刀移动的开始方式

自定义动画的默认开始方式是单击一次鼠标,则运行一个动画。动画依照"动画窗格"中的顺序逐个运行。

(7)设置其他动画开始方式。重复上述操作步骤,如图3-31所示,依次设置"虚线消失""平行四边形消失""三角形移动"和"公式出现"4个动画。

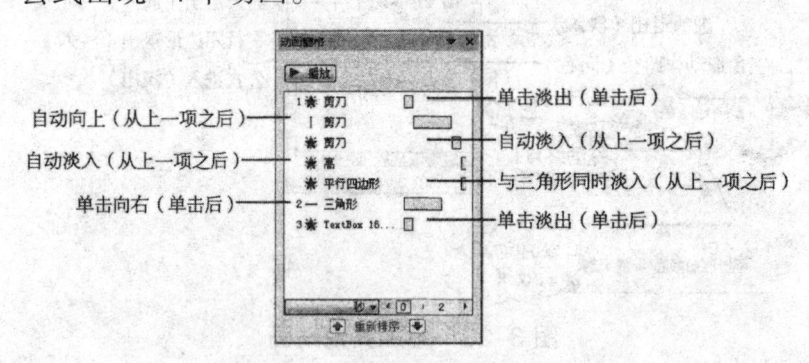

图3-31 设置其他动画开始方式

如果希望出现相同效果的动画开始方式,可以在动画窗格中按住Ctrl键,选中多个动画,同时设置多个动画的开始方式。

第 3 章　师范生应具备的基础信息化应用能力

（8）保存课件。单击"保存"按钮保存课件。

3.3.3.2 设置幻灯片切换

PowerPoint 2010 中，可以为每一张幻灯片设置幻灯片切换效果，即在两张幻灯片切换的过程中实现一些动态的过渡效果，这样，幻灯片在放映过程中，能够使观看者感受到更为精致的欣赏体验。

小学英语课件"Fireman and Policeman"，教学内容分为唱歌（幻灯片第 4 张～第 7 张）和学习单词（幻灯片第 8 张～第 11 张），课件将分组对不同教学内容的幻灯片进行切换效果的设置，以更好地体现教学流程，并实现部分幻灯片自动播放，图 3-32 所示。

图 3-32　幻灯片切换效果

实例中对封面、封底设置较为精美的幻灯片切换效果；对第 4 张到第 7 张幻灯片设置相同的切换效果，并通过修改其"换片方式"，实现自动播放效果；对第 8 张到第 11 张幻灯片设置相同的切换效果，并修改其效果选项。

（1）添加幻灯片切换效果。打开课件文件，在"幻灯片浏览"视图中为封面设置幻灯片切换效果。在设置幻灯片切换效果时，使用"幻灯片浏览"视图，可以更方便地对所有幻灯片进行操作。

一般来说，课件封面、目录以及封底的幻灯片切换效果可以较为华丽，而正文部分的幻灯片切换效果则不可过于复杂，通常也不使用切换音效，以免打断学生学习思维，影响教学效果。

（2）设置换片方式。按住 Ctrl 键，同时选中第 4 张到第 7 张幻灯片,在"切换"选项卡"切换到此幻灯片"组中,单击"其他"按钮,在弹出的下拉菜单中选择"细微型"栏下的"推进"效果,按图3-33所示的操作,设置这4张幻灯片为每隔4秒自动切换。

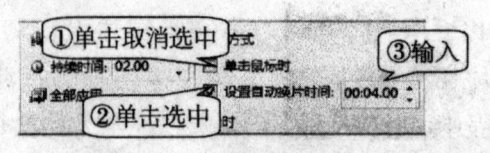

图3-33 设置换片方式

幻灯片切换的换片方式,通常默认为"单击鼠标时",即单击鼠标一次换片。当设置了自动换片时间后,则不需要单击鼠标,幻灯片在时间到达后自动换片。

(3)修改切换效果。同时选中第8张到第11张幻灯片,按照步骤(2)的操作,在下拉菜单中选择"华丽型"栏下的"立方体"效果,按图3-34所示的操作,设置这4张幻灯片的切换效果为"自左侧"。

图3-34 修改切换效果

修改幻灯片切换的效果选项,可以丰富幻灯片的切换效果。

(4)设置其他幻灯片切换效果。根据实际需求,重复以上操作步骤,为第3张和封底设置幻灯片的切换效果。

(5)保存课件。单击"保存"按钮保存课件。

3.3.4 增强课件交互

多媒体课件除了能够将各种图片、文字等各种素材整合,还

第3章 师范生应具备的基础信息化应用能力

具备一定的交互功能。在利用 PowerPoint 2010 制作课件时,可以通过超链接实现幻灯片中间的便捷跳转,利用动画触发器增加动画的随机性,插入控件添加放映状态下的可输入文本框,等等,这些人机交互功能的实现,有利于激发学生的学习积极性。

3.3.4.1 创建超链接

超链接是指在幻灯片放映状态下,单击某个对象,实现文档中页面的跳转,或者直接打开指定的文件或网页等。超链接所链接的文本可以是现有网页或文件、本文档中的幻灯片、新建的文档或是电子邮箱。利用 PowerPoint 制作课件时,可以为对象设置超链接。

以语文课件"美丽的小兴安岭"为例,为课件中的图片和文字两个对象设置超链接,其中图片链接到文件中的对应幻灯片,文字链接到网页上,如图 3-35 所示。

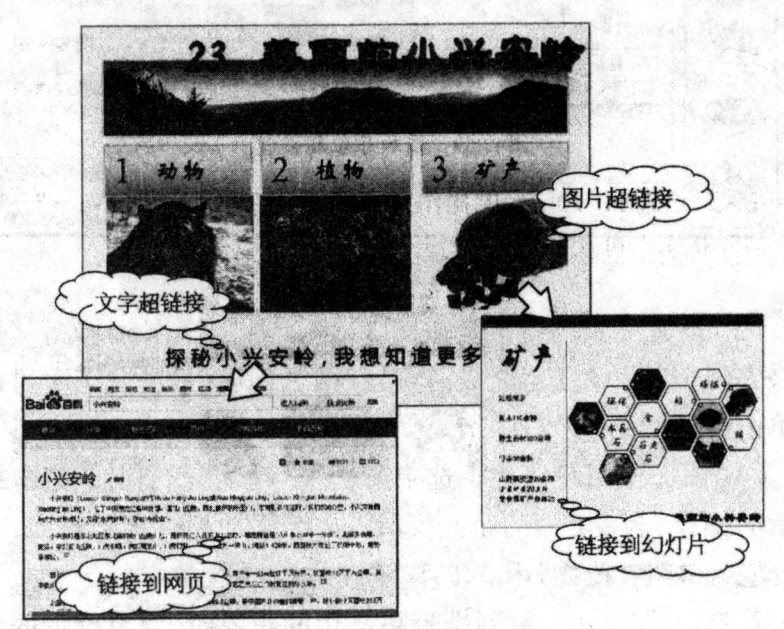

图 3-35 包含超链接的课件

该课件需要将封面上的 3 张图片链接到文档中的对应页面,为封面文字链接网页,为正文页面上的文字添加超链接返回封面,并复制该超链接到其他正文页面中。

（1）添加导航超链接。打开课件文件,选中课件封面幻灯片,按图3-36所示的操作,为"老虎"图片添加超链接,链接到课件中的第2张幻灯片。

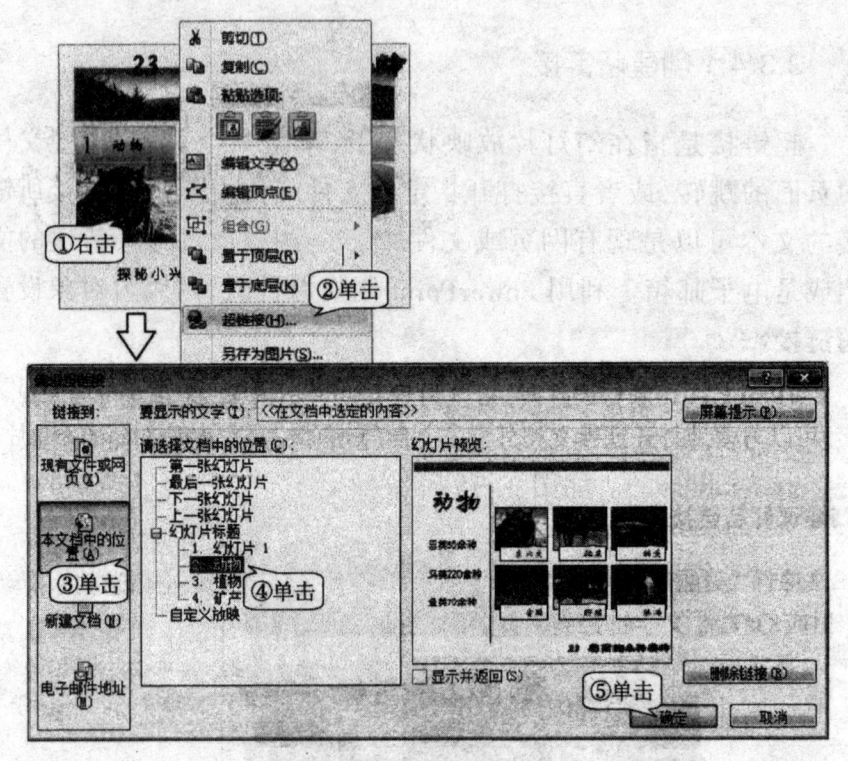

图3-36 添加导航超链接

（2）设置网页超链接。按图3-37所示的操作,为文字"探秘小兴安岭……"设置超链接,链接到网页,其在放映状态下可以直接单击打开网页。

（3）添加返回超链接。选中第2张"动物"幻灯片,按图3-38所示的操作,为"美丽的小兴安岭"文字添加超链接到封面,并将其复制到其他"植物"和"矿产"面中。

在PowerPoint中复制携带超链接的对象时,对象携带的超链接会被同时复制。

（4）保存课件。单击"保存"按钮保存课件。

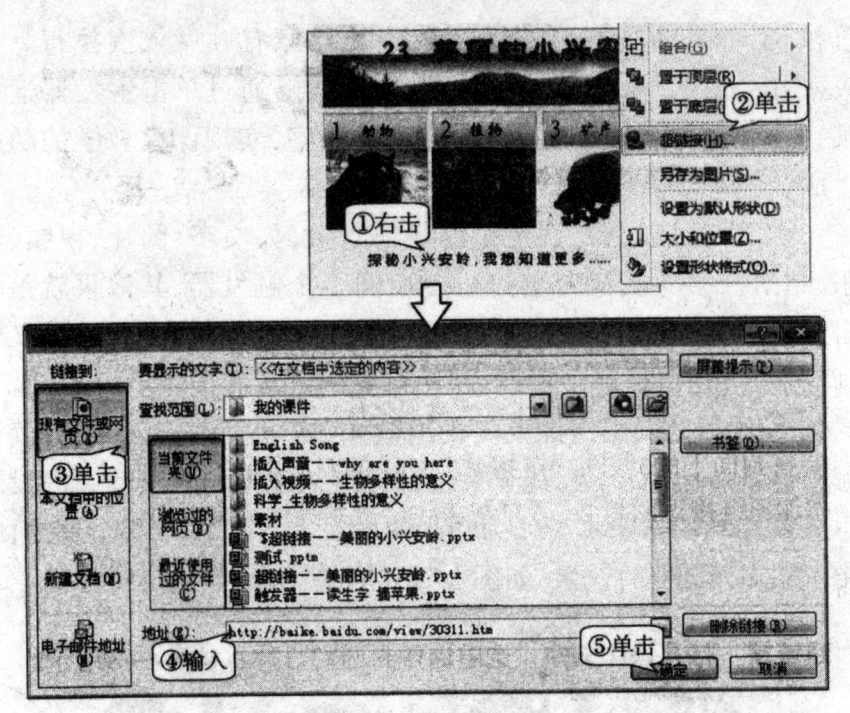

图 3-37　设置网页超链接

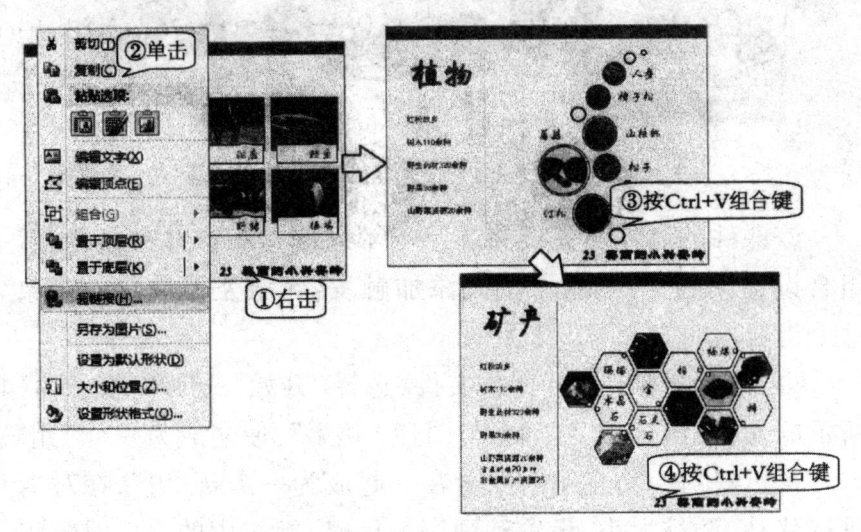

图 3-38　添加返回超链接

3.3.4.2 设置触发器

在实际教学中,课件动画的运行有时需要根据课堂教学随机执行,而基本的自定义动画只能按照原有顺序依次执行。在 PowerPoint 中,为动画添加触发器,就能够通过单击触发器运行某一指定动画,从而打破原有的动画顺序,实现课堂教学的随机生成。

触发器可以是幻灯片中的任何对象,如文字、图片、视频、音乐、组等。多个动画对象可以使用同一个触发器,其效果就是单击触发器时,几个动画同时运行。触发器除了可以触发自定义动画的运行,还可以触发声音、视频对象的播放和停止。

小学语文识字课件要实现的效果是,学生随机读生字,读到哪个字就单击哪个字,其苹果就自动落入筐中。这个动画的设计思想就是利用对象本身作为动画的触发器,实现"点哪个苹果,哪个苹果就落下"的效果,如图 3-39 所示。

图 3-39 读生字摘苹果

该课件的制作首先要将文字与苹果图片组合并命名,之后为组合设置动画,并为这个动画添加触发器,触发器设置的对象为这个组合本身。

(1)组合对象。打开课件文件,选择"开始"选项卡,按图 3-40 所示的操作,组合文字"珠"与图片"苹果",使之成为一个"组"。

"组合"可以将多个对象合在一起成为一个新"组",在对"组"进行移动、调整大小、设置动画等操作时,组合中的多个对象将同时发生改变。

(2)设置组名。选择"开始"选项卡,按图 3-41 所示的操作,打开"选择和可见性"窗口,为"组"更改名称。

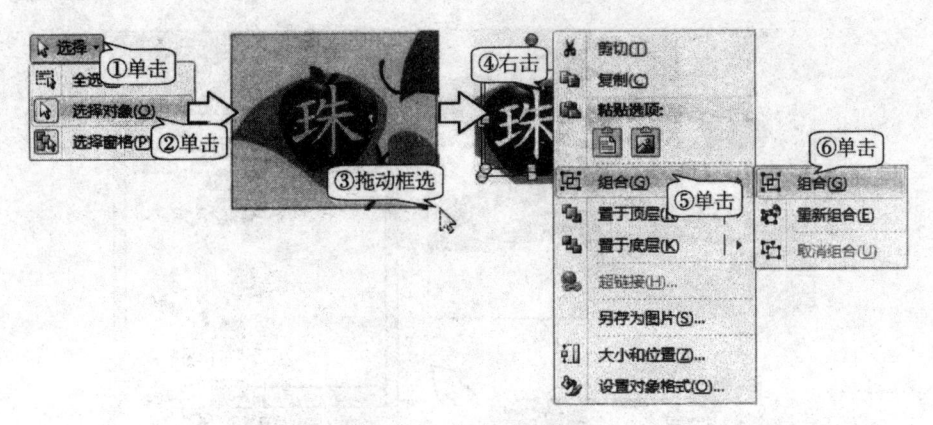

图 3-40 组合对象

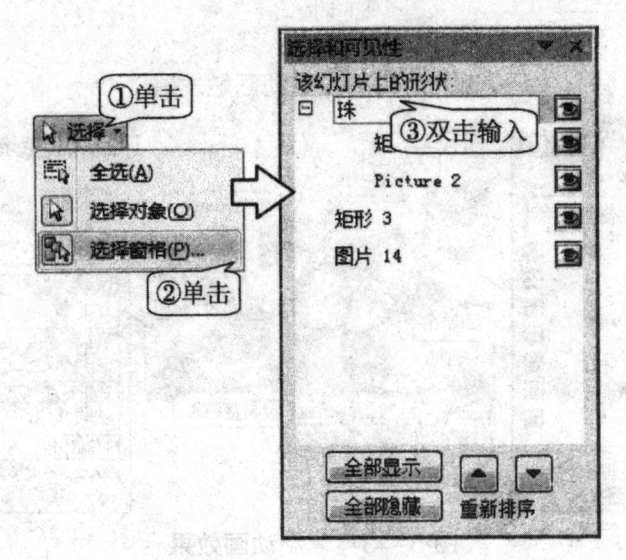

图 3-41 设置组名

给对象和组重命名的目的在于,之后为动画设置触发器时能快速分辨需要作为触发器的对象。

(3)设置组"珠"动画触发器。在幻灯片中选中组"珠",在"动画"选项卡下"动画"组中,为其添加"动作路径"→"向下"动画,按图 3-42 所示的操作,为组"珠"移动到筐中的动画添加触发器。

(4)复制动画效果。按图 3-43 所示的操作,在"选择和可见性"窗格中为其他组命名,选择"动画"选项卡下"高级动画"组中的"动画刷"按钮,将组"珠"的动画效果复制到其他组上。

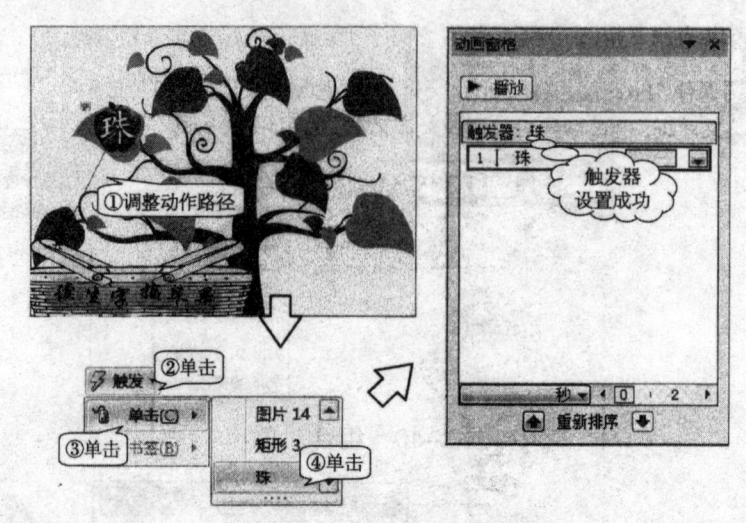

图 3-42 设置动画触发器

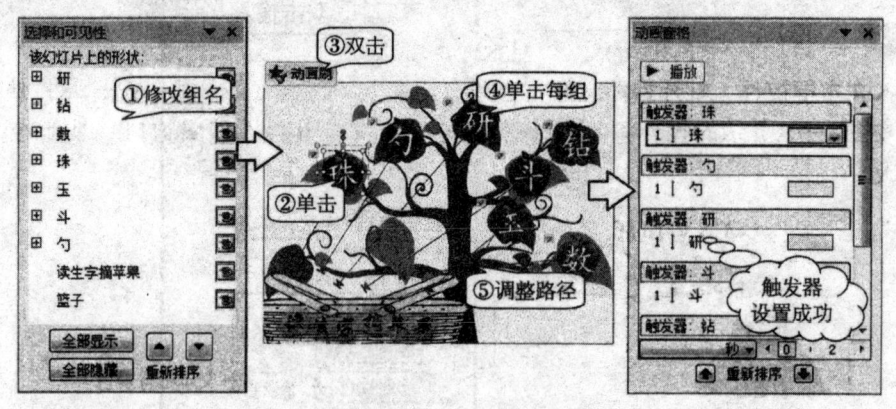

图 3-43 复制动画效果

"动画刷"功能减少了制作课件时的重复性工作。利用动画刷制作的动画,能够复制原有动画的所有效果,而触发器会自动添加至新动画对象上,如复制组"珠"的动画到组"斗"上,复制的触发器会自动添加至组"斗"上。

(5)保存课件。单击"保存"按钮保存课件。

3.4 微课的制作

微课又名"微课程",是以微型教学视频为主要载体,针对某个学科知识点(如重点、难点、疑点、考点等)或教学环节(如学习活动、主题、实验、任务等)而设计开发的一种情景化、支持多种学习方式的在线视频课程资源。

微课的生命力在于创意,其长度一般为8至10分钟,最长不宜超过15分钟。微课制作的方式多种多样,可以用PPT,可以用手机录像,也可以用各种录屏软件录制。

3.4.1 制作自己的微课程

3.4.1.1 准备工作

首先确定课程的目的,分析视频是否便于达到该堂课的教学目标。如果视频课并非最好的方法,那么请不要继续下面的步骤。如果是最好的方法,请继续。记住,翻转并不仅仅意味着为课堂做视频。尽管多数翻转了课堂的老师都采用视频作为教学工具,但也有一些老师应用了该书所述的全部教育理念,却没有使用过任何视频。在开始翻转的时候,老师已经经过多年积累,有了不少上课用的PPT文档,只需用摄像机把这些幻灯片录下来就可以了。建议最开始的时候,老师用已有的材料来录视频。在翻转的探索之路上刚起步时,我们并不像现在这样对应该或不应该录制的内容有所认识,而是把以前课上讲过的内容都录了下来。翻转模式渐渐成熟后,逐渐开始把一些冗余、低效的内容从视频库中剔除。在不断制作视频的过程中,将现有材料加以调整,使其更适合屏幕录像。过不了多久,你就会对所使用的屏幕录像软件特性适应过来,并根据这些特性来安排课程。比如说,如果你想要添加视频片段,就预留出一张空白幻灯片,在讲述的课程内容之后插入片段。如果你知道要用数位笔做计算,就留出一张空白幻灯片用来写字。如果你想用计算器,就在幻灯片上留下计算器演示的位置。想使用摄像头,就一定要确保屏幕上有可以放置摄像头的地方。你最终的视频越复杂,所需要做的准备工作就越多。

3.4.1.2 选择工具

制作微课程的工具包括拍摄工具、录屏软件、视频编辑软件以及 PowerPoint 等。拍摄与剪辑是微课程制作中最常见的一种形式,手机、相机、DV 等都可以完成拍摄,拍摄完成后还需要使用会声会影、Camtasia 等视频编辑软件对拍摄的视频进行后期编辑制作。录屏以及 PowerPoint 加录屏也是常用的一种形式。

教师们在制作微课程视频时经常使用的 5 种视频制作工具:视频照相机、摄像机、屏幕录像程序、平板电脑应用程序和智能笔。现在多半的新电脑都有内置麦克风和摄像头,所以只需要购买数位板和软件即可。

(1)视频照相机。绝大多数教师使用的最简单的工具就是他们手机里配置的照相机,几乎所有的移动手机都配置了一个视频照相机。此外,不昂贵的手提式视频照相机也能拍出高质量的视频。一名教师可以让一名同事或者学生使用照相机或者手机记录他们在黑板上讲解某个知识概念的过程,如果必须使用大量图片的主题式来实现教学,这种方法就没有那么显著的效果。

(2)摄像机。屏幕录像是微课程视频的骨架,而在其中加入一些简短的摄像机镜头则是很有力的补充。许多教师经常使用摄像机来制作翻转课堂视频。很多教师都没有意识到用来记录实时图像的摄像机,也能录制课堂视频。当摄像机与一台电脑(通常通过 USB 接口)连接时,摄像机自带的软件通常能够录制视频,因此,在摄像机录制下的教师教学过程能够和教师的声音一起被记录下来。举个例子,如果你想要演示如何算出一个圆的面积,并且你想要学生看到你是如何计算的,采用摄像机录制这个方法

第3章 师范生应具备的基础信息化应用能力

将帮助你实现你的想法。这个技术更多强大的用法可能是使用虚拟教具来演示分数,然后你可以将录制好的资料转化成一个视频,并将它和学生一起分享。

(3)屏幕录像软件。通常,微课程的教师会在一些演示软件里制作一堂课或者演示文稿的内容,比如,微软 PPT 软件,然后通过屏幕录像软件纪录他们教学的 PPT,学生可以一边看着老师的课堂演示,一边听着老师的声音,在一个角落还能看到摄像头里的老师,甚至看到老师写在屏幕上的东西。

(4)平板电脑应用程序。老师还可以选用平板电脑。这类设备有内置的手写功能。很多平板电脑设备中的应用程序被教师们用来录制视频。

平板电脑设备的一个优势是它很容易在课堂演示中进行书写,还有很多的应用软件能够帮助教师将演示文稿上传到平板电脑上,平板电脑会记录这些上传的演示文稿。当你需要为图片做注释,或者想要使用经典的黑板功能的时候,平板电脑的用户界面是一个理想的选择。

(5)智能笔。教师可以找到各种各样实用的智能笔,这些智能笔能将你写在纸上的东西进行数码记录。不仅如此,还能记录你的声音。然后将这些记录转化为视频文件,这些文件都可以分享到互联网上。其中,有些智能笔需要购买特殊的纸或者在线打印。

(6)手写注释。在以数学运算为基础的科学课堂上,我们需要在屏幕上写东西,因此笔记注释的功能是不可或缺的。最初我们使用的软件是微软 PowerPoint。其中的屏幕书写功能用得很多。现在开始试着使用 SMART 软件,因为现在的教室里引入了交互式电子白板(SMART board),而所有的交互式白板软件中都有手写功能。

(7)交互式白板。交互式白板设计的初衷是方便做笔记注释,但是这种设备需要在教室里才能录制。但有时候老师们想要随时随地灵活地录制教学视频,比如在家里、在对翻转课堂感兴趣的大学教室里,于是有一些使用交互式白板作为主要设备的学校会购买一些 USB 手写板,让老师能够随时随地制作视频。

(8)摄像头。现在多半的笔记本电脑都配有内置摄像头,基本也可以满足需求,我们经常使用的摄像头具有画中画功能,可以插入那些课堂上不宜展示(或太危险,或用时太长)的科学实验示范。老师录下讲课视频,暂停一会儿,将摄像头转向科学试验示范,然后按下录像键,继续视频录制。

3.4.1.3 录视频

录制视频需要坐在电脑或交互式白板前,配备麦克风、摄像头、手写设备或一台摄像机。幻灯片足以充当提纲的作用,教师可以即兴发挥,讲授课程,课程应该口语化,不要太过正式。

3.4.1.4 编辑视频

商业电影制作人制作视频时,用在编辑上的时间比拍摄还要多。作为课堂上授课的老师,知道自己没有太多的时间用在编辑视频上。尽管老师也会做视频编辑,但所用时间不会超过录制视频的时间。

3.4.1.5 发布视频

不同学期、不同学校和不同的老师有不同的答案。每所学校的 IT 部门情况都有所不同,每所学校的设备使用政策也不同。我们现在会把视频放在网站上、内部服务器以及教室里的电脑里,我们还会把视频刻成 DVD 光盘,分发给上不了网的学生。

3.4.2 微课程制作——PPT 录屏型微课制作

PPT 录屏型微课程制作相对简单,录制时一般由教师本人独立完成。PPT 录屏型微课程制作首先要选定教学主题,搜集教学

第3章 师范生应具备的基础信息化应用能力

材料和多媒体素材，制作 PPT 课件，然后在电脑屏幕上打开录屏软件，带好耳麦，调整好话筒的位置和音量，教师对照 PPT 课件进行讲解，并进行录制。录制完毕后，对录制的微课程视频用后期视频编辑软件进行适当的编辑和美化。PPT 录屏型微课程适合涉及推导过程、公式演算等理工科课程、经济金融类的课程。这些类型的微课程一方面大大吸收了传统课堂中的板书讲解的全部优点，另外一方面还可以通过后期剪辑，剪去那些不必要的拖沓，提升讲解的效率。

PPT 录屏型微课程要用到的软件主要有两个，分别是 PowerPoint 软件及 Camtasia Studio 屏幕录制软件，本实例中采用 PowerPoint 2010 和 Camtasia Studio 7。Camtasia Studio 7 软件的作用有两个，一个是录制 PPT 课程的讲解，第二个作用是录制以后进行编辑，如添加片头、片中字幕、视频剪辑、特效及片尾等操作。

3.4.2.1 课程的录制

（1）打开文件夹中的"第10章 编译预处理.ppt"，如图 3-44 所示。

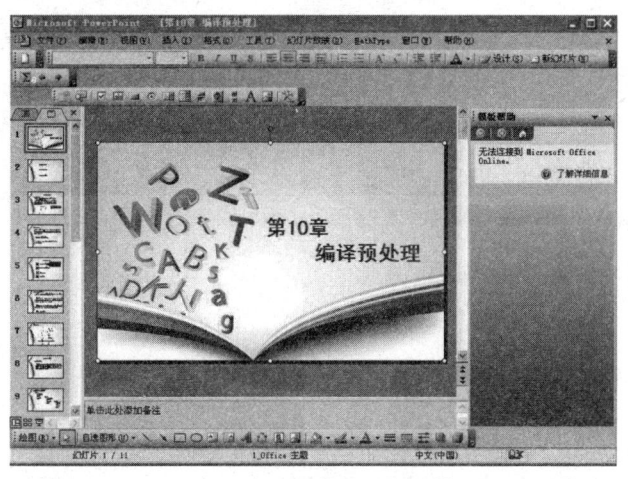

图 3-44 PowerPoint 打开录制的 PPT 文件

（2）启动 Camtasia Studio 软件，在弹出的欢迎页面选择"录制屏幕",如图 3-45 所示。

图 3-45　Camtasia Studio 软件的欢迎界面

（3）弹出捕捉设置窗口,如图 3-46 所示。在"选择区域"面板下可以选择录制的屏幕大小,在"捕捉输入"面板下可以启用摄像头、启用音频。

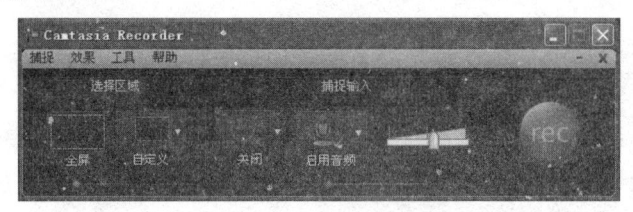

图 3-46　Camtasia Studio 软件的捕捉设置

（4）按键盘上的 F5 键播放 PPT,在 Camtasia Studio 软件的"选择区域"面板下选择"全屏"区域,此时已完成录制前的准备工作,点击红色的"rec"按钮开始录制,弹出倒计时（3、2、1）的对话框,如图 3-47 所示。倒计时结束后开始进行录制。录制过程中,如果出现讲解错误或者其他影响正常录制的状况不需要停止录制,只要重新再说一遍即可,在录制完毕后可以通过软件所带的剪辑功能去除不要的视频部分,进行后期加工。

（5）当需要对 PPT 中的某一个页面进行详细讲解或者要进行强调或注释时,可以使用 PowerPoint 中的"指针选项"功能进行操作。在 PPT 页面上点击鼠标右键,选择"指针选项"中的"笔"选项,如图 3-48 所示。

第3章 师范生应具备的基础信息化应用能力

图 3-47 录制前倒计时

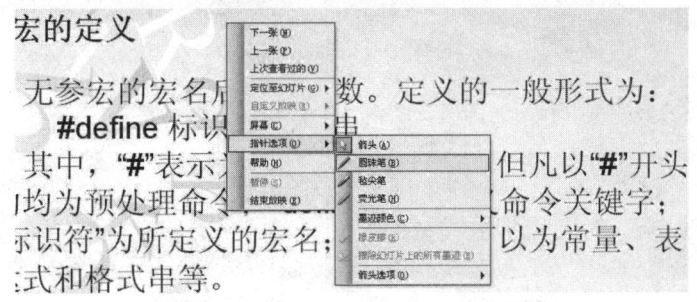

图 3-48 使用"指针选项"

（6）注意由于使用"指针选项"时会使用鼠标右键弹出快捷菜单及选择"笔"的选项菜单，这时不要进行音频讲解，在后期编辑时会剪辑掉这段视频，当鼠标变成笔尖状时再开始音频讲解，并按住鼠标左键进行划线、书写等笔迹操作，如图3-49所示。

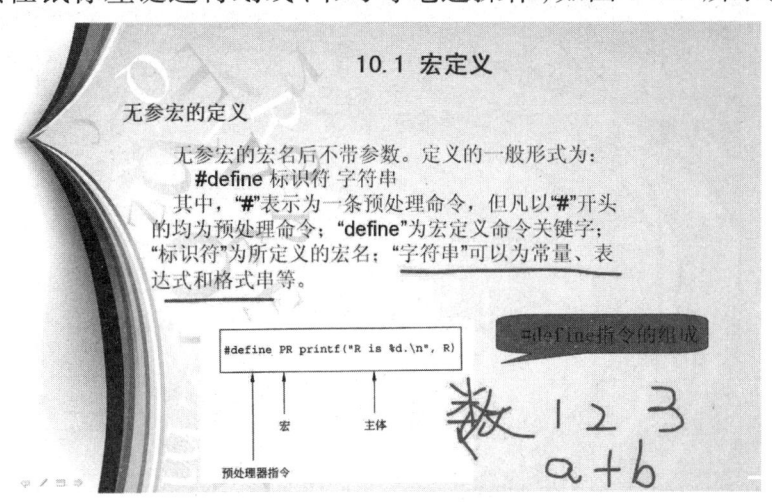

图 3-49 笔迹操作

（7）按下键盘上的F10键结束录制，并自动弹出如图3-50所示的录制效果预览窗口，点击预览窗口左下方的"shrink to fit"

·105·

可以缩放视频到窗口的大小，这样可以预览视频界面。

图 3-50　录制完毕后的预览效果

（8）预览后如果没有问题，点击右下角的"保存并编辑"按钮进行保存，弹出"Camtasia Eecorder"对话框，文件名为"编译预处理"，保存格式为 *.camrec，点击"保存"按钮，如图 3-51 所示。

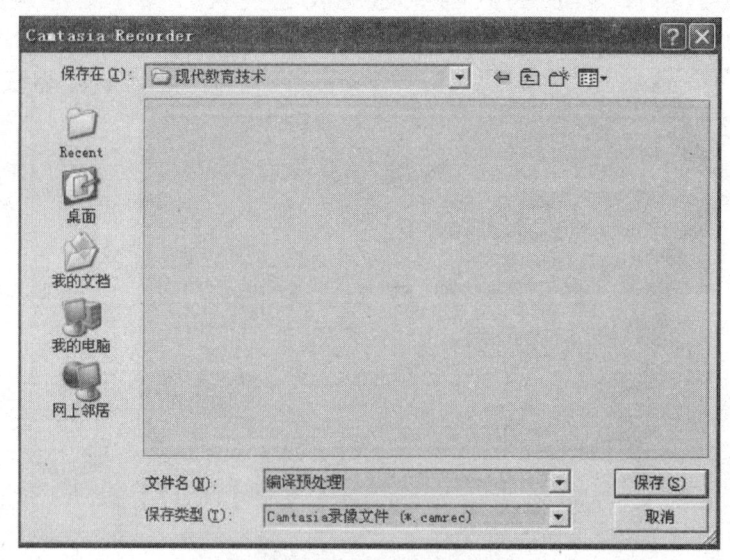

图 3-51　保存录制的课程

（9）这时会启动 Camtasia Studio 软件，弹出如图 3-52 所示的"修改尺寸"对话框，默认的尺寸"宽度"为 640 像素，"高度"

第3章 师范生应具备的基础信息化应用能力

为386像素。一般与录制时的电脑分辨率保持一致,或者选择"正在录制的尺寸",如图3-53所示。视频的尺寸在编辑过程中随时可以进行改变,最好将此时的视频尺寸与最后发布所需要的尺寸大小保持一致。

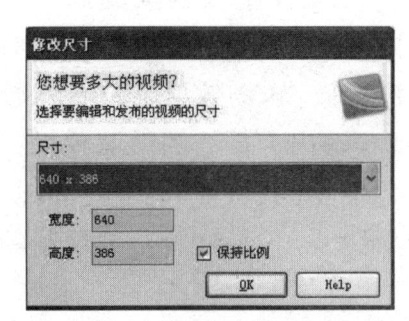

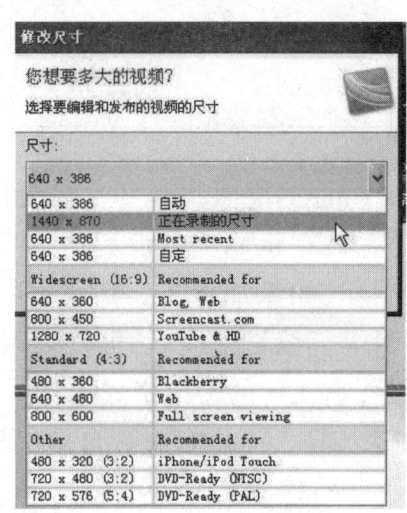

图3-52 "修改尺寸"对话框　　图3-53 选择合适的视频尺寸

（10）点击"修改尺寸"设置对话框中的"OK"按钮,完成视频尺寸设置,进入视频编辑操作页面,如图3-54所示。

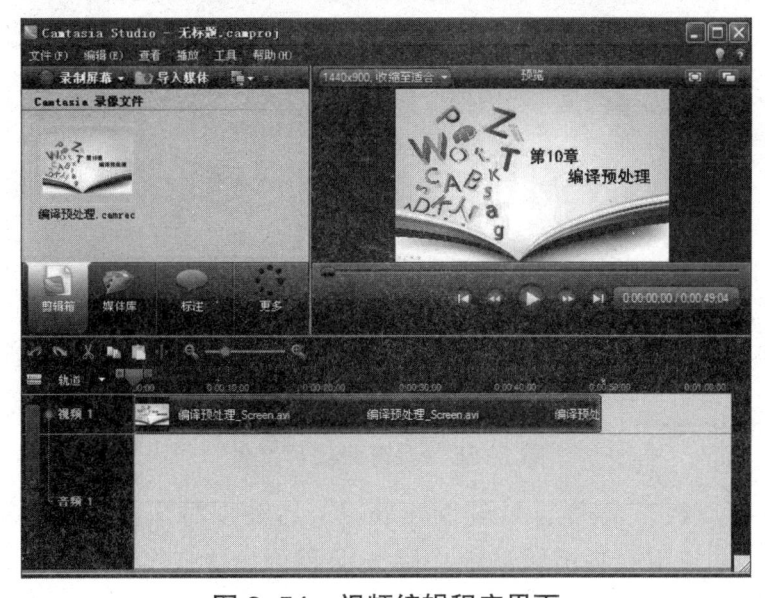

图3-54 视频编辑程序界面

（11）在进行编辑前需要将录制的视频保存为Camtasia Studio的一个项目，单击"文件"菜单中的"保存项目"命令保存项目，文件命名为"编译预处理"，注意项目文件的扩展名为*.camproj。一个好的习惯是将项目文件与前面录制的微课程视频保存在同一个目录下，以便于后期管理，如图3-55所示。

3.4.2.2 录制课程的编辑

Camtasia Studio具有强大的视频编辑功能及强大的后期处理能力，在录制完微课程后，可以对录制的视频片段进行各类剪辑操作，如添加片头、各类标注、字幕特效、转场效果、旁白、标题剪辑等。编辑完成后，可将录制的视频输出为最终的微课程视频文件，它支持的输出格式也很全面，包括MP4、WMV、AVI、M4V、MP3、GIF等，并能灵活自定义输出配置。下面对上一节录制的课程进行编辑。

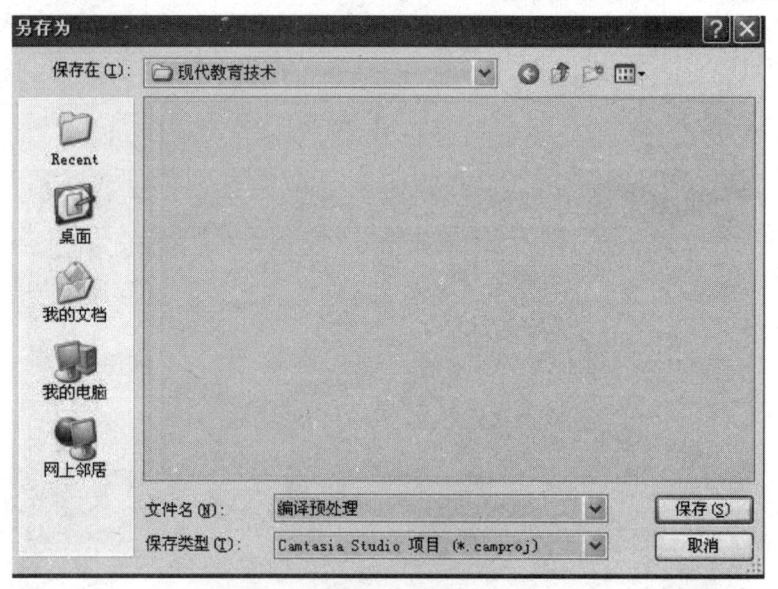

图3-55 保存为项目文件

（1）双击"编译预处理.camproj"，启动项目文件进行编辑。
（2）使用视频剪辑功能去除与课程内容无关的片段。
（3）删除开头部分。拖动灰色的播放指针到时间节点0：00：00：28，

第3章 师范生应具备的基础信息化应用能力

单击鼠标右键,选择"分割"命令,如图3-56所示;将视频分割为两个片断,在时间轴上单击前一片断,右键选择"从时间轴上删除",如图3-57所示,即可将开头部分删除。若是想删除中间部分,则利用两次分割命令即可。

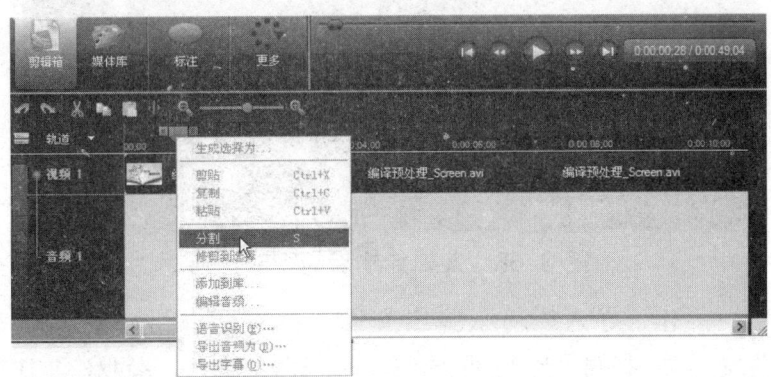

图 3-56 "分割"视频片段

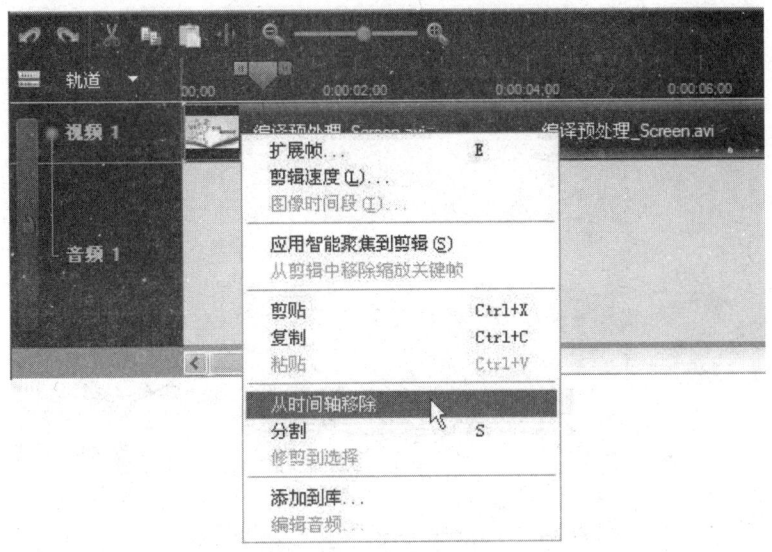

图 3-57 删除视频片断

(4)采用同样的办法可以去除掉与录制内容无关的视频部分,包括说错的部分、口头禅或者咳嗽等影响视频的内容,也要将部分没有声音的地方去除。编辑前的微课程视频长度是 0:00:49:04,剪辑完毕后的视频长度是 0:00:41:28,如图3-58所示,去掉了大约8秒的视频。

图 3-58　剪辑完毕后的视频片断

（5）点击"导入媒体"，弹出文件选择对话框，选择"现代教育技术"文件夹中的"片头曲（铃声）"（MP3 格式）素材，将其导入到剪辑箱，如图 3-59 所示。

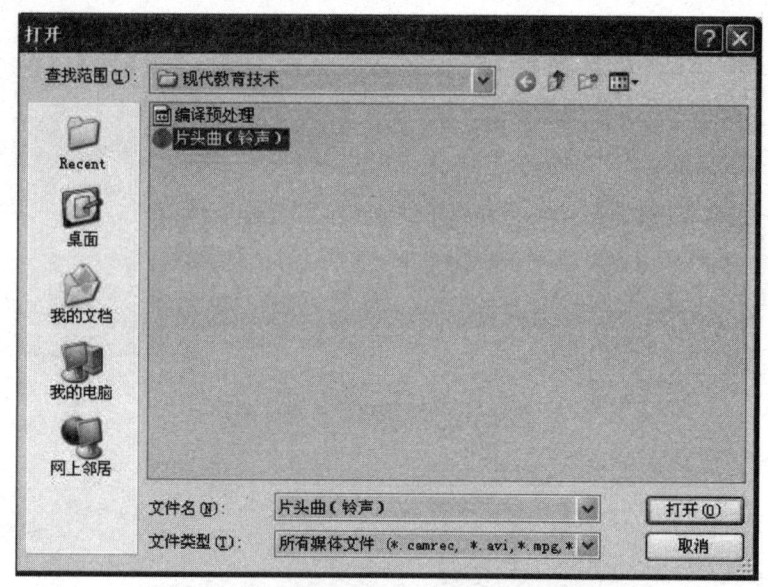

图 3-59　导入片头音乐素材到剪辑箱

将片头曲加入音轨有两种方式，一是在"剪辑箱"页面"音频"下选中"片头曲（铃声）"，右击，选择"添加到时间轴"，如图 3-60(a)所示，即可将音频添加到音频轨道上；二是右键选择"添加到"|"音频 2"（"音频 3"），也可将音频添加到音频轨道，如图 3-60(b)所示。

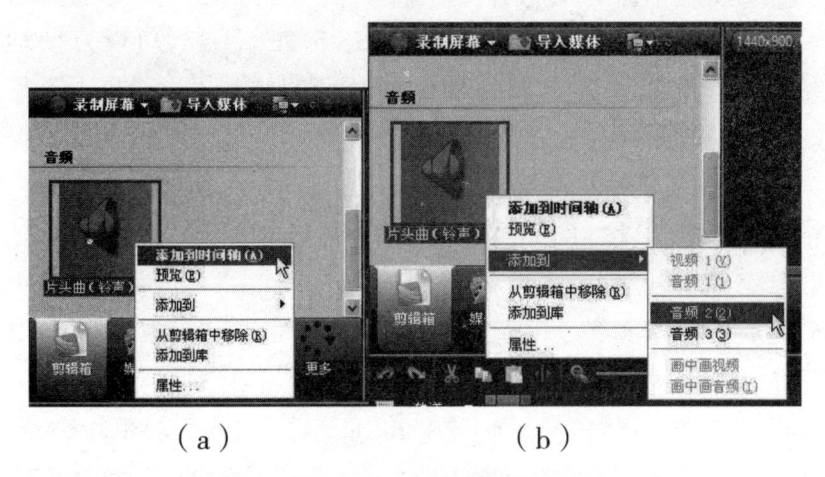

第3章 师范生应具备的基础信息化应用能力

（a） （b）

图 3-60 添加音频

点击工具栏上的"音频"按钮，使用鼠标将时间拖动到开始部分，单击"渐入"按钮，再次选择音频时间，单击"渐出"按钮，如图 3-61 所示，即可为音频添加效果。此外，可进行降噪、提高音量、降低音量、静音等操作。

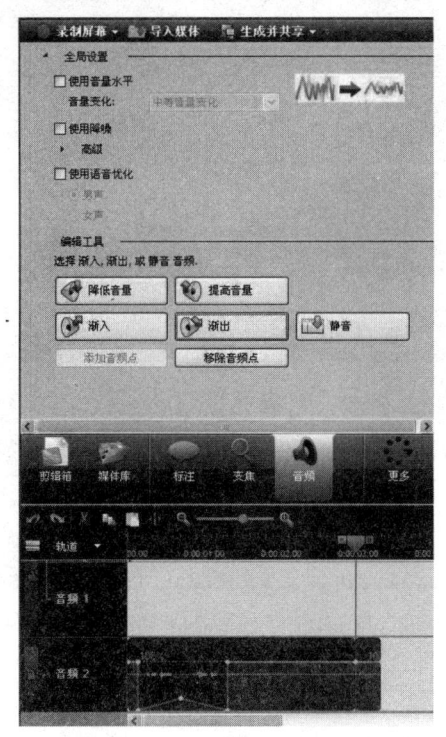

图 3-61 添加音频效果

（6）添加标注。单击工具栏上的"标注"工具，可以方便地在已经录制好的微课中添加各种标注及说明注释符号，标注工具选项如图3-62所示。

选择要添加标注的微课时间节点，单击"添加标注"命令，选择相应的标注形状，例如"Burst"，输入文本文字"计算机基础应用部分"，选择文本字体为"Times new Roman"，选择字体大小为"36"，选择字体颜色为"黑色"，如图3-63所示。在右侧窗口会出现相应操作效果，且相应的标注形状上会出现8个圆点，拖动圆点即可变换注释位置，如图3-64所示。此外，在图3-63所示的标注图的属性面板的"淡入""淡出"属性可以设置标注图出现和消失的时间，直接使用鼠标拖动时间轴即可。

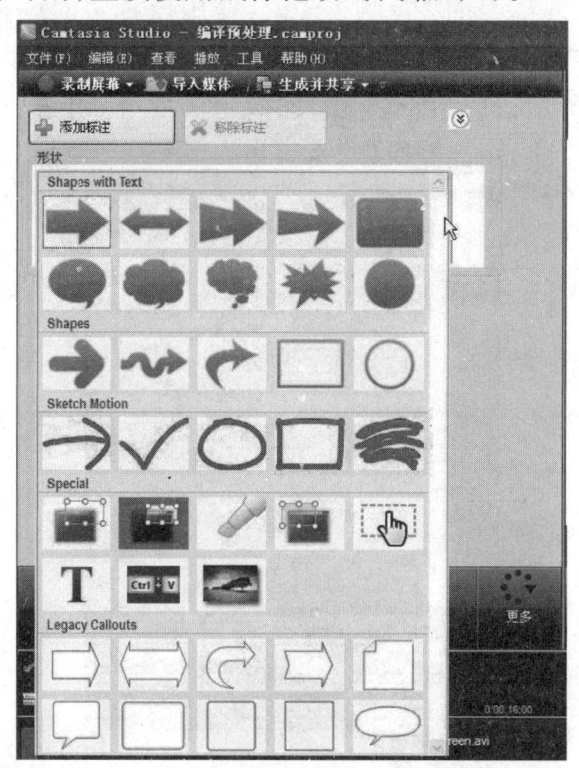

图3-62 标注形状选项

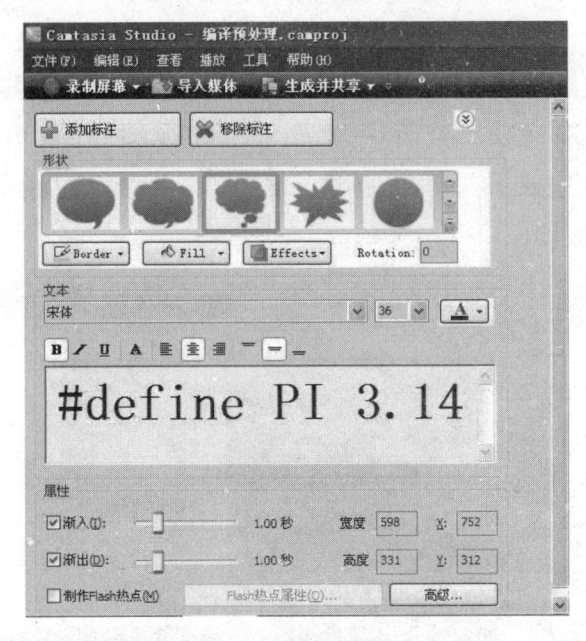

第3章 师范生应具备的基础信息化应用能力

图 3-63 "添加标注"命令

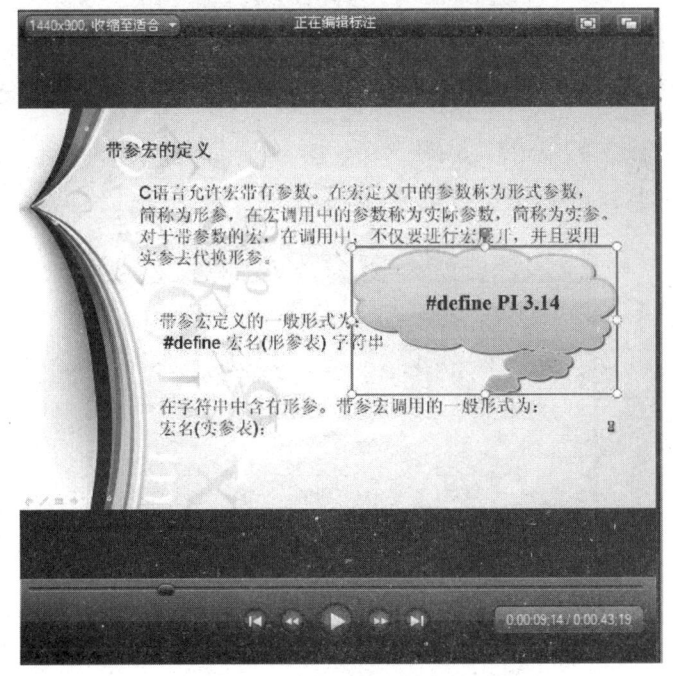

图 3-64 标注预览及修改

使用标注命令还可以对指定文字添加下划线、高亮显示及为讲解的区域添加区域框,表示强调及引起观看者的注意。

(7)放慢视频。选择一段已分割的视频片断,单击右键,在弹出的菜单中选择"剪辑速度"命令,即可对该段视频添加剪辑速度的特效,如图3-65所示。

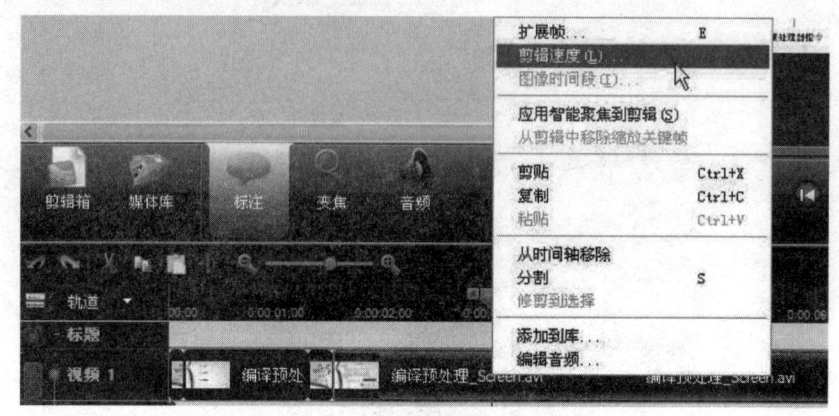

图3-65 "剪辑速度"命令

弹出"剪辑速度"对话框,在"原始剪辑速度的%"前的文本框中输入"50",可以发现"新剪辑时间段"中的时间变为"原始剪辑时间段"的2倍,如图3-66所示。即视频播放速度调整到原来的一半,视频片段的长度也将变成原来的两倍。

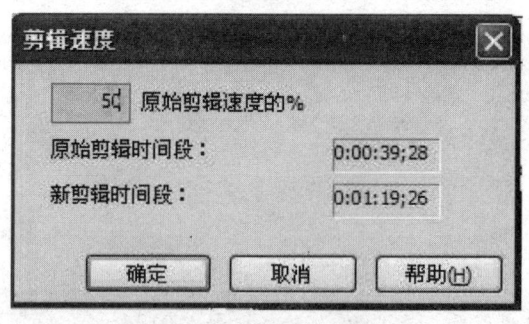

图3-66 设置剪辑速度

(8)添加字幕。将指针拖动到课程开始处,点击工具栏面板中的"字幕"选项,如图3-67所示。

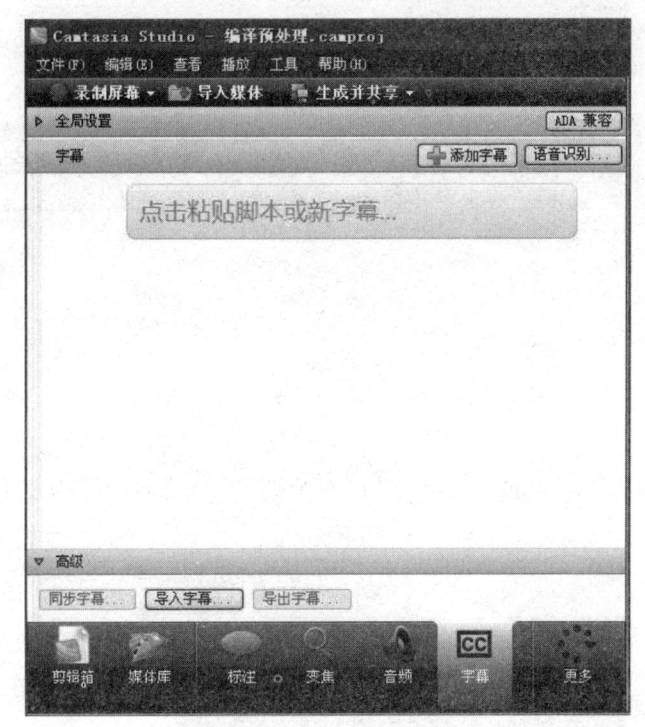

第 3 章　师范生应具备的基础信息化应用能力

图 3-67　字幕工具栏

点击"添加字幕"按钮,输入字幕文字内容"各位同学大家好,今天我讲的课程是编译预处理",将字体设置为"微软雅黑",字号设置为"36",字体颜色设为白色,字幕背景设为黑色,如图 3-68 所示。

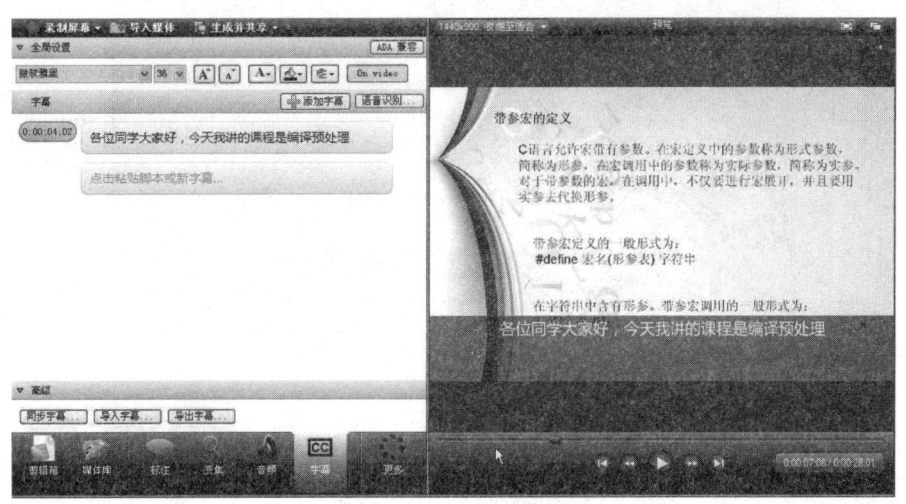

图 3-68　添加字幕

(9)视频输出。点击工具栏"生成并共享"下拉按钮,选择"生成并共享"命令,如图 3-69 所示。

图 3-69 "生成并共享"命令

在弹出的"生成向导"对话框(图 3-70)中,可以选择生成视频的格式。其中,"添加/编辑预设"命令可对预设进行管理——新建预设、删除预设、编辑预设,可对预设的名称、文件格式、预设信息以及是否附加输出选项进行编辑,如图 3-71 所示。

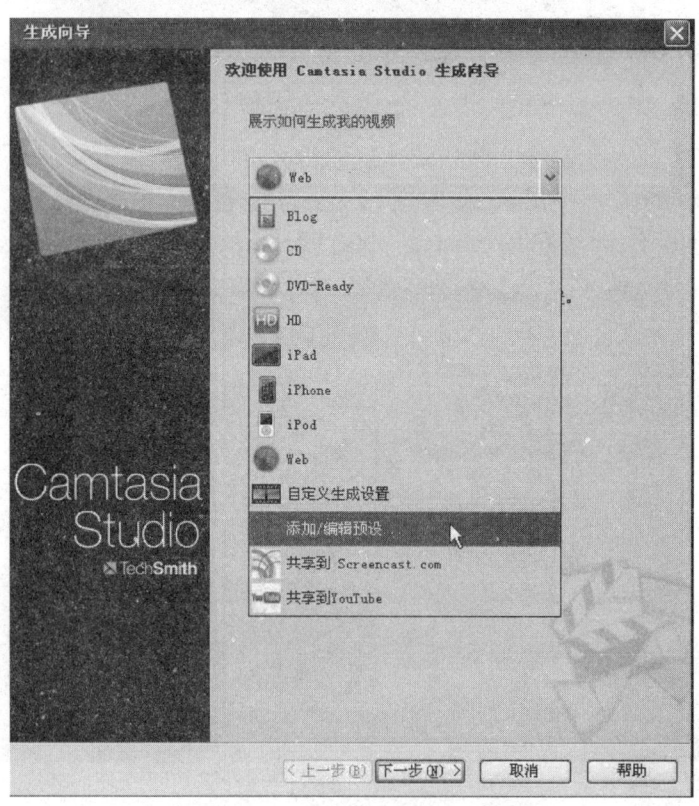

图 3-70 "生成向导"对话框

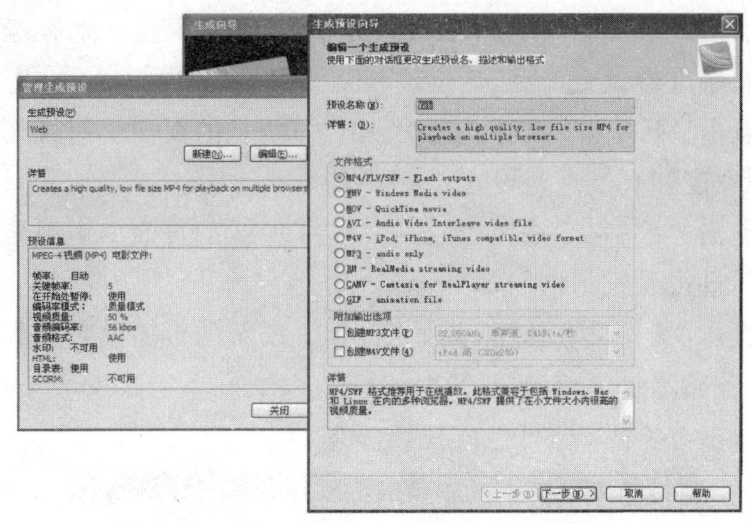

第3章 师范生应具备的基础信息化应用能力

图 3-71 "添加/编辑预设"命令

在图 3-70 中选择"自定义生成设置"命令,弹出如图 3-72 所示的对话框,可自主定义视频格式,包括 MP4/FLV/SWP、WMV、MOV、AVI、MP3 等,一般选择 AVI 视频格式。

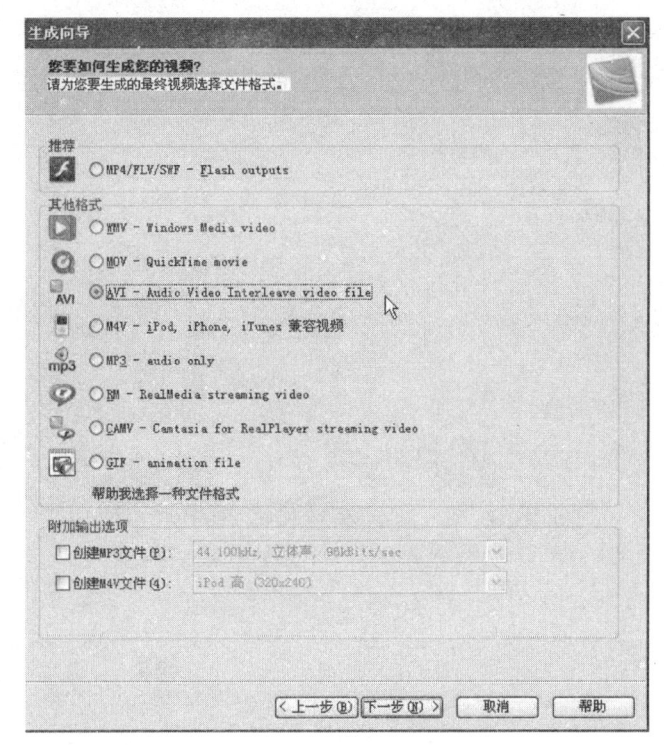

图 3-72 设置视频格式

点击"下一步"按钮,在如图 3-73 所示的页面中对视频的颜色和帧率进行设置。

点击"下一步"按钮,在如图 3-74 所示的页面中对视频的大小,即宽度和高度进行设置。

点击"下一步"按钮,在如图 3-75 所示的页面中对视频的标记选项进行设置。

点击"下一步"按钮,在如图 3-76 所示的页面中对视频的文件名、存储路径进行设置。

单击"完成",即可生成视频。

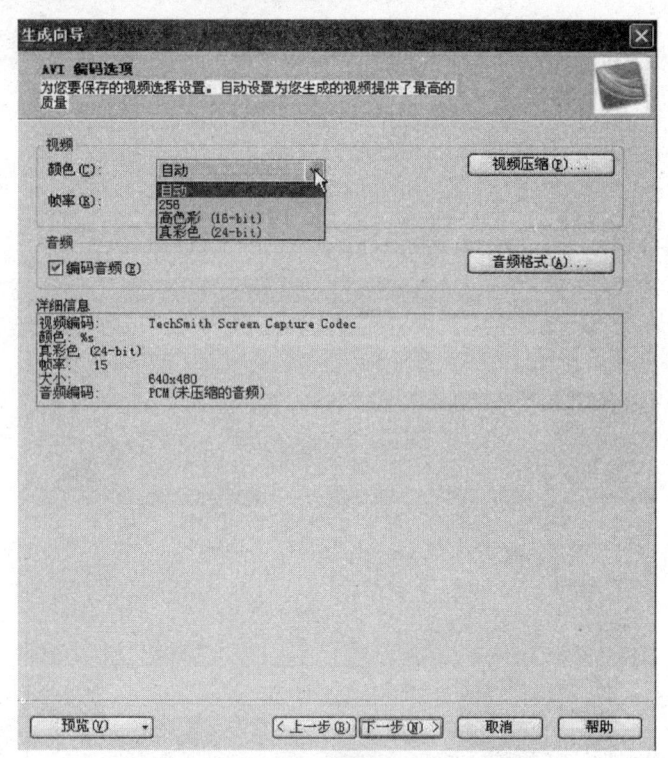

图 3-73　视频颜色和帧率的设置

第3章 师范生应具备的基础信息化应用能力

图 3-74 视频大小的设置

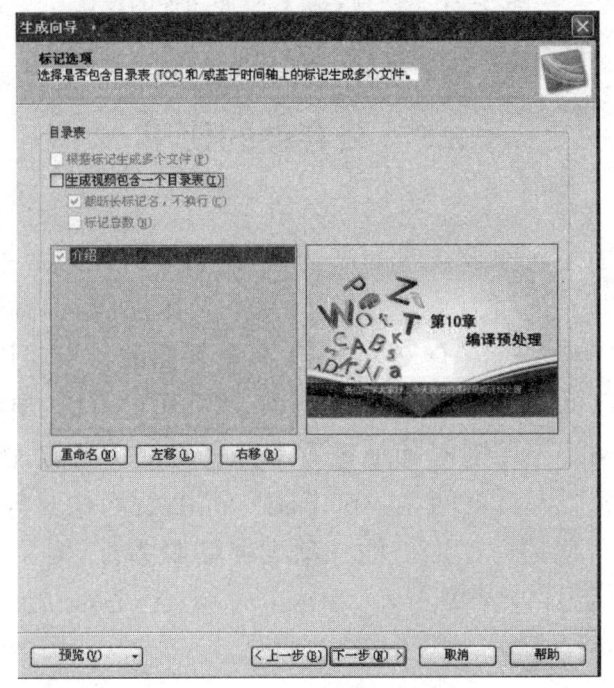

图 3-75 视频标记的设置

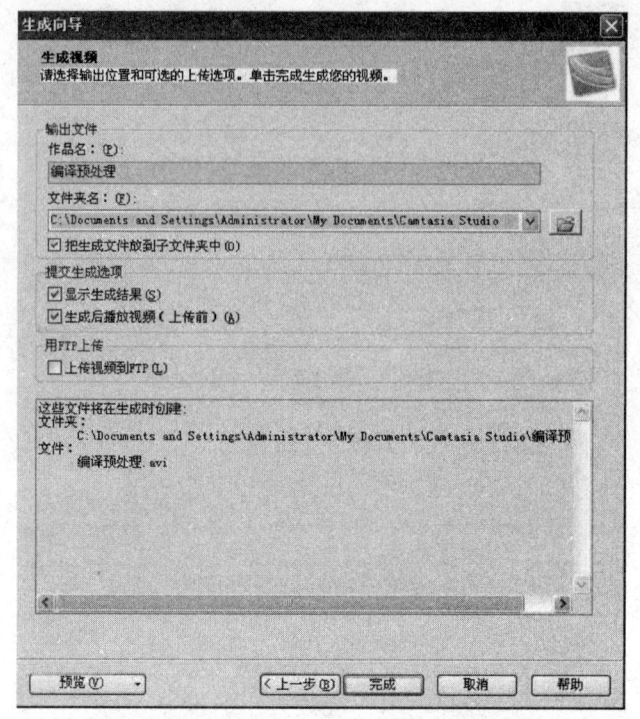

图 3-76　视频名称和存储路径的设置

3.5　云存储的使用

　　云盘是互联网云技术的产物,也是当今时代最常用的互联网存储工具。它通过互联网为企业和个人提供信息的储存、读取、下载、分享等服务,具有安全稳定、海量存储的特点。用户可以轻松地将自己的文件上传到网络空间,并可通过手机、电脑、平板电脑等各种网络终端随时随地查看和分享文件。当前,国内最知名的云盘服务商有百度网盘、360 网盘、金山快盘、微云等。

　　百度网盘是百度推出的一项云存储服务,已覆盖主流 PC 和手机操作系统,包含 Web 版、Windows 版、Android 版、iphone 版、iPad 版等多个版本。

3.5.1 注册百度账号

注册百度账号后,才能使用百度网盘。登录百度网盘首页(图 3-77),单击"立即注册百度账号"按钮,在弹出的"注册百度账号"页面中可按提示完成注册。也可以根据百度网盘首页的提示,单击登录按钮下面的新浪微博、QQ 或微信图标,使用百度合作伙伴的账号登录百度网盘。

3.5.2 常用文件的上传

在 Windows 操作系统下,百度网盘又可分为网页版和 PC 版。如果外出办事时临时需要查阅、下载文件,可以通过浏览器登录网页版。如果是个人电脑,下载安装 PC 版的客户端程序后,操作会更加方便快捷。

登录百度网盘首页后,可以进行文件的上传操作。下面以存放于"我的文档"里的文件夹"人教版初中物理电子版教材"为例,介绍一下常用文件的上传。将鼠标移到左上角的"上传"按钮上,在弹出的"浏览文件夹"窗口里找到并选中"人教版初中物理电子版教材"(图 3-78),单击"上传"按钮(图 3-79),在页面右下角出现的"正在上传"窗口里,可以看到上传对象的名称、上传进度、上传速度等信息(图 3-80)。

上传速度与网速有关,上传后的文件夹会显示在云盘窗口中(图 3-81)。用鼠标单击文件夹,即可看到里面的文件。

图 3-77　百度网盘首页

图 3-78　上传文件夹

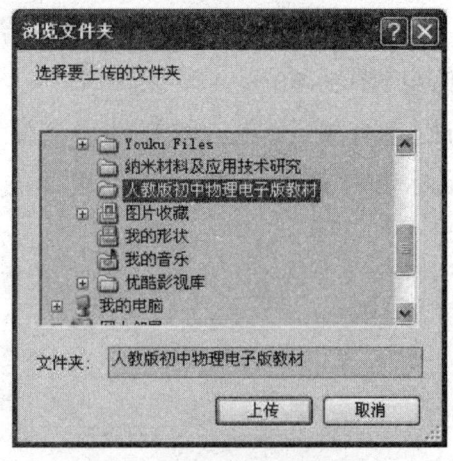

图 3-79　浏览文件夹

图 3-80 "正在上传"窗口

图 3-81 云盘窗口

3.5.3 云文件的下载

上传到云盘里的文件可以随时下载使用,以刚刚上传的文件夹"人教版初中物理电子版教材"为例,单击前面的小方格选中文件夹以后,在文件夹后面会出现"分享""下载""更多"等按钮。单击"下载"按钮,在弹出的"设置下载存储路径"对话框里设置好文件保存的路径(图 3-82),即可开始下载文件。

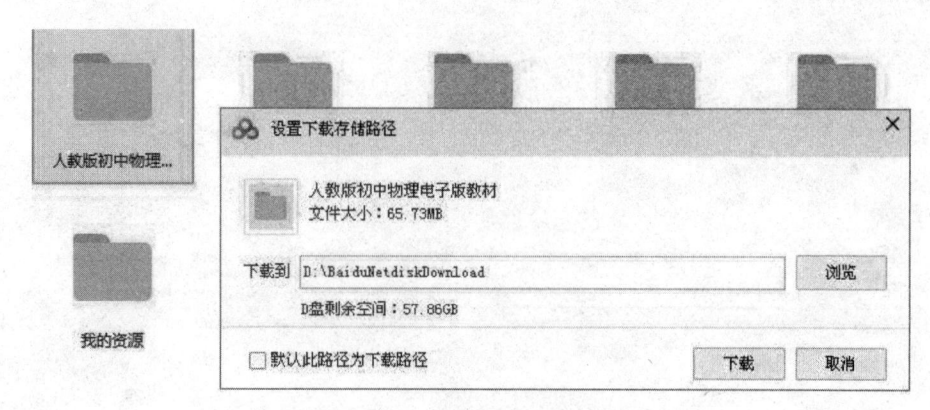

图 3-82　设置下载存储路径

3.5.4 云文件的分享

送人玫瑰，手有余香。资源只有通过分享才能增值。上传到云盘里的文件能够很方便地分享给他人。仍以文件夹"人教版初中物理电子版教材"为例，选中文件夹以后，单击窗口顶部的"分享"，在弹出的"分享文件：人教版初中物理电子版教材"对话框里可以选择"私密链接分享"或者"发送好友"两种不同的分享方式。以"私密链接分享"的文件有提取码，仅限拥有提取码者查看，保证了文件的安全性，用户在分享的时候也可以设置链接的有效期，有效期可选择永久有效、7天有效和1天有效。单击"私密链接分享"按钮（图 3-83），即可生成一个分享链接（图 3-84），单击"复制链接即提取码"复制网址或单击"复制二维码"后，即可通过QQ、微信、微博、QQ空间等形式分享给好友。

第3章 师范生应具备的基础信息化应用能力

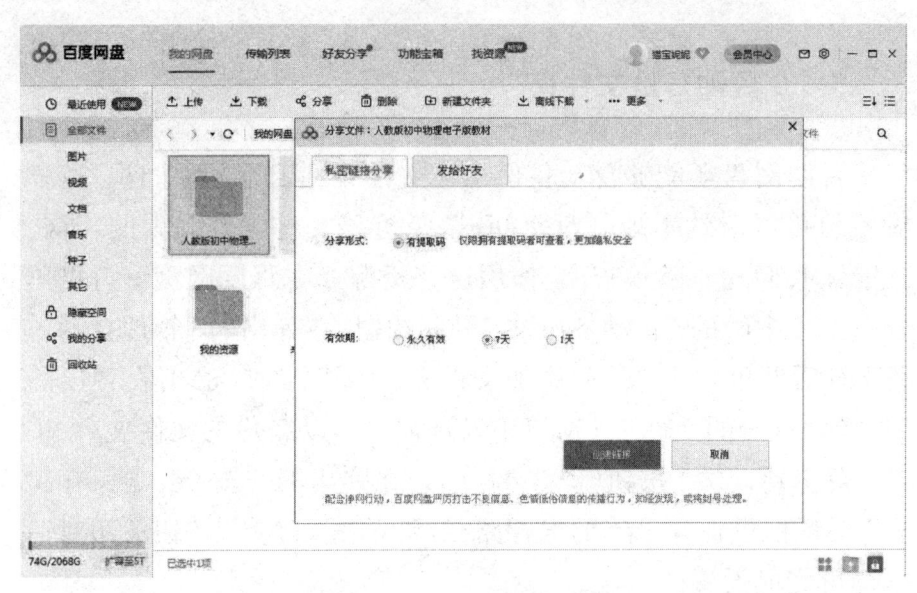

图 3-83 私密链接分享

图 3-84 分享链接

3.5.5 自动备份文件夹

百度网盘还能够自动备份本地文件夹到云存储空间里，这样做不但可以节约本地硬盘空间，避免重要文件意外丢失的苦恼，还能让我们随时随地查阅、使用这些资源。在百度网盘窗口里单击右下角中间的"自动备份文件夹"按钮，在弹出的"管理自动备份"对话框里单击"手动添加文件夹"按钮（图3-85），在弹出的"选择要备份的文件夹"窗口中勾选需要自动备份的文件夹后，单击"备份到云端"按钮（图3-86）后，在弹出的"选择云端保存路径"对话框里选择恰当的保存路径后，单击"确定"按钮关闭对话框即可完成设置。

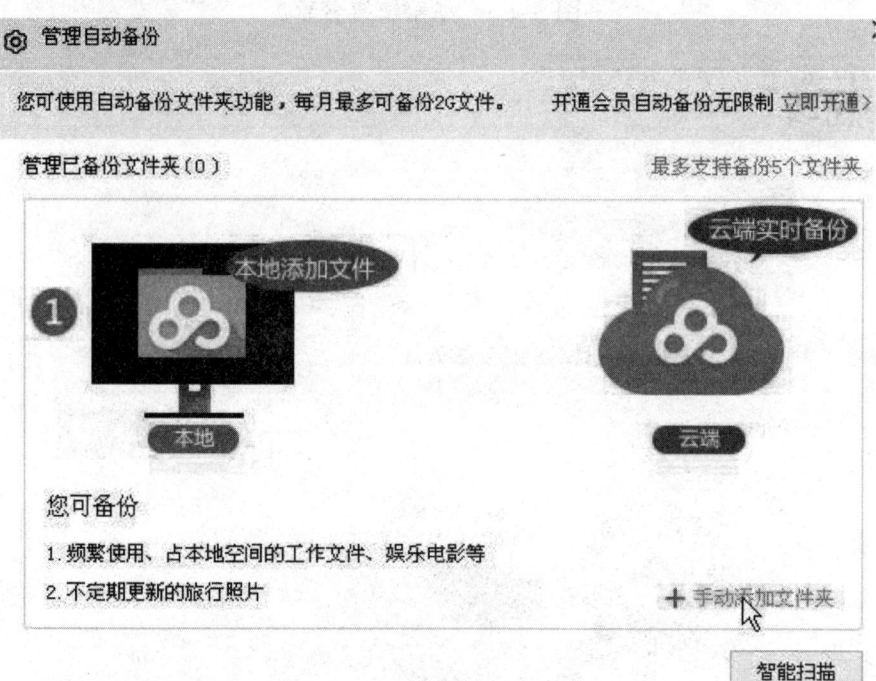

图3-85 手动添加文件夹

第3章 师范生应具备的基础信息化应用能力

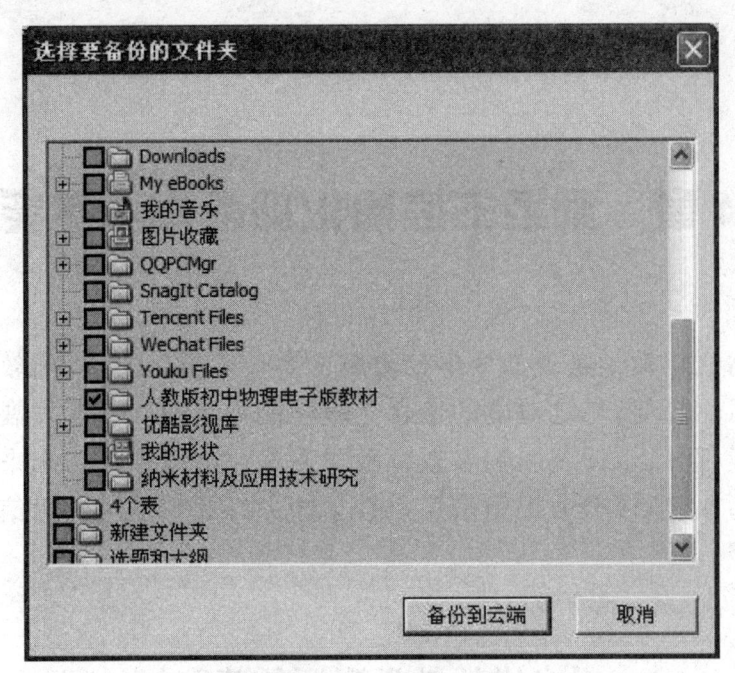

图 3-86 备份到云端

第4章 师范生信息化的教育教学能力

信息化教学是现如今学校教育的重要手段,也是当前教育发展的必然趋势,与之对应的信息化教学能力是教师专业发展的重要组成部分,也深刻影响着教育教学质量。师范生作为未来教师的生力军,应该努力提高信息化教学能力以此来促进教育信息化的发展。

4.1 对多媒体教学资源的获取与处理

随着教育信息化程度的提高,学科教师不管是在课前课中,还是课后,都不可避免地要使用信息化教学资源。上课前的电子备课(如教学设计的撰写)、课堂上使用的课件与微课、课后的练习与检测(如试卷)等都离不开资源的获取与应用。如今因特网上免费又优质的教学资源越来越多,正确的搜索方法将有助于高效地找到自己需要的学科教学资源。而获取这些优质资源的方法也是多种多样的,有些可以直接下载,有些则需要一定的技术支持。随着收集的教学资源越来越多,就需要对这些资源进行有效的整理和管理。

4.1.1 了解和体验国家教育资源公共服务平台

国家教育资源公共服务平台 http://www.eduyun.cn/ 是教育部主办的国家级基础教育资源中心,也是农村中小学现代远程教育工程资源服务平台。该网站为我们提供了海量的资源,并且提

第4章 师范生信息化的教育教学能力

供了多种分类检索方式。

4.1.1.1 注册国家教育资源公共服务平台

点击网站首页左上角的"注册"选项,即可进入注册页面。按照提示完成个人信息的填写后,勾选"您已阅读并同意《国家教育资源公共服务平台服务条款》",单击"注册"按钮即可完成注册。注册时填写的登录账号和密码是以后登录资源网时必须填写的,一定要牢牢记住。

4.1.1.2 资源的浏览

用户可以通过以下两种方式浏览该网站的资源:

第一种,在国家教育资源公共服务平台首页选择"找资源"(图4-1),按照"学前资源""同步资源""网校课程""专题""中高考"五种标准列出了相应的浏览方式,用鼠标单击任意一个链接,即可进入相应的浏览方式页面。

图 4-1 资源浏览方式(一)

(1)按学前资源浏览。在页面上方列出了"年龄""领域"。用户根据需要选择相应年龄、领域后,再根据需要选择具体浏览的内容。

(2)按同步资源浏览。在页面上方列出了"学段""学科""版本""年级"。用户根据需要选择相应学段、学科、教材版本与年级后,再单击左边教材目录的具体章节,在右侧的"资源列表"窗口中即可显示出相关章节的全部资源及其简介。

(3)按网校课程浏览。在页面上方列出了"学段""年级""学科",用户根据需要选择相应学段、年级、学科购买相应的网络课程资源。

(4)按专题浏览。在页面上方列出了"核心价值观""法制""行为养成"等12个在教育教学活动中专门研究的题目。用户可以利用这些资源,对学生开展与加强思想品德、卫生、法制、安全、环保等教育。单击左侧分类目录中的相应专题后,在右侧的"资源列表"窗口中即可显示出相关资源及其简介。

(5)按中高考浏览。在页面上方列出了"权威辅导""考试卷库"和"题库"三个选项,"权威辅导"下又按学段、类型和学科进行分类,"考试卷库"下按学段、试卷类型、年份、学科和地区等进行分类,"题库"下按学段和学科进行分类,用户根据需要选择具体浏览的内容。

第二种,在网站首页中间选择"资源"选项,有进入相应年级、学科、教材版本的快捷链接。用户可以先单击上方的学段,再单击直接与该学段对应的学科、教材版本、年级,即可按教材浏览相关资源,如图4-2所示。

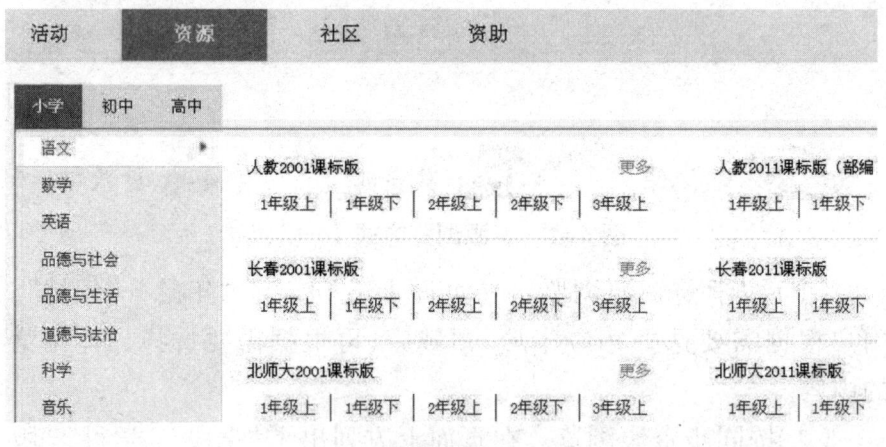

图4-2 资源浏览方式(二)

4.1.1.3 资源的搜索

在网站首页最醒目的位置有一个空白检索框,在框内输入所需资源的关键词后单击"搜索"按钮,即可找到相关资源。资源检索的准确率与选用的关键词密不可分,在检索框里输入的关键词越多,检索的条件越多,限定的检索范围就越精确,找到的资源就越符合实际需要。为了提高查准率,可以在搜索框里输入多个关键词(中间隔以空格),点击"搜索"按钮。

4.1.1.4 资源的下载

下面以人教 2001 课标版七年级上册第六单元中《皇帝的新装》一课相关资源的搜索为例,简要介绍国家教育资源公共服务平台中资源的下载。

(1)单击网站首页中间的"资源"选项,单击"初中"学段,在下拉列表里单击"语文",在右侧文本框中单击"人教 2001 课标版",再单击"七年级上册",单击左侧的教材目录,在右侧资源列表中找到并单击"皇帝的新装",可呈现出相关资源的信息。

(2)单击所需下载的资源名称,在新打开的窗口里不但显示出该资源的详细信息,还可以看到"下载"按钮。如果是视频资源,还可看到"播放"按钮,单击"下载"按钮即可开始资源的下载。

4.1.2 查找教学资源的平台

4.1.2.1 百度

百度 https://www.baidu.com/ 是全球最大的中文搜索引擎,致力于向人们提供"简单、可依赖"的信息获取方式。除了网页搜索外,百度还提供 MP3、图片、视频等多样化的搜索服务,满足用户多样化的搜索需求。

（1）百度百科。

百度百科 https://baike.baidu.com/ 是百度公司推出的一部内容开放、自由的网络百科全书，旨在创造一个涵盖各领域知识的中文信息收集平台。百度百科强调用户应积极进行参与交流和分享，用户只需注册并登录百度网站，即可参与词条的创建和编辑。百度百科的使用非常方便，用户只需在搜索框里输入查询的关键词，如"李白"，单击搜索框上方的"百科"链接，打开"百度百科"页面，即可看到搜索结果。

（2）百度文库。

百度文库 https://wenku.baidu.com/ 是供网友在线分享文档的开放平台，文档由百度用户上传，需要经过百度的审核才能发布，用户可以在线阅读和下载这些文档。百度用户上传文档可以得到一定的积分，下载有标价的文档则需要消耗积分。我们可以通过百度文库在线阅读和下载教案、课件、习题、论文等资源。

（3）百度文库课程。

百度文库"课程专区"通过课程化、体系化的梳理和展现方式，将文档资源向体验更佳的多媒体方向拓展，文库课程资源覆盖基础教育、专业技能、职场提升、兴趣爱好等多个领域，在展现形式上采取了"视频+文档"的形式，易于快速学习。

4.1.2.2 教育主题网站

教育主题网站是指针对特定的人群，围绕特定的学习主题、教科研主题、学习素材类事物主题，完成特定信息的搜索和提供、组织与发布，或者提供互动学习平台的教育网站。该类网站常呈现出比较高的同类信息集中性和专业权威性。

根据教师的工作特点和网站实现的教育功能，常用的教育主题网站通常分为综合类、主题资讯类、互动学习类、教育科研类。

（1）人教网（http://www.pep.com.cn/）。

人教网是人民教育出版社的官方网站，免费向广大教育工作

第4章 师范生信息化的教育教学能力

者提供大量系统、优质的教育教学资源。

登录人教网首页,在"教与学服务"栏目里单击不同学段的学科链接。如初中语文,可以进入相应的子网站,通过"同步教学"栏目左侧的导航链接,可以按年级迅速找到并浏览"课程引领、教材使用、教学设计"等教学资源。

(2)河南省基础教育资源公共服务平台(http://www.hner.cn/)。

河南省基础教育资源公共服务平台是河南省教育厅为促进教育信息化的发展,在各级教育部门的大力支持下主办的省级基础教育资源中心,是农村中小学现代远程教育工程资源服务平台。河南省基础教育资源网拥有大量优质而系统的多媒体资源,无需注册即可免费下载使用。

(3)汉典网(https://www.zdic.net/)。

汉典网免费供广大网友学习和研究使用汉语,规范汉字使用。登录汉典网首页,在搜索框里输入想要查询的汉字,单击"搜索"按钮即可得到搜索结果。在结果页面的左上角,可以看到该汉字规范的书写笔顺动画。用鼠标单击黄色的小喇叭,可以听到该汉字的标准普通话发音,单击"基本解释、详细解释、康熙字典、说文解字、字源字形"等标签,还能看到与该汉字相关的其他信息。

(4)西克朗诵(http://site.leshou.com/rbetel/)。

西克朗诵是国内朗诵资源最丰富的朗诵专业网站,您可以轻松找到并欣赏丁建华、殷之光、濮存昕、焦晃、张颂等国内朗诵名家的朗诵作品。

(5)金狐电脑工作室(http://www.jinhu.me/)。

金狐电脑工作室提供几何画板、数学公式编辑器 MathType、动态数学软件 GeoGebra 等大量的优质数学资源,该网站发布的几何画板 5.06 最强中文版包含大量的教程、实例和工具集资源,是国内最权威的几何画板版本。

（6）爱词霸（http://www.iciba.com/）。

爱词霸是由我国金山公司组建的专业英语学习社区,包含词典、短句、翻译等众多在线工具,致力于英语学习交流、及时反馈英语相关问题。

登录爱词霸首页,在搜索框里输入想要查询的单词,单击"查一下"按钮即可得到搜索结果。结果页面不但能够看到该单词的汉语释义和相关例句,如果用鼠标单击小喇叭图标,还可以听到纯正的英语发音。用鼠标单击爱词霸首页的"翻译"链接,打开"在线翻译"窗口,在左侧的文本框里输入需要翻译的内容,单击文本框下面的"翻译一下"按钮,系统会自动检测中英文并进行翻译。

（7）中国中小学教育教学网（http://www.k12.com.cn/）。

中国中小学教育教学网是面向基础教育的综合专业教育网,是教育类站点中最有影响力的大型网站之一。

（8）中国微课期刊网（http://www.weikechina.com/）。

中国微课期刊网在"微"时代悄然兴起的背景下应运而生,旨在提升中小学教师教学水平,并可以向所有教育者和学习者分享优秀的"微"教学成果,为教育信息化的改革与发展提供可参考的依据。

（9）网易公开课（https://open.163.com/）。

2010年11月1日,中国领先的门户网站网易正式推出"全球名校视频公开课项目",首批1200集课程上线,其中有200多集配有中文字幕,用户可以在线免费观看来自于哈佛大学等世界级名校的公开课课程、可汗学院、TED等教育性组织的精彩视频,内容涵盖人文、社会、艺术、科学、金融等领域。网易公开课秉承开放、平等、协作、分享的互联网精神,为爱学习的网友创造了一个公开的免费课程平台。

（10）优酷教育频道（https://edu.youku.com/）。

优酷是中国领先的视频分享网站,优酷教育频道又分为"公开课、TED、公民说、国学开讲、终身课堂、语言学习"等栏目。其中,"终身课堂"栏目下的"教辅公开课"涵盖了初高中阶段语文、数学、英语、物理、化学等多个学科的系列视频,是非常优秀的视频教学资源。

(11)酷学习(http://kuxuexi.com/)。

酷学习含有自创的包含数学、物理、化学、生物、英语、语文等众多学科的教学视频,教学内容涵盖中小学、高中、大学等课程,能够满足各类型求学者的需求。

(12)华师慕课(http://home.c20.org.cn/mooc/)。

华东师范大学慕课中心成立于2013年9月。它是以研究与开发基础教育、教师教育"慕课",并推动慕课在各领域高质量地得到实施的学术性组织。

4.1.3 搜索学科资源

4.1.3.1 搜索文字资源

文字资源是最基本、最常用的资源,百度文库或学科网就提供了大量的教学资源,如教学设计、学科课程标准等。本节将介绍使用百度文库和学科网来搜索和下载学科文字资源。

上课之前的备课、撰写教学设计是教师必不可少的工作,这首先需要充分研究教材,然后构思自己的教学方案。为提高效率,可先在因特网上进行相关搜索,下载阅读,予以借鉴。百度文库提供了大量教学设计类的免费资源,在搜索栏中输入课题,指定格式,即可搜索出该课题的相关资源。由于有些资源下载时需要一定的财富值(下载券),所以注册成为百度文库用户并赚取一定的财富值是很有必要的。

以搜索《钓鱼的启示》教学设计为例。

(1)注册百度账号,在浏览器地址栏中输入网址"https://wenku.baidu.com/",打开百度文库主页,在页面右侧找到登录窗口,完成注册。

（2）获取财富值，用户注册并激活百度账号后登录，完成文档上传，获取财富值。

（3）搜索教学设计，打开百度文库首页，输入关键词，完成《钓鱼的启示》教学设计的搜索（图4-3）。

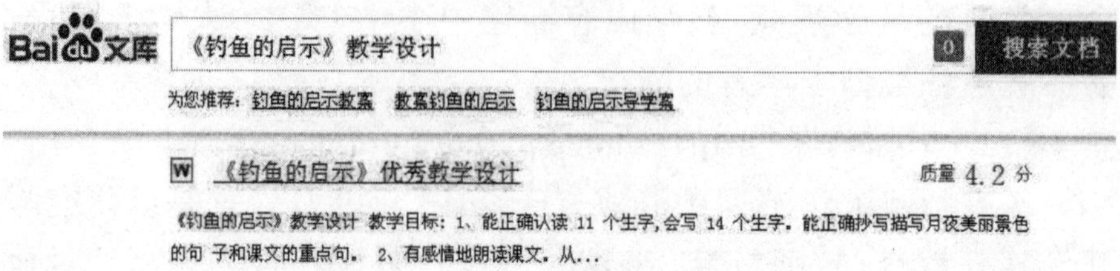

图4-3 搜索教学设计

以搜索数学中考试卷为例。

试卷（试题）和教学设计一样，都是一线教师在课堂中经常要用到的学科资源。下面以搜索"2018年北京市中考数学试卷"为例，介绍如何在学科网中搜索资源。

进入学科网，通过网站的分类导航和筛选功能可以轻松搜索诸如中考试卷之类的资源。和百度文库类似，学科网有些资源需要一定的点数或储值才能下载，所以一般也要先注册成会员并获取一定的点数。

（1）注册账号，进入学科网首页http://www.zxxk.com/，仿照百度账号的注册方式完成注册。

（2）获取储值，用户注册成功并登录后，选择合适的付款方式，获取储值。

（3）上传资料，获取点数。

（4）搜索试卷，进入学科网首页，完成2018年北京中考数学试卷的搜索（图4-4）。

4.1.3.2 搜索图片资源

图片资源是教师在教学过程中应用最广泛的资源，从早期的幻灯片到现在的课件制作，都离不开图片的使用。图片资源可以

第4章　师范生信息化的教育教学能力

利用百度图片搜索引擎来搜索与获取。打开百度图片网(http：//images.baidu.com)，在搜索栏中输入图片内容的关键词，即可搜索到相应的图片。

图4-4　搜索中考数学试卷

以搜索无背景荷花图片为例。

制作课件时，有些图片要求是无背景(透明)的。无背景图片通常是以PNG格式存储的，所以在搜索这类图片时，要指定图片格式才能搜索到。

（1）打开百度图片，在浏览器地址栏中输入"http：//images.baidu.com"，按回车键，进入百度图片首页。

（2）搜索图片，在搜索框中输入关键词"荷花png"，如图4-5所示，完成荷花的无背景图片搜索。

（3）浏览与下载，在搜索结果中找到自己满意的图片(预览图)，完成对该图的原图浏览与下载。

图 4-5 搜索图片

4.1.3.3 搜索课件资源

在课堂上,直接使用的资源包括音/视频资源、Flash 动画资源、PowerPoint 课件资源。这些资源除利用搜索引擎搜索及获取外,还可以通过专业资源网获取。

以搜索"二力平衡"课件为例。

"二力平衡"是初中二年级物理学科教学内容,可以在百度文库中搜索有关该课的许多免费课件。百度文库除了拥有大量的文档外,也包含了许多教学中常用的 PowerPoint 课件。在百度文库搜索课件前,首先要清楚课本的版本、册数和课题,然后再在百度文库的教育专区搜索。

(1)确定课件信息,"二力平衡"是初中二年级物理下册第八章的教学内容,教材版本是人教版。

(2)进入文库教育专区,打开 IE 搜索引擎,进入百度文库首页,进入文库基础教育专区(图 4-6)。

(3)进入学科首页,利用教育文库中的分类导航,进入初中物理人教版首页。

(4)目录查找,根据已确定的课件信息,选择"人教版""八年级下",找到"二力平衡"课件。

第4章 师范生信息化的教育教学能力

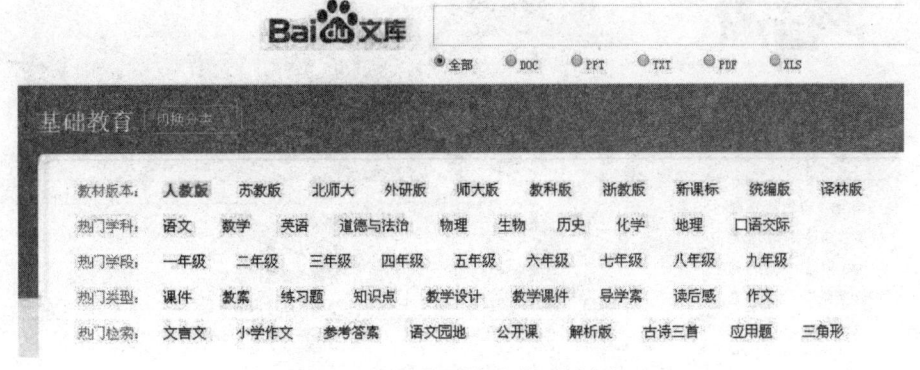

图 4-6 进入文库基础教育

4.1.4 下载资源

搜索资源是获取资源的第一步，只有下载后才能应用到教学中。

4.1.4.1 下载音频资源

教学过程中，需要使用音频资源的地方很多，如课件背景音乐、特殊音效、声音素材等。这些音频需要根据不同的来源选择不同的方法才能下载。

制作课件时，有时会用到自然界的各种声音，如流水声。获取这类素材最好的方法是到专业的素材网下载。声音网（http://www.shengyin.com/）提供了丰富的声音素材，并可免费下载。

（1）进入声音网，打开浏览器，在地址栏中输入"http://www.shengyin.com/"并按回车键，进入声音网首页。

（2）搜索江水声，按图 4-7 所示的操作，完成"江水声"的搜索。

（3）试听效果，选择"奔腾江水声"，进入试听网页进行试听。

（4）判断正确链接，在试听页面的下方，找到下载区，判断正确的文件下载链接。

（5）下载声音文件。

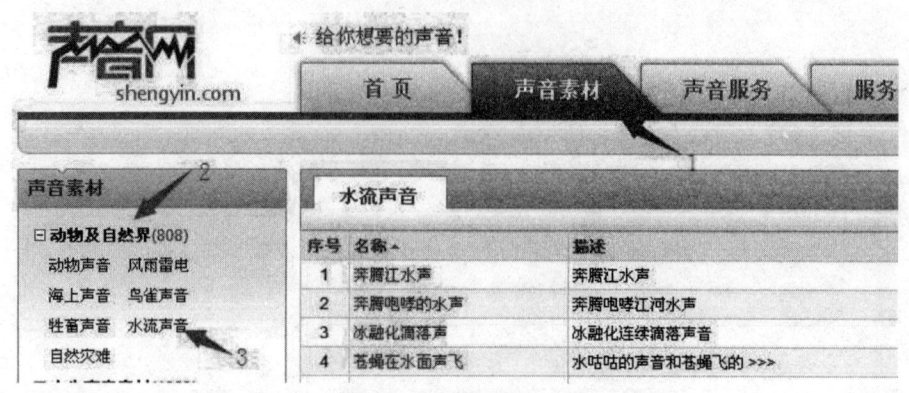

图4-7 搜索江水声

4.1.4.2 下载视频资源

从教学需要的角度看,视频资源主要有直接用于课堂教学的视频片段(如微课)和用于指导教学的课堂实录。这些资源既可以通过教育资源网获取,也可通过爱奇艺、优酷、搜狐等视频网站获取。资源网的资源下载一般比较简单;而在视频网站下载视频则需要借助网络客户端或其他特殊方法才能下载。

本节将通过实例介绍利用客户端下载视频资源。

刚走上工作岗位的一线教师,观看和研究优秀的课堂实录是提升自己教学能力的一个有效方法。优酷网就收录了许多优秀且免费的课堂实录之类的教学资源。借助优酷网客户端可以轻松观看和下载"海燕"课堂实录。

(1)下载安装客户端,打开浏览器,在地址栏中输入"https://www.youku.com/"并按回车键,单击右上角的"客户端",进入优酷网客户端下载页面,完成软件下载并安装。

(2)搜索视频,打开优酷客户端,按图4-8所示的操作,搜索"海燕"课堂实录。

(3)找到满意的视频,观看并单击屏幕上方的下载选项,选择保存路径,如图4-9所示。可在下载列表中找到已下载的视频,如图4-10所示。

第 4 章　师范生信息化的教育教学能力

图 4-8　搜索视频

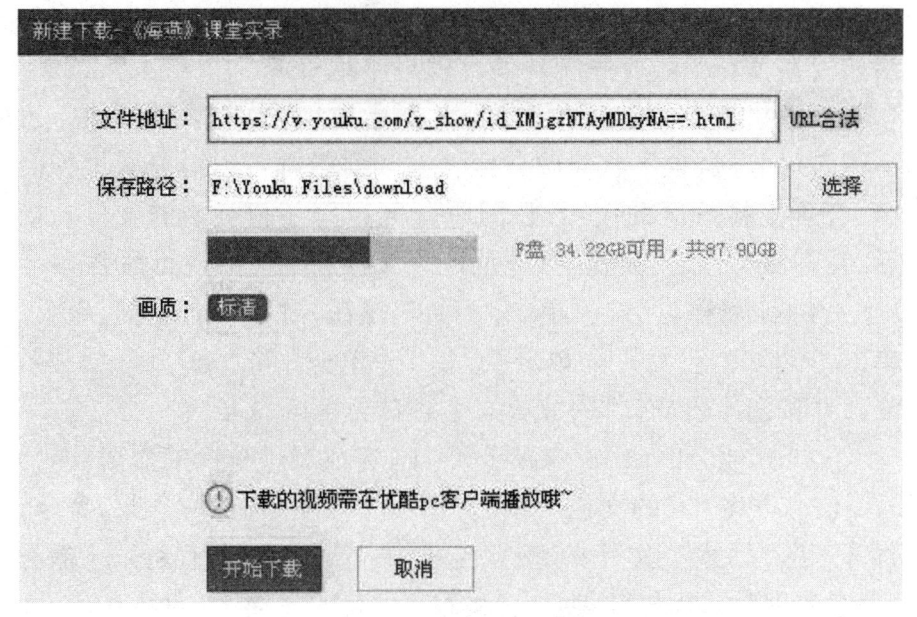

图 4-9　选择保存路径

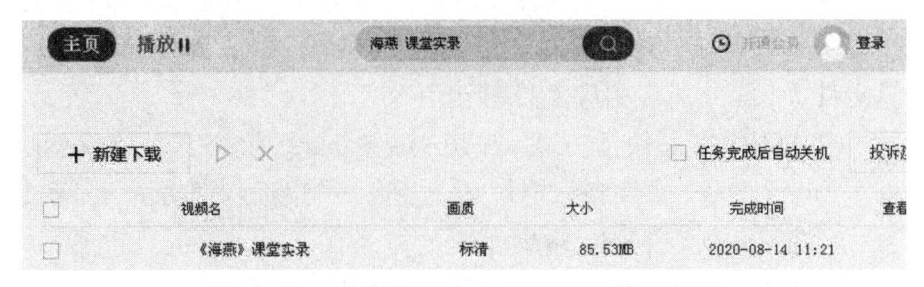

图 4-10　在下载列表中找到已下载的视频

4.1.5 管理资源

4.1.5.1 本地资源管理

许多教师从因特网获得学科资源后,会随便地将资源存放在桌面和其他命名不规范的文件夹中,这是一个不好的习惯。因为桌面的位置大多在系统盘,系统崩溃后将很难恢复;而存放至命名不规范的文件夹中将为以后提取文件带来麻烦。本小节将介绍如何在 Windows 7 系统环境下整理本地资源。

计算机安装系统后,硬盘分区都已被划分好,学科教师一般不用考虑分区,也不宜修改分区。但学科教师可以对分区进行命名,合理安排分区的使用,在同一分区存储相似类型的文件。最后,在存储文件时,要科学、规范地对文件和文件夹进行命名。

(1)命名磁盘分区,单击"开始"按钮,选择"计算机"命令,单击"本地磁盘(C)"→单击"组织"→单击"重命名"→输入"系统",并按回车键确认,完成第 1 个磁盘分区的命名。

(2)其他分区命名,依照步骤(1)完成其他分区的命名。

(3)排序"我的文档",单击"开始"按钮,选择"文档"命令,打开"我的文档"文件夹,删除空文件夹后,单击"查看"→单击"分组依据"→单击"类型",分类显示"我的文档"文件夹。

(4)整理"我的文档",右击空白处,选择"新建"→"新建文件夹"命令,新建"文本文档""压缩包""Word 文档"和"PPT 文档"等文件夹,再分别将相应文件移至其中。

(5)新建桌面快捷方式,打开"迅雷下载"文件夹所在分区,右击"迅雷下载"文件夹,选择"发送到"→"桌面快捷方式"命令,为"迅雷下载"文件夹新建桌面快捷方式。

(6)清理桌面,新建一个文件夹,将其命名为"非常用图标",将桌面不常用的快捷方式拖入其中,或直接将它们删除。

4.1.5.2 网络资源管理

随着"三通两平台"的全面实施和开通,一线教师获取各类优质资源越来越容易。当下,各级教育主管部门正通过各种活动(如"一师一优课")来充分提高网络空间和资源平台的利用率,所以有效利用中央和省两级教育资源网空间是每一位教师的责任和义务。另外,本地资源(包括教学资源和个人资料)日益庞大,而网络又无处不在,所以拥有自己的云空间将会给工作带来许多便利。

如今随着"三通"工程的全面普及,网络已无处不在,拥有自己的云空间后,可以更方便、有效地存取文件。如今云空间、云盘非常多,如360云盘、金山快盘等;本节将借助前面已注册的百度账号介绍百度网盘的使用和管理。

(1)登录百度网盘,在浏览器地址栏中输入"https://pan.baidu.com/",按回车键进入百度网盘首页,并用前面已注册的百度账号登录。

(2)在网盘中新建文件夹(图4-11)。

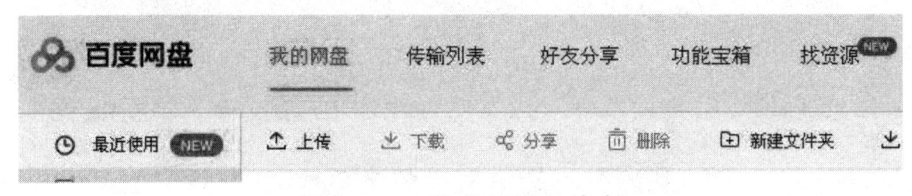

图4-11 云盘新建文件夹

(3)新建其他文件夹,仿照前面的步骤,新建其他常用文件夹,效果如图4-12所示。

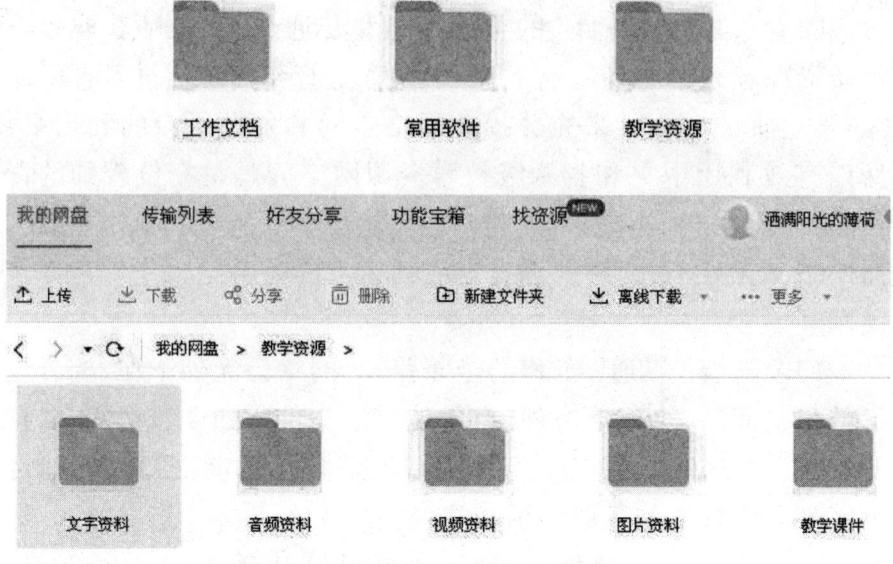

图 4-12　云盘文件夹效果

（4）上传文件，单击图 4-13 所示的"上传"，完成课件资源的上传。

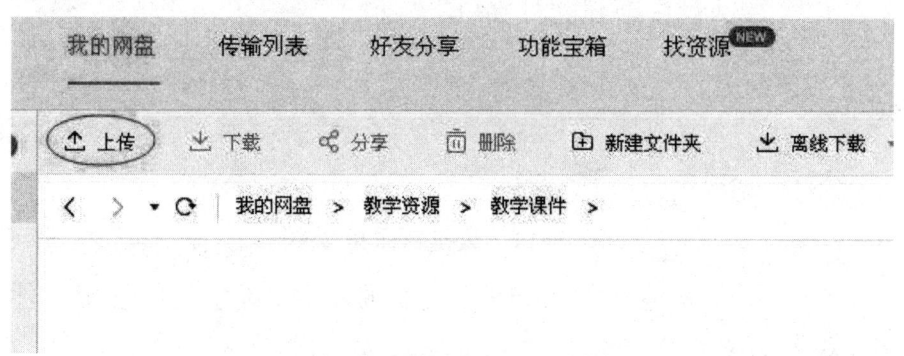

图 4-13　上传文件

（5）下载文件，进入网盘，依次单击文件夹，单击图 4-14 所示的"下载"，完成课件资源的下载。

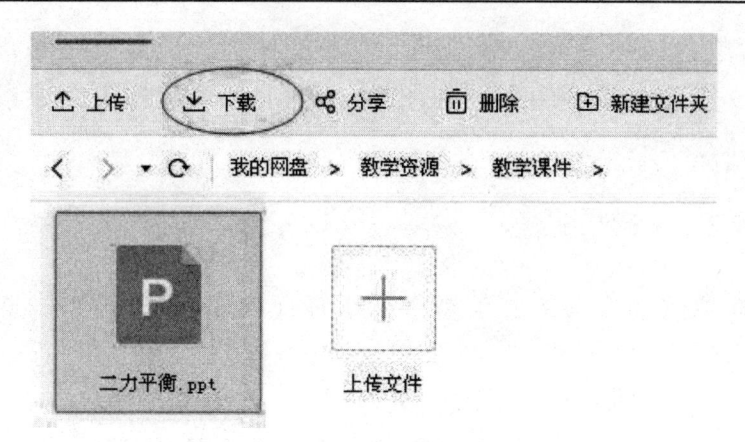

图 4-14 下载文件

4.2 多媒体教学素材加工

我们搜集到的文字、图形图像、声音、视频动画等多种原始素材，很多都不能直接在课件中使用，还要根据教学特点对这些素材进行编辑加工，使其适合教学要求，从而在教学中可以取得更好的教学效果。

4.2.1 加工文字素材

文字素材需要经过编辑和排版，才能处理成多媒体作品中需要的文字形式。文字素材处理的方式主要有：

（1）利用文字处理软件 Word、WPS 等，对文字进行编辑、排版等处理。

（2）利用多媒体制作软件 PowerPiont、Flash 等，对文字进行效果动画、艺术特效等处理。

4.2.2 加工图片素材

图形和图像是认识现实世界的重要信息形式，其表现形式生动、形象、直观,具有文本和声音所不能比拟的优点。在多媒体课件中一般要大量使用图形和图像,恰当的处理与加工图像素材是多媒体教学的基础。

4.2.2.1 调整图像

获取的图像与实际的教学需求往往存在一些差异,因此需要对获取的图像进行一些调整和变换,一般涉及大小的调整,色彩的调整,图像的旋转、变形、翻转等。

如果使用的图像非常大,或文件格式采用得不当,会使制作的课件存储空间变大,而且课件运行的速度也会相应地变慢。这时就需要将图像大小或格式做适当的调整后再使用。本节介绍修改图片大小的操作。

改变图像大小有 3 种方法:一是改变图像的尺寸;二是改变图像的存储格式;三是改变图像的画质。这样可以减少义件所占的磁盘空间,从而加快课件的运行速度。本例通过修改图像尺寸改变图像大小。

(1)运行软件,下载并安装"美图秀秀"软件,运行软件。

(2)打开图片,单击右上角的"打开"按钮,弹出"打开一张图片"对话框,打开素材图片。

(3)调整尺寸,单击右上角的"尺寸"按钮,弹出"尺寸"对话框,勾选"锁定长宽比例",调整宽度,单击"应用",完成调整图片大小的操作(图 4-15)。

(4)保存与分享,单击右上角的"保存与分享"按钮,弹出"保存与分享"对话框,按图 4-16 所示,完成图像保存操作。

4.2.2.2 修复图像

有些图片存在一些瑕疵,如图片中有污点、红眼或者有多余的部分,可以使用修复工具处理掉这些图片中的瑕疵。

图像修复方法较多,Photoshop cs6 提供了多种修复图像的工具。

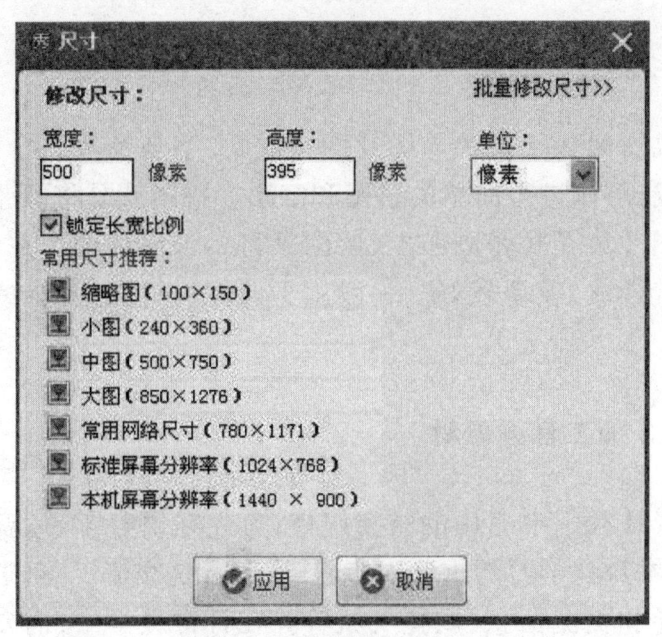

第4章 师范生信息化的教育教学能力

图4-15 调整图片大小

图4-16 保存文件

·147·

4.2.2.3 合成图像

合成图像包括图片与图片的合成、文字与图片的合成、图片间的合成，可以进行简单的拼图和溶图。拼图就是将两张或两张以上的图片放在一张画布上，溶图是将多张图片融合在一起，并且是无缝合成，效果较好。一般用于课件的封面、背景或制作海报等。

4.2.3 加工音频素材

声音是教学中应用的重要媒体，首先在语言学习、音乐学习中，声音本身是学习的重要内容，其次声音是交流工具，通过音频可以传递和交流信息、烘托气氛等。在日常教学中，需要对声音素材进行处理、编辑等操作，这些操作都需要一定的技术支持。

能对声音素材进行编辑和处理的软件很多，这些软件涵盖了数字音频处理的核心技术，能进行音频信号的录入、编辑、添加效果、格式转换等处理。常见的声音编辑软件有 Adobe Audition、Gold Wave、Windows 系统附件中的录音机等。以下简单介绍几种常见的音频处理软件。

（1）Adobe Audition。

Adobe Audition 是集录音、混音、编辑和控制于一体的音频处理工具软件，它的前身是美国 Syntrillium Software Corporation 公司的音频处理软件 Cool Edit。Adobe Audition 功能强大，控制灵活，可以轻松地创建音乐、制作广播短片、修复音频缺陷。它能记录来自 CD、线路输入、传声器等的声源，可以对声音进行降噪、扩音、编辑等处理，还可以加入淡入淡出、3D 回响等特效，支持在 AIF、AU、MP3、RAW、VOC、WAV 等文件格式间进行转换。Adobe Audition 的工作界面如图 4-17 所示。

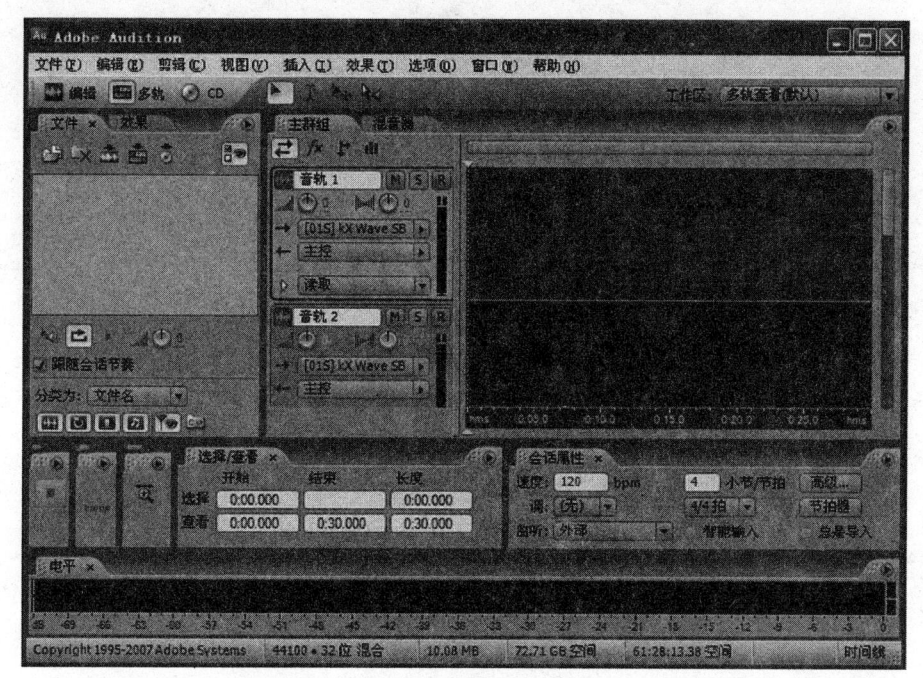

图 4-17　Adobe Audition 的工作界面

（2）Gold Wave。

Gold Wave 是一个集声音编辑、播放、录制和转换于一体的音频软件，它体积小，功能实用，支持 WAV、OGG、VOC、IFF、AFC、AU、MP3、AIF、APE、AVI、MOV、SDS 等多种音频文件格式，也支持从 CD、VCD、DVD 或其他视频文件中提取的声音文件格式。它内含丰富的音频处理特效，从一般特效如回声、混响、降噪、多普勒到高级的公式计算等多种效果。Gold Wave 不需要安装，只需将压缩包里的几个文件释放到硬盘下的任意目录里，直接点击 GoldWave.exe 就开始运行了，使用起来也很方便。

下面以 Windows 下的"录音机"录音和编辑处理声音为例。

①准备好要录制的声音材料，将麦克风插到声卡上的 Mic In 接口上。

②启动 Windows 录音程序。单击"开始"→"程序"→"附件"→"娱乐"→"录音机"命令，打开录音机程序窗口。

③设置录音属性。单击"编辑"→"音频属性"命令，打开音

频属性设置对话框,如图 4-18 所示,单击"确定"。

图 4-18　"声音属性"对话框

"声音播放"的"默认设备"选型中一般就是选择安装的声卡设备。

④单击红色的"录音"按钮开始录音,如图 4-19 所示。

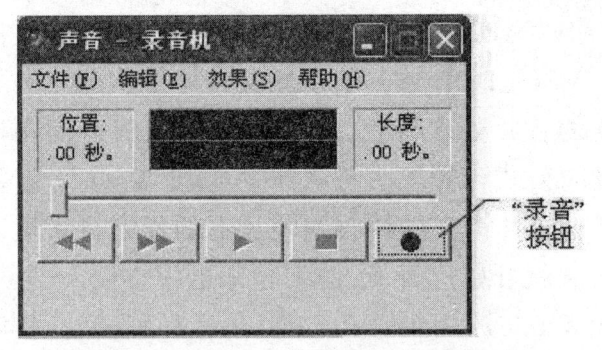

图 4-19　Windows 附件中的录音机

⑤当录制结束后单击"停止"按钮,如图 4-20 所示。之后就可以单击"播放"按钮试听刚刚录制的声音,如图 4-21 所示。

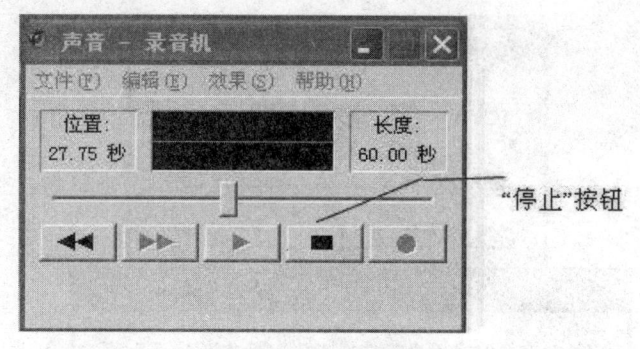

第4章 师范生信息化的教育教学能力

图4-20 结束录音

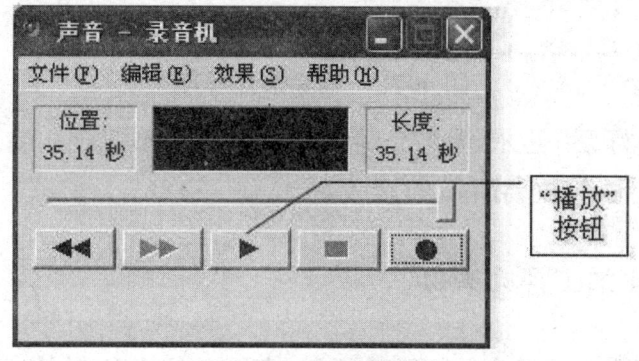

图4-21 播放录音

⑥选择"文件"→"保存"命令,在出现的"另存为"对话框中选择相应的选项对文件进行保存,则一段录音就制作好了。

⑦对刚录制好的声音文件可进行简单的编辑修改,如删除部分声音、添加回音、加大或降低音量、加速或减速、与文件混音等,可利用"效果"菜单或"编辑"菜单进行操作。删除部分声音的操作步骤如下:

· 在"声音-录音机"窗口下,单击"文件"→"打开"命令,打开准备编辑的声音文件。

· 用"播放"键和"停止"键或拖动滚动条上的滑块来定位想要删除声音文件的位置。

· 单击"编辑"→"删除当前位置之前的内容"命令(或视需要选择"删除当前位置之后的内容"命令),在随后出现的对话框中确认是否删除,如图4-22所示。

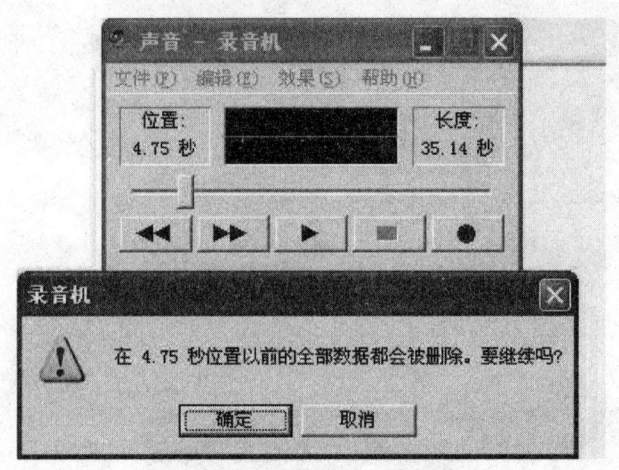

图 4-22　删除部分声音

设置好后,进行播放。若对所做修改不满意,可选择"文件"→"还原",放弃所做的修改。

4.2.4 加工视频素材

视频是由连续的画面组成的,其特点是表达形式直观有效、情境感强,在语言、文字、图片等媒介无法表达时,往往可以选择以视频的方式来表达。视频加工软件有很多,如 EV 录屏、会声会影、Premiere 等,本例将介绍如何利用 EV 录屏、EV 剪辑、EV 加密等软件加工视频素材。

4.2.4.1 录制视频

EV 录屏是一款集本地视频录制和在线视频直播推流等多项功能的多媒体软件。该软件非常实用,可以轻松地进行录制电脑屏幕。

本节将介绍如何在"EV 录屏"软件中录制 PPT。

(1)下载、安装并运行"EV 录屏"软件。

(2)单击右上角的"设置",再单击"鼠标设置",出现录制鼠标前方框中有勾,点击去掉勾,如图 4-23 所示。

第4章 师范生信息化的教育教学能力

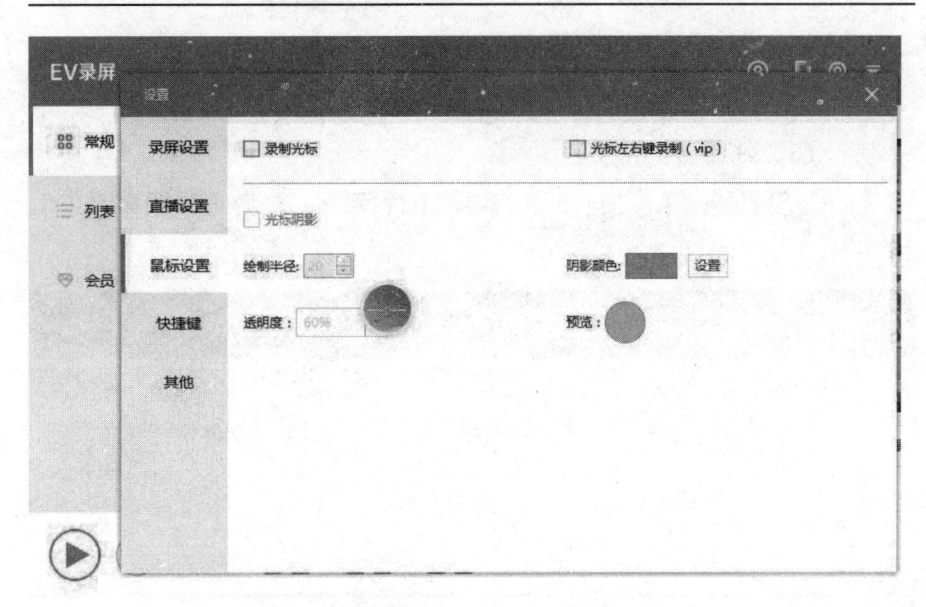

图4-23 鼠标设置

（3）保存路径可以修改，一定要指定保存到某个文件夹下（点击"更改目录"，选择后再点击"打开文件夹"）保存文件名可在录制后修改，如图4-24所示。

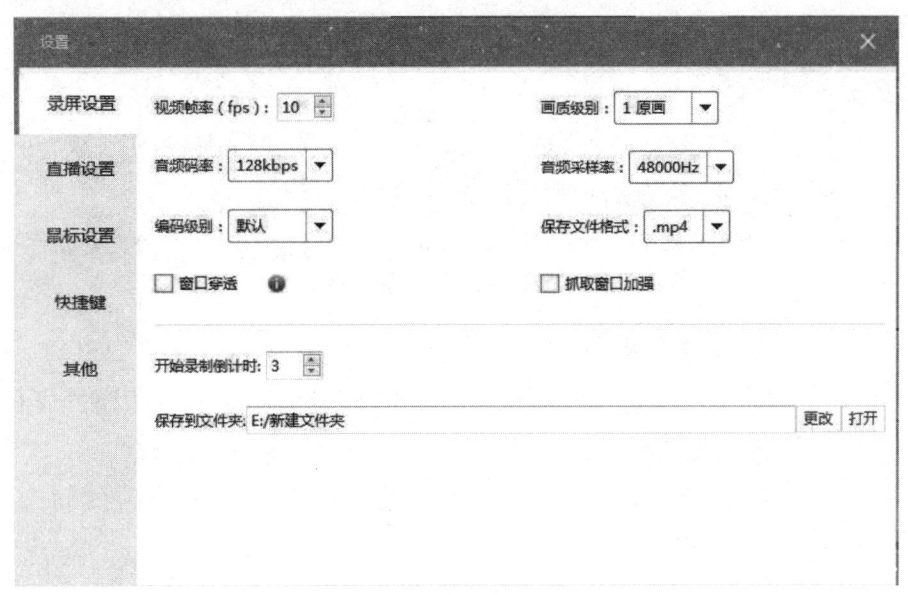

图4-24 保存路径设置

（4）打开 PPT，首页须有题目、学校、教师，可加入教材版本。

（5）播放 PPT（首页），使用快捷键"Ctrl+F1"3 秒钟后开始录制，"Ctrl+F2"停止录制。

（6）更改视频名，自动为年月日时间，可改为"课题名称（学校＋姓名）"，如图 4-25 所示。

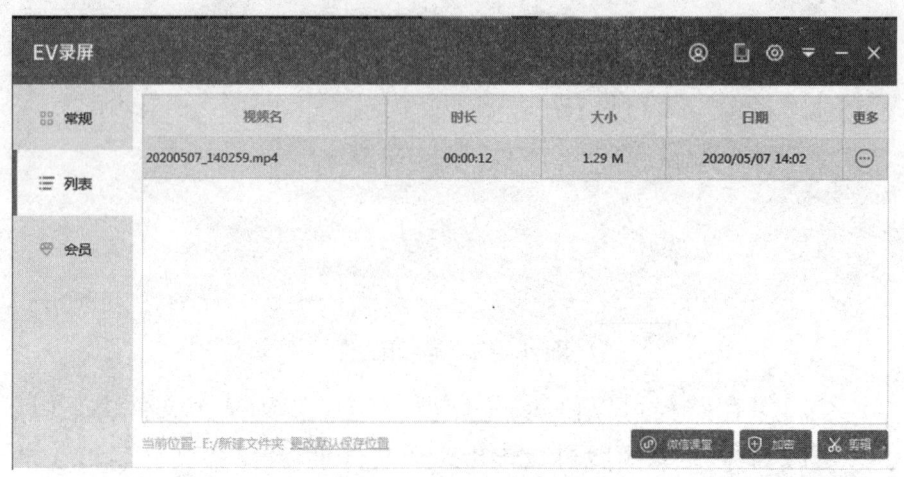

图 4-25　更改视频名

4.2.4.2 剪辑视频

根据教学的需要，获取的视频往往需要进行内容的删减，可以利用"EV 剪辑"软件对素材进行剪辑。

EV 剪辑操作简易上手，支持全格式精准剪辑，实现水印添加、配音、字幕、多轨道剪辑等多种功能。

（1）运行"EV 剪辑"软件。

（2）点击"添加"，对视频、音乐和图片的添加，在弹出的窗口里进行选择，如图 4-26 所示。

（3）将添加进去的视频、音乐和图片拖动到下面对应的轨道上，如图 4-27 所示。

第 4 章　师范生信息化的教育教学能力

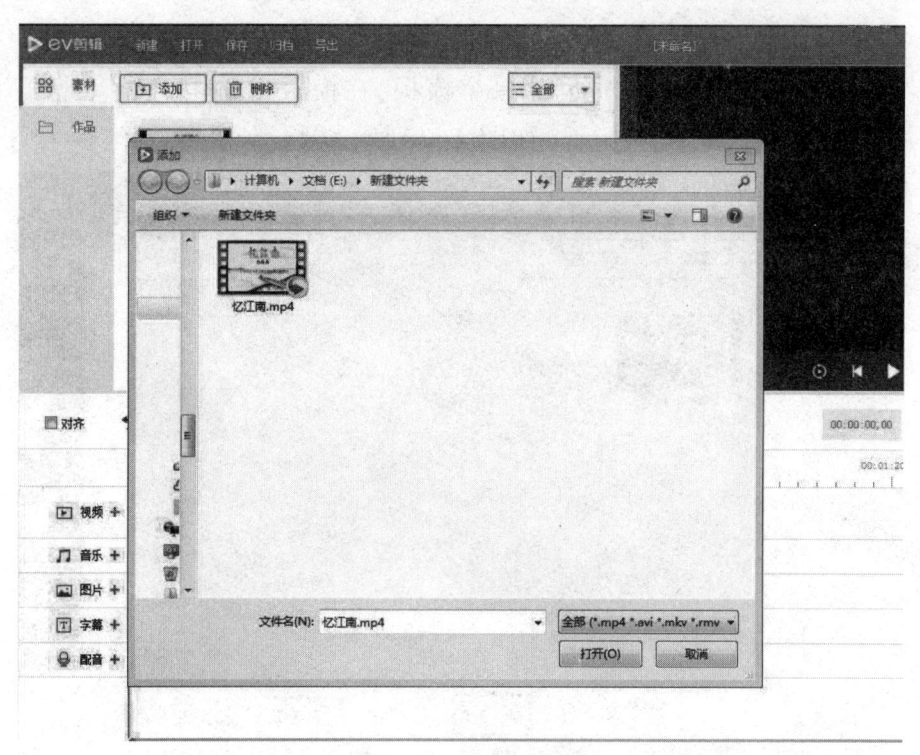

图 4-26　添加视频

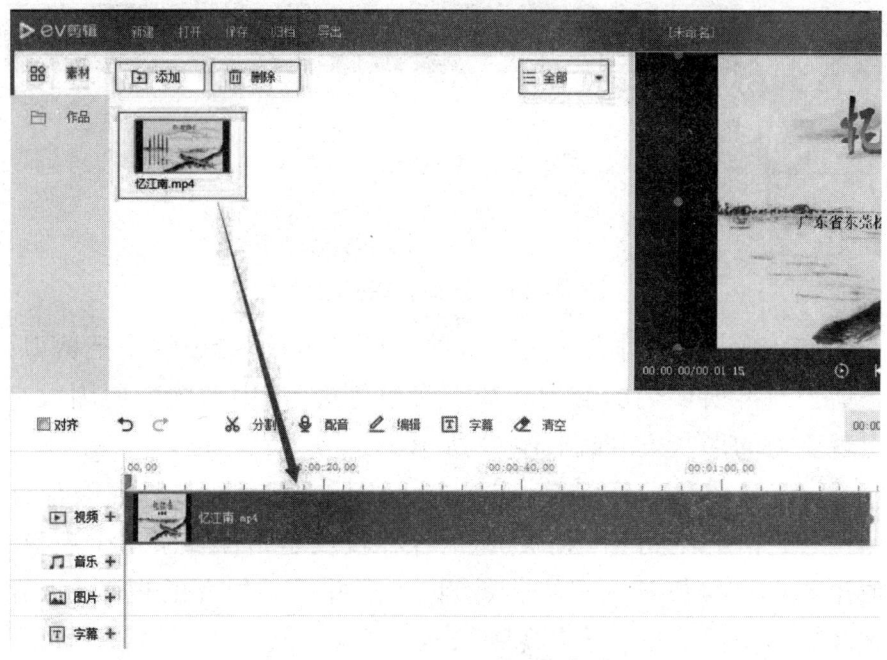

图 4-27　将视频拖动到轨道上

（4）添加字幕和配音是直接在轨道上方的"字幕"和"配音"进行点击选择。字幕先创建一个模板，在模板里编辑。配音是可以直接点击"配音"进行。如图4-28所示。

图4-28　添加字幕和配音

（5）"分割"是对素材进行裁剪，点击"分割"会出现一把剪刀，把剪刀对准所要裁剪的视频或者音乐等进行(因截图的原因没有出现剪刀的形状)。如图4-29所示。

（6）对视频进行保存，点击左上方的"保存"，选择需要保存的位置，如图4-30所示。这里的保存仅仅是指保存了这个项目，便于下次直接打开项目进行编辑，注意并不是保存的视频！保存视频的话需要点击"导出视频"！

图 4-29　对素材进行裁剪

（7）对编辑加工的视频进行导出，点击"导出视频"。可以在弹出的窗口里进行一些导出参数的设置，如图 4-31 所示。

4.2.4.3 视频转换

利用 EV 录屏可以将高清转码转换为视频格式，其具体操作方法如下。

（1）打开 EV 录屏→菜单界面→找到"会员专区"→打开"高清转码"，如图 4-32 所示。

图 4-30 保存视频

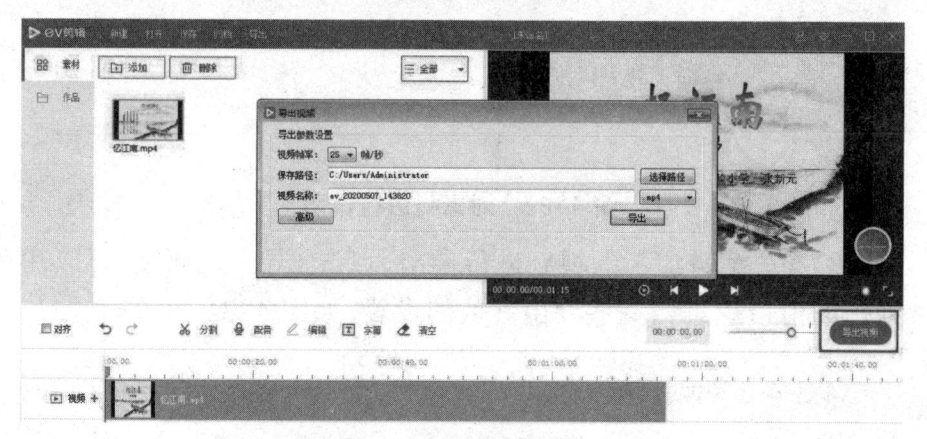

图 4-31 导出视频

第4章 师范生信息化的教育教学能力

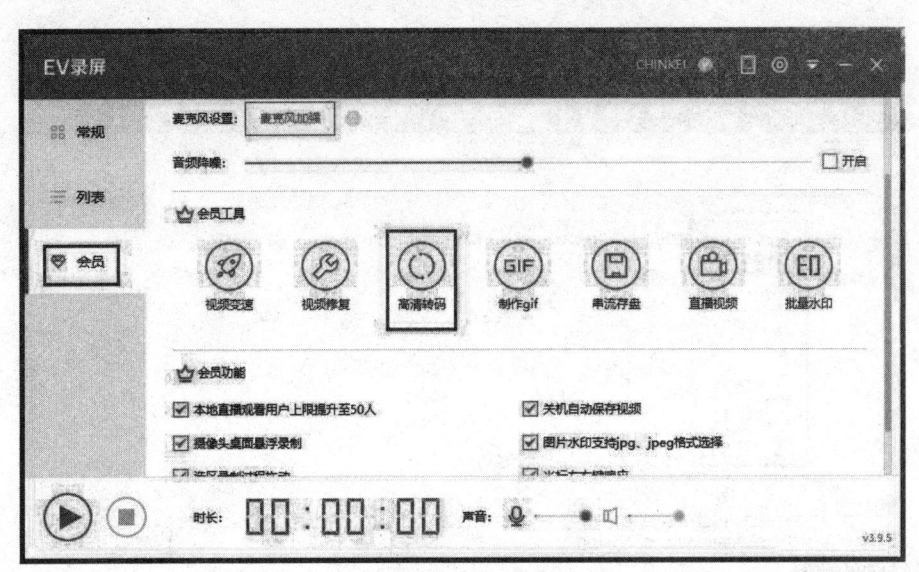

图 4-32 高清转码

（2）在弹出的"格式转换"界面，开始"添加"需要转换格式的视频，如图 4-33 所示。

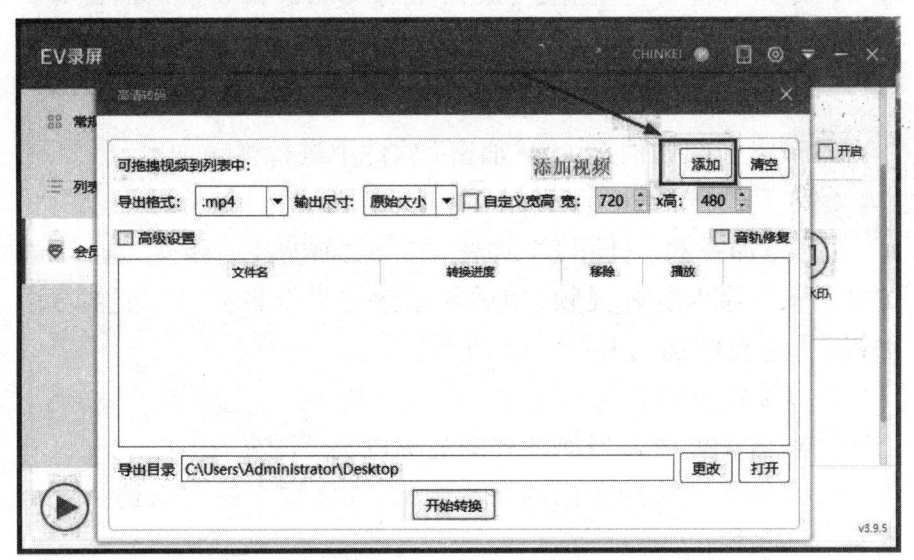

图 4-33 添加视频

（3）选择需要转换格式的视频（按住 Ctrl 键可以一次选择多个视频）。

（4）添加完视频后→选择"导出格式"→选择"导出目录"→

选择"开始转换",如图 4-34 所示。

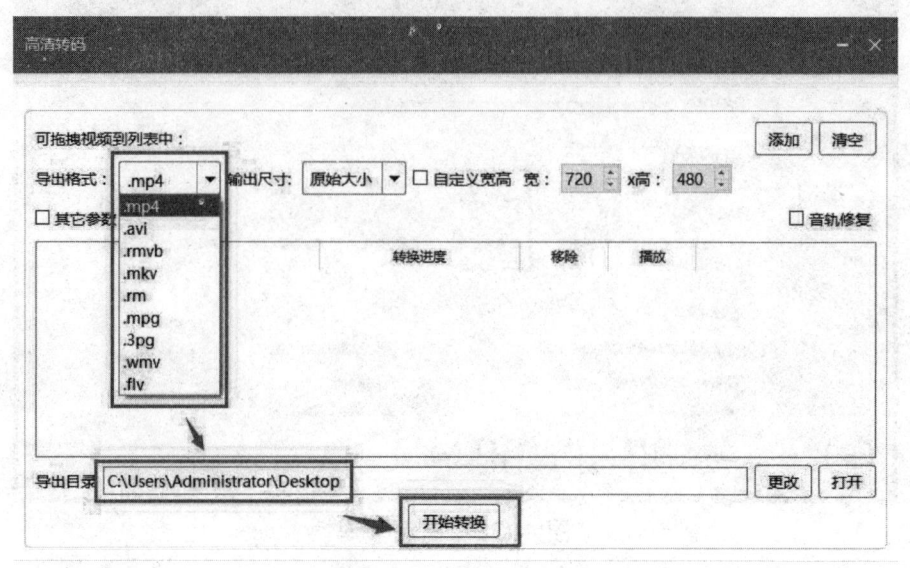

图 4-34 转换视频

(5)导出完成→在指定的导出目录即可看到转换后的视频。

4.2.4.4 视频加密

本节将介绍如何在"EV 加密"软件中进行视频加密。

(1)下载、安装并运行"EV 加密"软件,并注册账号。

(2)添加视频。打开 EV 加密,登录之前的注册账号,选择"添加文件夹"导入所有视频,稍后新录制的单个视频可以选择"添加视频"进行添加,如图 4-35 所示。

(3)设置参数。

①点击 1 处输入当前课程的名称以及课程备注。

②点击 2 处选择正确的课程名,要加密哪个课程就选择哪个名称,慎重选择。

③点击 3 处选择生成的加密视频放在个人电脑的哪个位置,加密视频不会覆盖原始视频。如图 4-36 所示。

第4章 师范生信息化的教育教学能力

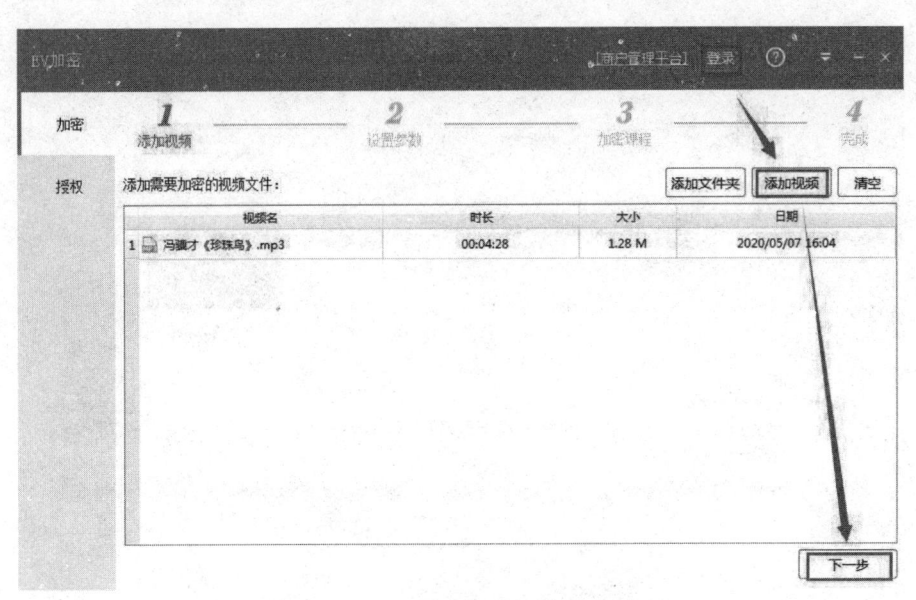

图 4-35 添加需要加密的视频

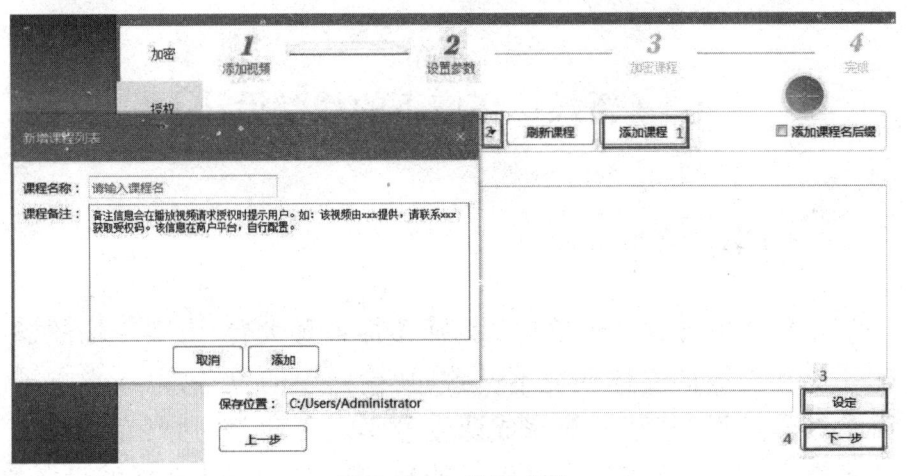

图 4-36 设置参数

（4）开始加密。设置好，点击开始加密即完成了视频加密步骤，在电脑上找到上图的 3 处设定好的位置，就能拿到加密视频。如图 4-37 所示。

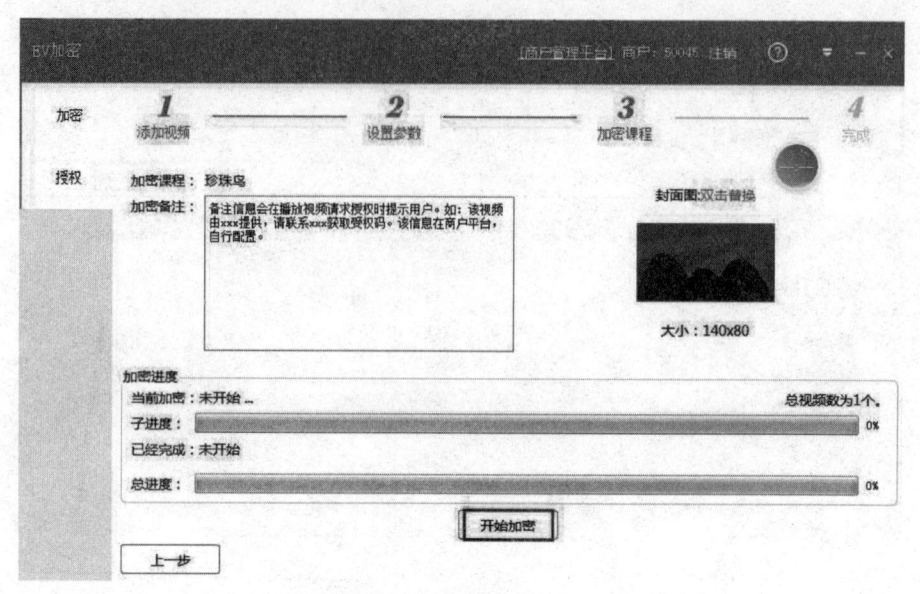

图 4-37　视频加密

4.3　新媒体环境下的教学设计

4.3.1　教学环境分析

经常会出现这样的情况：教师参加各种大赛，大赛现场的媒体环境和班级的媒体环境不一致，缺少必要的设备，以致影响了课堂教学效果，甚至不能完成课堂教学。因此，教师要完成一节课堂教学，首先要清楚将要面对的教学环境中有什么样的设备，每种设备有什么功能，在课堂教学中需要使用哪些媒体。

教学环境离不开教学媒体，教学媒体是指承载、加工和传递信息的介质或工具。教学媒体有非投影视觉媒体（教科书、挂图、印刷材料、实物教具和模型），有投影视觉媒体（幻灯、投影），有听觉媒体、视听觉媒体（电影、电视、录像），有综合媒体（计算机网络、PPT 课件、电子白板）等。不同的教学媒体都有各自的优缺点，选择教学媒体要根据学校现有的资源，根据教学目标、教学内容、教学对象或教学策略来选择,要体现教学媒体为教学服务的思想。

因此,在准备一节新课时,首先要了解学校现有的环境和资源,根据学校现有的环境和资源确定使用哪种教学媒体效果更好,要用新的眼光选择教学媒体,把握教学媒体演示的最佳时机,使它真正为教学服务,提高教育教学质量,提高课堂效率。

4.3.2 学习者需要分析

学习者是学习活动的主体,教师在教学设计的过程中,应该关注学生的情况,每一个学生的文化环境、家庭背景、自身思维方式都不同,他们对学习的需要也不同。这既反映教师教学设计的基本出发点,也体现了教师是否切实将以学生发展为本的教学理念落到实处。所以,学习者需要分析是教学设计的前提和关键。学习需要分析的目的就是发现教学中存在的和需要解决的问题,并在此基础上形成总的教学目标,为分析学习内容、编写学习目标、制定教学策略、选择和运用教学媒体及进行教学评价等各项教学设计的工作提供真实的依据。因此,学习者需要分析是教学设计的一个非常重要的开端。

4.3.3 学习者特征分析

教学设计的目的是为了有效促进学习者的学习,而学习者是学习活动的主体,学习者具有的认知的、情感的、社会的特征都将对学习的信息加工过程产生影响。因此,教学系统设计是否与学习者的特征相匹配,是决定教学设计成功与否的关键因素。

学习者主要特征分析可以从以下三个方面进行:

(1)起点水平分析:了解学习者原有的知识基础及其在进入新内容学习以前所掌握的和学习目标有关的技能。

(2)认知结构分析:了解学习者现有知识的数量、清晰度和组织结构是怎样的。

（3）学习风格分析：学习风格由学习者特有的认知、情感和生理行为构成，反映了学习者如何感知信息，如何与学习环境相互作用并对之做出反应的相对稳定的学习方式。

4.3.4 教学内容分析

教学内容是解决"教什么、学什么"的问题。所以，首先要分析教材的编写特点，领会编者的意图。其次，要把握教学内容在本学段整个教学体系中的地位和作用及与之相关联的知识点。再次，应分析本课的知识点及教学中的重点和难点，并通过合适的内容有效地突出重点、突破难点。

例如，《角的度量》是义务教育课程标准实验教科书四年级上册第二单元的第二课时，是小学数学空间与图形测量中的学习内容。本课的知识点：认识测量工具、量角器、角的度量单位、角的度量方法。而角的度量又是测量教学中难度较大的一个知识点，它是在学生初步认识了角，明确了角的概念，知道角有大小之分的基础上展开教学的。同时，这节课的学习是学生下节课学习画精确的角的基础，也是学生进行角的分类以及四年级下册学习三角形内角和是180°的基础。

4.3.5 教学目标编写

按照系统论的观点，教学目标是一个系统，它由教学目的决定，包括课程目标、单元目标和课时目标三个层次。通过逐层具体化，这个教学目标系统构成一个上下贯通、有机联系的完整体系。在设计教学目标时，必须牢牢把握住教学总目标和学科教学目标，还要以单元目标和课后练习为依据，保证教学目标的整体性。可以从课程标准、知识与能力、过程与方法、情感态度与价值观四个方面进行编写。

以《角的度量》这一课为例:

课程标准:

属于第二学段空间与图形部分,学生将了解一些简单几何体和平面图形的基本特征,进一步学习图形变换和确定物体位置的方法,发展空间观念。本课属于测量部分,目标要求是会用量角器量指定角的度数,会画指定度数的角。

知识与能力:

(1)使学生在观察、交流的基础上,认识量角器的结构与功能,通过自己的探索、实践,总结出用量角器量角的方法,初步学会用量角器量角。

(2)认识角的计量单位,建立1°角的表象;能通过量角,建立角的大小的量化观念,感受角的大小与所画边的长短无关。

(3)感受量角的意义,进一步形成度量意识。

过程与方法:

通过动手操作、自主探究、合作交流培养学生自学能力、观察能力、实践能力。

情感态度与价值观:

在学习过程中,通过实践活动,使学生获得成功的经验,建立自信心,激发学生学习数学的兴趣,使学生想学、会学、乐学。

4.3.6 教学资源的查找与整理

在新媒体教学环境下,教学资源的获取是决定教学设计的重要环节,优秀的媒体资源的合理使用是提高课堂教学效率的重要途径。随着新课改的深入,现代教育技术的完善,实物投影仪、交互式电子白板、网络都已经进入我们的课堂当中,对教师提出了更高的要求,如何利用先进的教育手段融合先进的教育硬件内化为我们课堂中的教育软件,有效地提高课堂教学效果,对教师教学能力再次提出了更高的要求。在使用多媒体技术进行教学的过程中,教学资源起着非常重要的作用。对教学资源的查找与整理成为教师实现课堂教学设计、建设高效课堂的基础。

首先,要对课本教材的资源进行充分利用和开发,结合学生的知识基础、生活实际去加工、整理,就能让教材更好地为教学服务。其次,从多渠道去收集教学资源。上网查找资料,收集网络资源,是查找资料的主要途径。一些书籍杂志和辅助教材的工具书对备课、上课也起着举足轻重的作用。此外,还可以利用手机,把生活中的事物、事件,以图片和视频的方式保存下来,加以编辑、剪接等方式进行加工、整理,然后积累下来,以便使用。第三,分享同事之间的教学资源进行积累,学会分享资源是获取资源的重要途径。

4.3.7 教学媒体的选择

教学媒体是指在传播知识、技能和情感的过程中,储存和传递教学信息的载体和工具。传统的教学媒体包括实物、模型、板书、纸质材料等,现代教学媒体包括实物投影、多媒体计算机、网络等。有了对教学环境、学习者需要、学习者特征、教学内容分析的基础,通过明晰教学目标及教学资源的准备,合理有效地选择媒体,对实施教学设计、高效完成课堂教学有着非常重要的作用。那么,应该怎样合理地选择教学媒体呢?

(1)根据教学媒体对于促进完成教学目的或教学目标所具有的特性和教学功能,来选择和利用媒体,这是选择教学媒体的基本原则。

(2)不同年龄阶段的学习者对事物的接受能力不一样,选用教学媒体时必须顾及他们的年龄和心理特征及知识背景。另外,在两种效果接近的媒体中进行选择时,也可适当考虑学生的习惯和爱好。

(3)不同学科的教学内容、性质不同,对教学媒体会提出不同的要求。如在语文、思想品德、历史等学科的教学中,可以借助于录像等视听媒体向学习者提供一定的情境,如图片、风光片、故事片等视听媒体,使学习者有亲临其境的感受,以加深他们对课文的理解和体会。在数学、科学、物理、化学等学科教学中,可提供实物模型、图表、动画等媒体。

(4)媒体的选择应考虑教师对媒体的利用能力及学习者对媒体的利用能力。在班级授课的情况下,要考虑在媒体利用时学习者的参与程度,该媒体是否适宜于学生的操作,是否适宜于和学生的交互作用。

4.3.8 教学策略及方法的制定与选择

教学策略是对教学方法的本质认识,是对教学方法本质内容的抽象概括。教学策略的制定与选择主要根据教学目标的要求、教学内容的特点、教师自身特点、学生的年龄特征及知识基础四个方面的因素,综合考虑媒体环境、教学资源等各种因素。科学合理的教学方法能使教学效果事半功倍,达到教与学的和谐统一。

(1)产生式教学策略。

这种教学策略是让学生自己产生教学目标,学生自己对教学内容进行组织,安排学习顺序,鼓励学生自己从教学中建构具有个人特有风格的学习。也就是说,学生自己安排和控制学习活动,在学习过程中处于主动处理教学信息的地位。

(2)替代式教学策略。

这种教学策略在传统教学中比较常用。它更多地倾向于给学生提出教学目标,组织、提炼教学内容,安排教学顺序,指导学生学习,主要是替学生处理教学信息。

两种策略之间的关系不存在谁更科学、更可取,而是应注重如何在教师控制与学生控制的两极之间,选择一个恰当的控制点,即把两种策略结合起来使用,取长补短,从而用最恰当的教学策略实现教学目标。在决定教学策略和选择策略控制点时,要根据面临的教学实际情况而定。应考虑具体的教学目标、教学内容、教学对象、教学条件及环境等因素,根据问题想办法,根据问题想策略。

4.3.9 教学评价的设计

教学评价是依据教学目标对教学过程及结果进行价值判断并为教学决策服务的活动。教学评价是研究教师的教和学生的学的价值的过程。教学评价一般包括对教学过程中教师、学生、教学内容、教学方法、教学环境、教学管理诸因素的评价,但主要是对学生学习效果的评价和对教师教学过程的评价。教学评价的两个核心环节:对教师教学工作(教学设计、组织、实施等)的评价,即教师教学评估(课堂、课外);对学生学习效果的评价,即考试与测验。评价的方法主要有量化评价和质性评价。

4.3.10 修改教学设计

教学设计是教师教学的依据,是待实现的课堂教学。如同导演要拍好戏需要一个好的剧本一样,教师要上好课也必须有一个好的教学设计,并且不断修改完善。特别是在一次次教学实践之后的修改完善,是提高教学设计水平的重要途径。具体说来,主要从五个方面着手进行修改:

一是纠正错误。小到一个字、一个标点,大到教学内容及理念,都应做到准确无误,否则误导学生。

二是补充缺失。对于教学内容的遗漏缺失,要给予查找补足,知识的疑点、难点和重点更应完整全面,设计到位。

三是删除冗余。对于与课堂教学内容关系不大,没有必要讲解的内容删繁就简,适应学生的学习节奏。

四是进行试讲。和多位老师共同查找不足,每个人的角度不同,共同研讨寻找最佳教学方法。

五是改进不当。对于教学设计中出现的低效的教学方法及时改进。和不同老师交流后,如有高效方法,也应及时优化。

4.4 使用学科软件辅助教学

学科工具软件是一类特殊的计算机软件,专门为解决某学科专业领域的某些问题而开发设计的,在教学、教研、课件制作等方面发挥着重要的作用。常见的学科软件有使用问卷星辅助评价教学以及思维导图辅助等。

4.4.1 使用问卷星做教学评价

传统的教学评价方式和内容单一,评价主体范围狭窄,而且受众面仅限于单个集体,问卷星的使用能解决传统的评价弊端,它以网页等形式呈现,被调查者不分地域,只要打开问卷网页的网址进行填写和提交,计算机就能即刻作出直观(如柱形图、饼状图)的数据分析。在日常教学评价中,常应用于学生的作业评价、教师的课堂教学评价,如学生电子作品的展示评价、教师优质课的教学效果评价。

4.4.1.1 制作问卷

问卷星的使用流程分为下面几个步骤:①在线设计问卷;②发布问卷并设置属性;③发送问卷;④查看调查结果;⑤下载调查数据。下面就以信息技术课堂教学问卷调查表的设计为例,讲述问卷调查表的使用。

使用"问卷星"制作问卷调查表主要有两种方法:一是自助创建,即从空白问卷表开始创建;二是使用问卷模板按照向导一步一步创建。较常用的是第一种方法。

(1)打开界面:在浏览器中输入 https://www.wjx.cn/,进入问卷星网站首页。

(2)在线注册:单击"注册"按钮后,填写基本信息,创建新用户。

（3）自助创建：创建用户后，按图4-38所示的操作，选择"调查"，自助创建问卷。

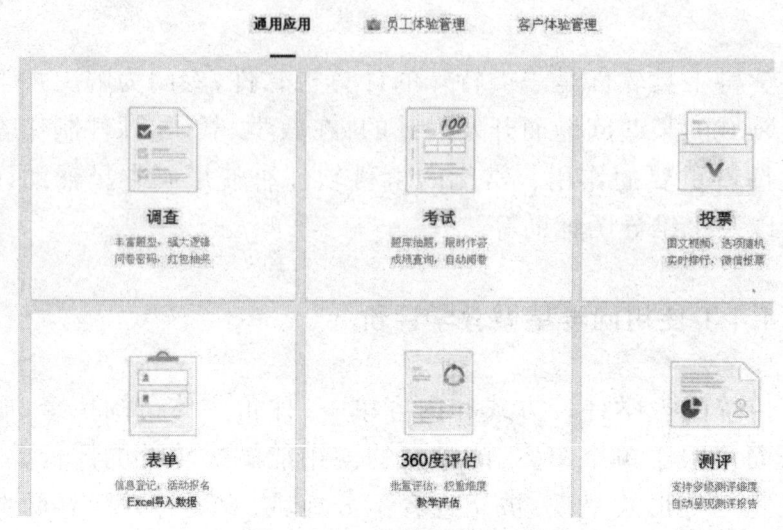

图4-38　自助创建问卷

（4）输入标题：选择"创建空白问卷"选项后，按图4-39所示的操作，输入问卷名称。

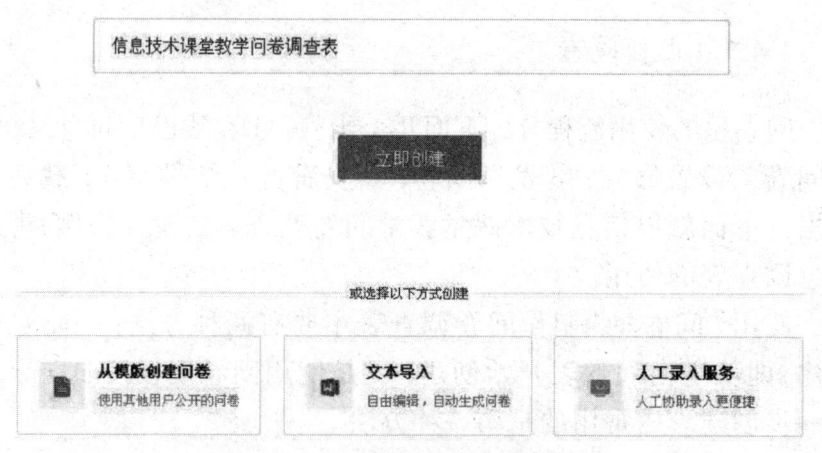

图4-39　输入问卷名称

（5）确定选项：进入编辑界面后，按图4-40所示的操作，选择创建题型。

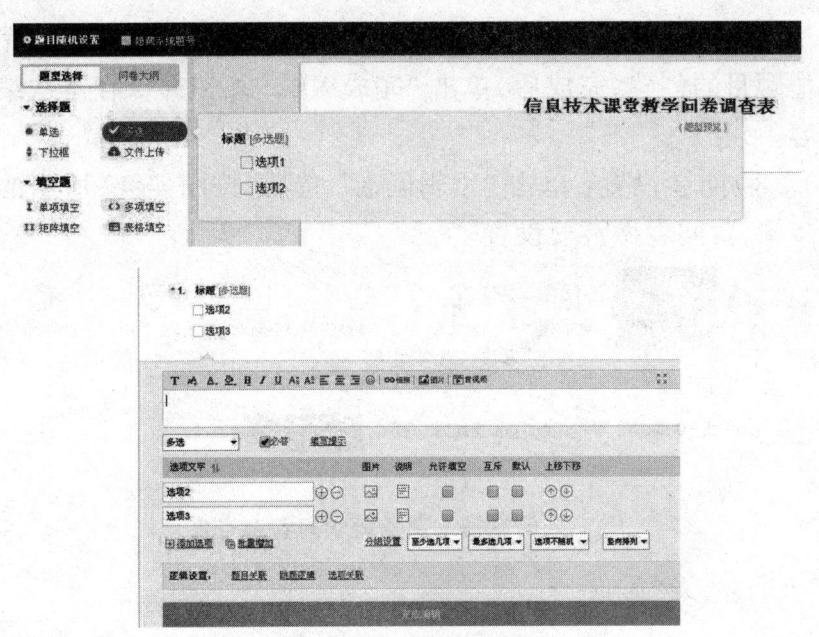

第 4 章　师范生信息化的教育教学能力

图 4-40　选择题型

（6）创建问题：选择创建空白问卷后，按图 4-41 所示的操作，输入问卷问题。

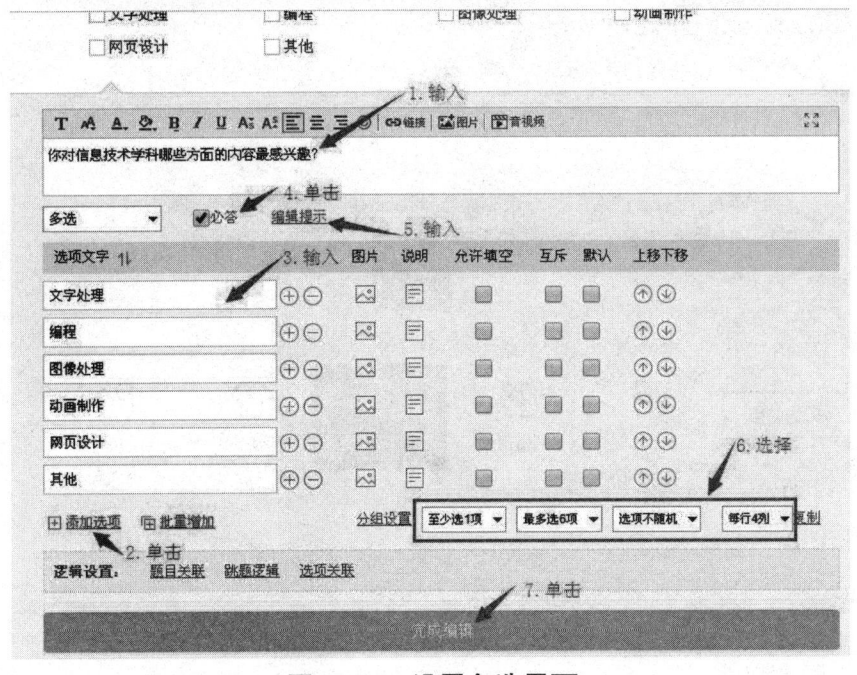

图 4-41　设置多选界面

（7）完成创建：按照步骤（5）和步骤（6）的操作方法，完成其他题目的创建，完成后，单击"完成编辑"按钮并保存本次编辑内容。

（8）问卷设置：单击"编辑问卷"选项，按图4-42所示的操作步骤，对问卷做常规设置。

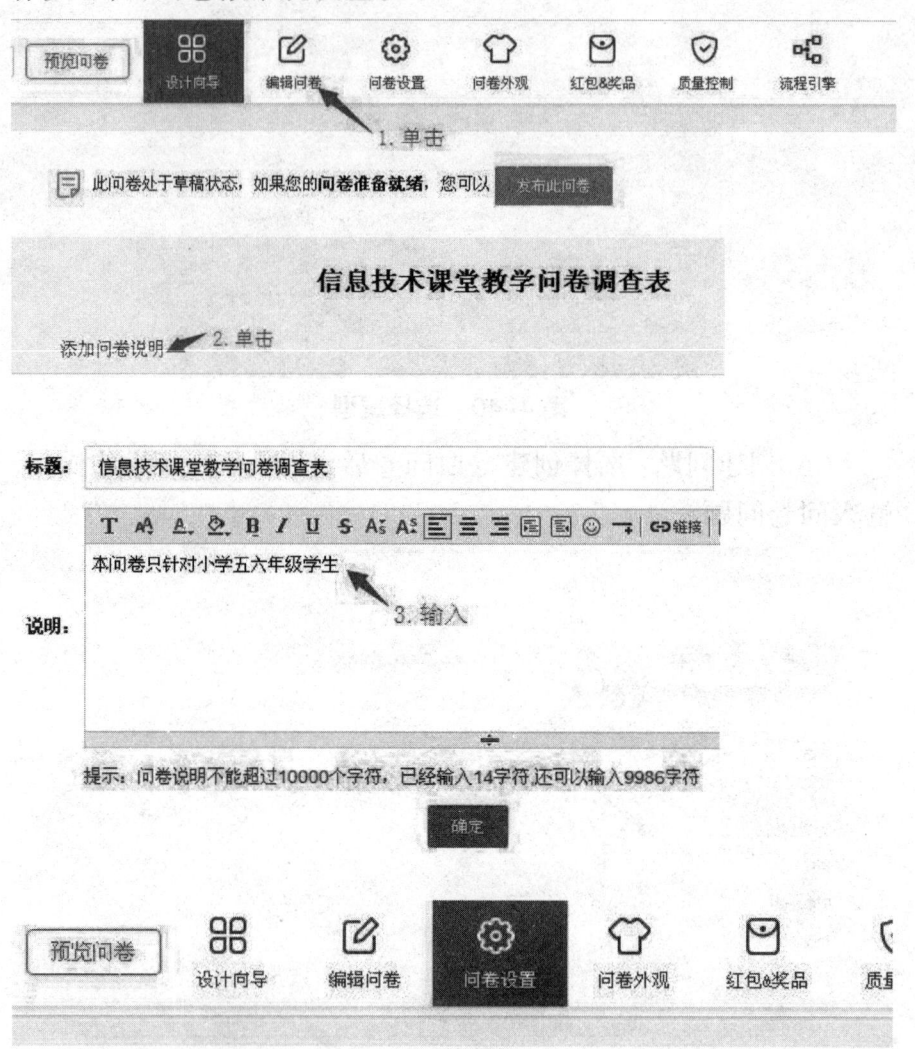

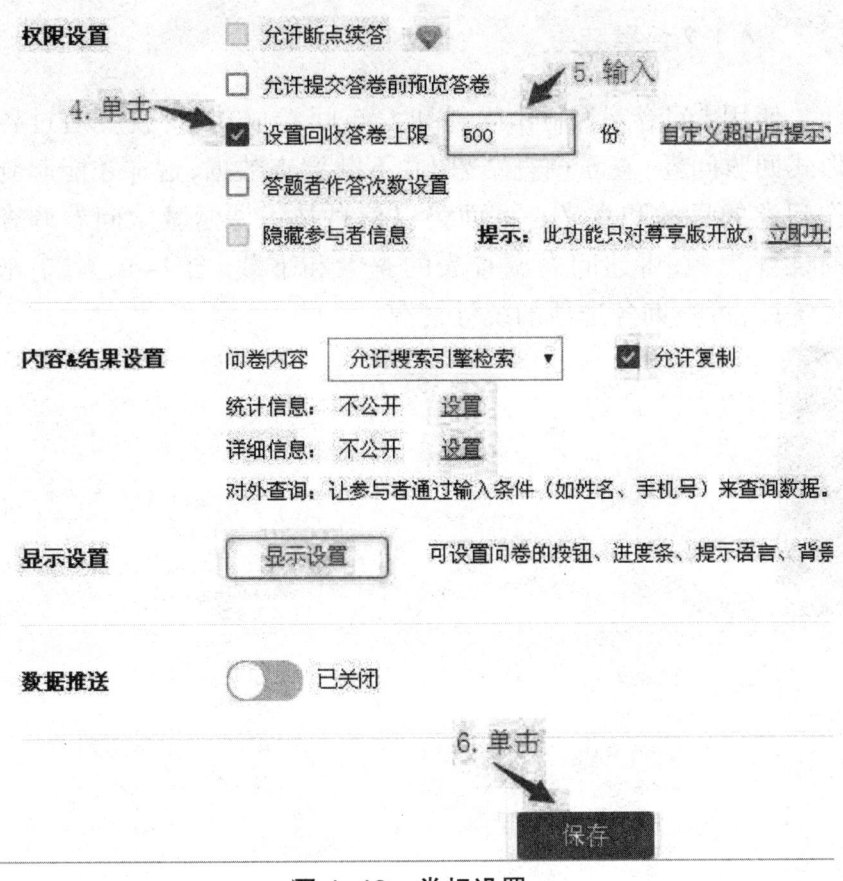

第 4 章　师范生信息化的教育教学能力

图 4-42　常规设置

（9）发布问卷：问卷设置好后，按图 4-43 所示的操作，发布问卷。

图 4-43　发布问卷

4.4.1.2 查看结果

使用"问卷星"制作问卷和发布问卷成功后,就要通过各种形式回收问卷,查看调查结果,并下载调查数据,这样才能起到制作问卷的目的和意义。下面仍以信息技术课堂教学问卷调查表的设计为例,讲述问卷调查表的查看和下载(图 4-44)。单击分类统计,可查询各选项的统计情况。

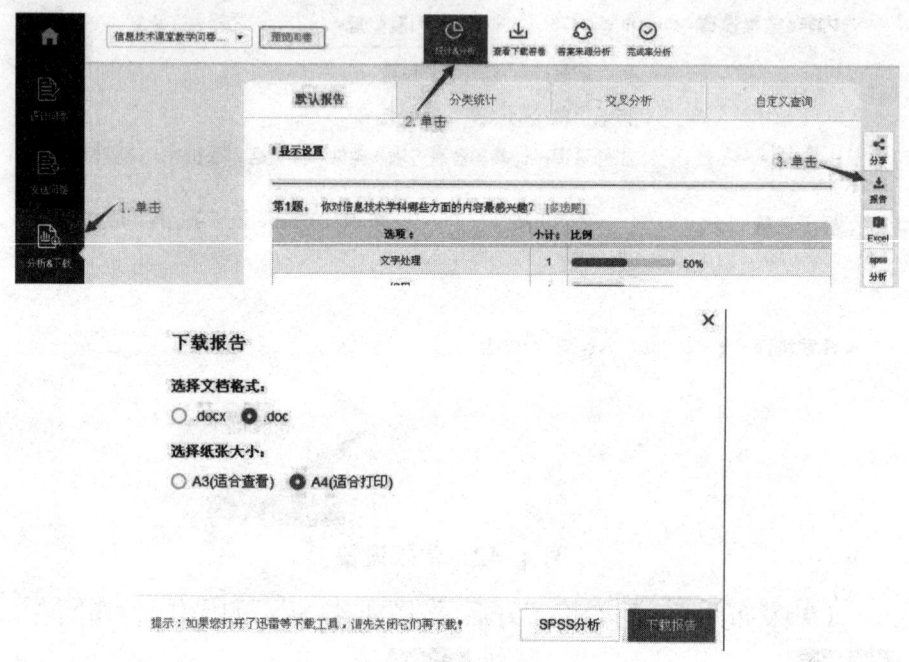

图 4-44　生成并下载报告

4.4.2 使用思维导图辅助知识归纳

4.4.2.1 创建思维导图

思维导图常被应用在中小学日常教学中,尤其在复习归纳方面,它可以帮助建立完整的知识框架体系,帮助学生对所学知识进行归纳总结,明确知识之间的联系,提高学生的学习能力与思维能力。

第4章 师范生信息化的教育教学能力

（1）运行软件：选择"开始"按钮，选择"所有程序"→"XMind2020"命令，打开"XMind2020"软件后选择默认模板。

（2）输入中心主题：双击"中心主体"，输入主题"卢沟桥"，效果如图4-45所示。

（3）添加分支主题：单击"分支主题1"，并输入内容，效果如图4-46所示。

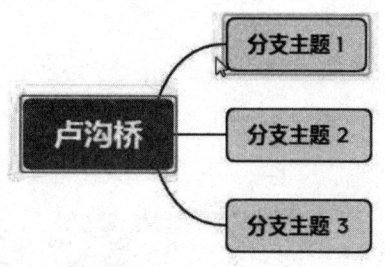

图4-45　输入中心主题

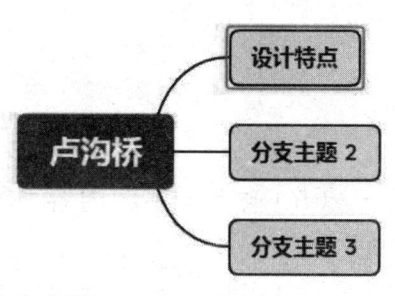

图4-46　添加分支主题

（4）添加子主题：单击"设计特点"→单击"子主题"，继续添加子主题并输入内容，效果如图4-47所示。

（5）添加同级子主题：单击"设计特点"→单击"子主题"，添加同级子主题，效果如图4-48所示。

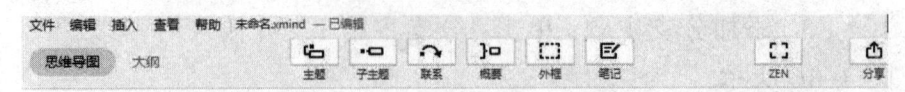

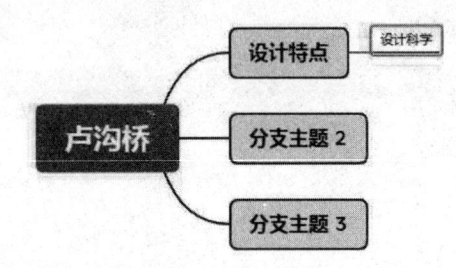

图4-47　添加子主题

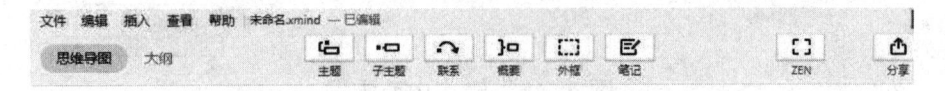

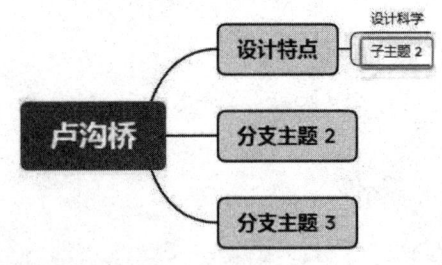

图4-48　添加同级子主题

（6）输入子主题内容：参照步骤（2），输入主题内容"造型美观"。

（7）添加次级子主题：按图4-49所示的操作，继续添加次级子主题。

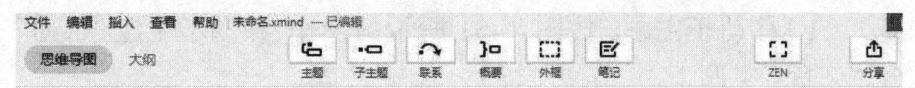

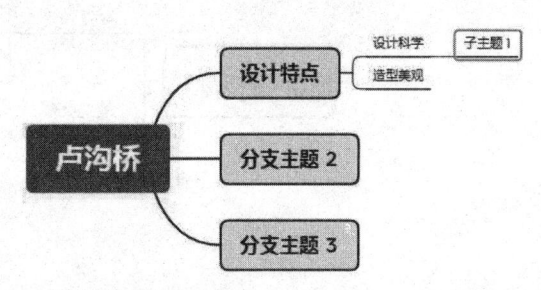

图 4-49　添加次级子主题

输入次级子主题内容参照步骤（2），输入主题内容"外型"，效果如图 4-50 所示。

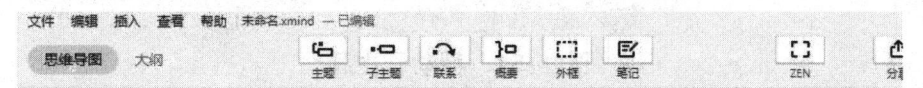

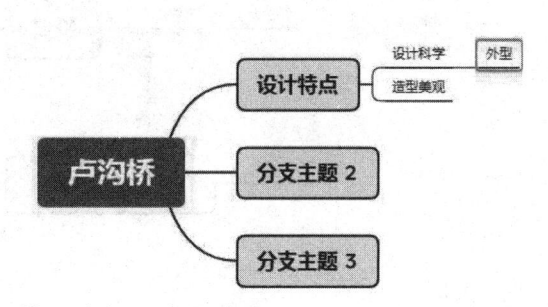

图 4-50　输入次级子主题内容

4.4.2.2 修改思维导图

在创建思维导图的过程中,经常要根据知识点的结构、联系等进行动态调整,这就要求在创建的过程中要即时进行修改完善,常见的修改方式有移动、合并、删除等操作。

(1)移动子主题:按图4-51所示的操作,移动子主题"桥面"至"坚固"主题下。

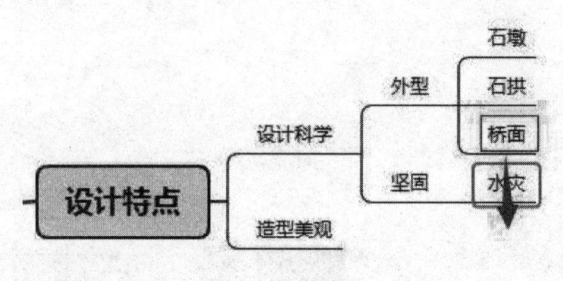

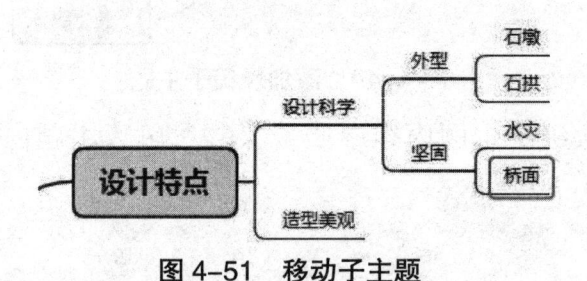

图 4-51　移动子主题

(2)合并子主题:按图4-52所示的操作,合并子主题"燕京八景之一"和"世界文明"至"价值"主题下。

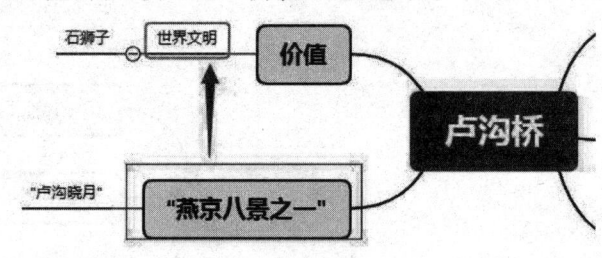

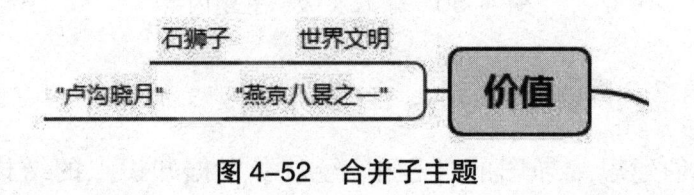

图 4-52　合并子主题

第 4 章　师范生信息化的教育教学能力

（3）删除子主题：按图 4-53 所示的操作,删除子主题"风格别致"。

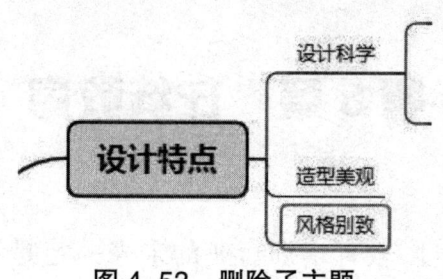

图 4-53　删除子主题

（4）完成制作：经过上述步骤,"卢沟桥"思维导图的制作即已完成。

4.4.2.3　美化思维导图

创建完毕的思维导图还需要通过修饰、美化等操作进一步完善,并将作品以图片的形式保存下来,以便学生复习和加强对知识结构的归纳和记忆。

（1）增加边框：选中"卢沟桥"各子主题后,选择"插入"→"边框"命令,给"卢沟桥"各子主题添加修饰边框。

（2）保存文件：选择"文件"→"保存新的版本"命令,保存 XMind 文件。

（3）导出图片：选择"文件"→"导出"命令,导出图片名为"卢沟桥.bmp"的文件。

第5章　在线教育

俞敏洪曾说过,教育培训行业的未来一定是线上和线下的结合。人们暂且定义这种线上线下结合的教育形态为"云教育"。而如何结合、如何相互补充的定量研究却尚付阙如。

在线下教育培训公司中,往往存在客服和教务两个职能部门为学生服务。教务偏向对内,涉及设班(课程)、排课(教师)、教管(教学区、教室、住宿部、班主任等管理)和系统(数据录入、分析、查询、优惠)四大模块。客服偏向对外,负责学生的咨询、报名、学生与家长维护、投诉、问题反馈等,除了服务于学生和教学之外,客服还承担了部分营销、数据分析、调研和回访的职能。

教务在线下的设班和排课工作,更多地取决于教学部门的实际情况。一般在以教学为主导的机构中,设班和排课的主导权在教学部门,教务只是一个执行机构。教务对教学部门的管理,往往出现在企业规模扩大之后的规范化。此时,教务部门的权限会扩大,一定程度上阻碍了教学部门的创新与设班效率。

当课程的模式由线下转为线上之后,课程的形态发生了变化,教师的合作模式也发生了变化。根据这种变化,线上的教务和客服两个模块出现了一部分功能的竟合,将之归结为一个部门似乎更合适。

线上平台的教务和客服,面对的对象无外乎是教师(或教师经纪人)、机构代表和学生(含学生家长)。显然,作为平台,设班、排课的教务功能弱化,决定权在教师或机构自己。线上的教务人员,只要依照一定的规则执行,帮助教师、教师经纪人和机构来完成设置。

线下校区、教室、住宿部的管理蜕变为线上直播教室、在线答疑、网页推荐位置以及线上社区的维护与管理。

此外,线上平台客服还承担了部分营销、数据分析和调研、回访的职能,无论是通过网络还是客服电话,解决问题的思路基本与线下一致。

5.1 线上线下融合的课程形态

5.1.1 数字化、立体化课程内容表现

互联网时代的数字原住民对阅读、学习双向交互体验的高要求,使得传统纸质媒介只能呈现知识、传输知识的单向交互难以满足数字原住民的需求。教材的呈现形式发生了变化,从纸质版走向电子版,从单向的知识呈现、学生自己获取知识,转变成学生可以与教材互动,教材可以提供反馈,人机交互、人与内容交互的形式更加丰富,使学习变得更具有交互性,也变得更有时代特点。电子版教材具有动态更新、节省纸张、减轻书包重量等优势。

立体化的课程内容呈现形式在根本上突破了单纯的印刷媒体的局限,具备教材、教学课件、网络课程、音像制品、教学资源库(含试题库或习题集)、教材应用和服务支撑平台等多种立体化状态。这些组成部分通过一体化设计采用不同的编写方式,把教材的精华从各个角度呈现给师生,既有重复和强调,又有交叉和补充,相互配合,形成一个信息化课程的有机整体。教材是学习的基本内容,教学课件帮助教师讲解难点与重点,网络课程则辅助学生自主学习,音像制品可以替代教师帮助学生学习,教学资源库为学生扩展视野提供了更为广阔的空间,试题库或习题集则要完成对教学效果进行测试与评价的任务,教材应用和服务支撑平台可为教师和学生提供全面教学与学习的支持服务。呈现形式上的立体化有利于教师和学生使用相关资源进行更加灵活的教

与学,尤其能够大大激发学生的学习兴趣。

例如,北京市人大附中西山学校崔登才老师利用 iPad 设计开发了一堂地理课,采用 iPad 电子书进行教学,充分利用信息技术开展课堂交互,课程内容生动鲜活,不仅有动画、图片、文字等多媒体因素的融入,而且有可用于学生学习总结的 MindNode 工具的应用体现[1]。教师精心编写交互式电子书,在媒介的导学下,课程引入了大量的人机交互和学生活动、展示,符合"学生主体、教师主导"的教学理念,照顾到了学生的个性差异,体现了因材施教的方法。电子书作为课程媒介用得恰到好处,充分利用了地图这种特殊的地理语言,在大量的地图阅读中培养了学生的读图能力。

以计算机为媒体的教材实现了学生与教材的双向交互化[2]。这种具有交互性特征的教材逐渐在中小学普及,并在一定程度上延展了课程内容,是未来教材发展的主要方向。立体化课程不仅为学生打造了数字化、智能化的课程,还为学生提供了智能学习同伴,真正实现了课程立体化。2015 年,在人机交互会议上,来自瑞士的研究者介绍了使用"CoWriter"机器人辅助学生学习的案例。将带着二维条码的字母排成一列,机器人努力把这些字母写在平板电脑上,学生则帮助机器人学习,在纠正机器人的过程中,学生不知不觉提高了自己的写字能力。可以通过设定相应的程序,让 CoWriter 表现出不同段位的学习水平。一般情况下,把 CoWriter 设置得跟孩子目前所掌握的水平相当,在课程学习中,这种学习方法更利于提高学生的自信心。[3]

互联网时代的新形态教材是在传统印刷教材的基础上,以课程教学为中心,借助网络技术、多媒体技术等现代信息技术和媒

---

[1] 崔登才.基于 iPad 移动学习环境——《祖国的神圣领土——台湾省》教学设计[J].中小学信息技术教育,2012(7):50-52.
[2] 张维忠,杨晓宏,薛荣.现代信息技术及其对课程发展的影响[J].电化教育研究,1997(4):22-24.
[3] Ecole Polytechnique Fédérale de Lausanne.Kids and robots learn to write together[DB/OL].https://www.sciencedaily.tom/releases/2015/03/150304104512.htm.

体传播技术,将教学内容、教学计划、教学资源和教学服务以多种媒介、多种形态、多个层次进行整合的具有灵活性、开放性和动态性的教学系统。它以满足教学和学习的多种需求、最大程度促进学生能力全面发展为目的,为培养适应信息化社会学习、生活和工作的高素质人才奠定基础。

新形态教材的建构综合考虑了内容的多学科、教学对象的多层次、表现形式的多媒体、解决问题的多角度等不同层面的要求,为网络时代的教与学提供了全方位、立体化的支撑。数字化新形态教材包括六个基本组成要素(图5-1)。

图 5-1 数字化新形态教材的基本组成要素

印刷教材:印刷教材是数字化新形态教材的基础元素,是表现概念、法则、基础规范的文字教材。除了有教学要求和教学内容的主教材,印刷教材还包括相关的参考教材、练习册、实验手册、学习指导书等。主教材同时可以通过电子书的方式表现,支持按需印刷(Printing On Demand),实现学生按需索取,同时实现教材内容更新与最新信息的融合,可以做到随时随地地更改和修订。

网络课程:网络课程是数字化新形态教材的核心元素。网络课程是通过网络表现的某门学科的教学内容及实施的教学活动的总和,包括按照一定教学策略组织的教学内容和网络教学平台。网络课程体现数字化新形态教材的共享性、灵活性、开放性、动态性等特征,使得信息化教学能够实现对学生全方位能力和素质的培养。网络课程不是电子化的印刷教材,而是一种有助于各种能力的系统掌握,以及心理作业与实践作业的各种步骤、作业方式和技术训练的交互式能力训练的系统。它包含项目设计、实习报告等能力训练部分,同时还包含最新学科知识、最新技术、最新技能应用部分。它保证了教材在知识结构上的开放性,避免了印刷教材结构的封闭性与不能及时吸收新知识、淘汰旧内容的缺陷。

教学课件:教学课件是对一个或多个知识点实施相对完整教学的程序,是数字化新形态教材的一个重要元素。各种类型的教学课件满足了教师和学生不同的需求,在教学和学习的各个环节都发挥了重要作用。

音像制品:音像制品是数字化新形态教材的另一个重要元素。音像制品是指用于教学的录像带、录音带、CD、DVD等,是教学内容呈现的一种方式,适用于没有计算机网络环境的学习领域。

教学资源库:教学资源库是课程整体解决方案中教学内容和教学资源的结构化综合。教学资源主要指蕴涵了大量的教育信息,能够促进课程的设计、编制、实施和评价,并能创造出一定的教育价值,以数字信号的形式在互联网上传输的信息资源。根据教育部颁布的《教育资源建设技术规范》,常用的信息化教育资源主要包括十类,分别是电子图书、媒体素材(又包括文本、图形/图像、音频、视频和动画)、试题素材、试卷素材、教学课件、电子教案、教学案例、文献资料、常见问题、资源目录索引。此外,还可根据实际需求进行扩展[①]。教学资源可以为教师实施课程提供全面的支持,但更重要的是帮助和促进学生的学习。

课程服务支撑平台:课程服务支撑平台是集成和管理各种精品教学内容的工具,是实现课程整体解决方案各项服务的支撑环境,为课程整体解决方案及其衍生的一系列产品的推广、应用和发展提供了完整的、立体化的支持服务。信息化课程服务还包括通过网络或面授培训班提供网络时代的教学模式、教学方法理论与实践的培训,内容包括建构主义教学理论、在线教学与课堂教学相结合的混合式教学法、网络时代的教学模式与教学方法、数字化资源建设技术规范、信息化教学设计等。

5.1.2 线上线下的一体化课程设计

数字化网络课程的发展及其与传统面对面授课的结合,推动着混合式课程的发展。混合式课程的实施主要在于学生课外开展线上学习,这能够适应学生灵活的时间投入,允许学生根据个人学习特点自我调节学习步调,自我控制学习进度。为达到混合式课程的教学目标,应该向学生提供丰富的教学资源,建立科学的评价机制,有效设置线上与线下比例[②]。例如,可汗学院与K-12教育机构合作,向学校提供丰富的教学视频和互动练习资源,帮助学校开设混合式课程,有效支持了教师实施翻转课堂[③]。翻转课堂教学模式利用在线学习平台讲课授课,线下实施教学活动、讨论交流,使线上线下的课堂融合更加紧密,推动了混合式课程的发展。

[①] 余胜泉,等.现代远程教育资源建设技术规范[S].教育部高教司新世纪网络课程建设工程指导文件,2000.
[②] 丁蕾.基于"互联网+"的中职物理混合式教学[J].中国电化教育,2016(3):141-145.
[③] 何克抗.从"翻转课堂"的本质看"翻转课堂"在我国的未来发展[J].电化教育研究,2014(7):5-16.

借助 MOOC、云课堂平台、网络在线学习平台等实现教学活动实施、教学资源管理、协同备课、结构化预习、导教导学、在线同步和异步互动、学生任务管理、多元评价等，这种课堂管理方式延伸了课堂边际，构建了一个开放、互动的课堂。在线上线下混合教学环境下，学生可以根据个人能力完成线上个性化学习，线下活动时教师直接与学生交流，课程形态灵活多样。例如，广西南宁市第四中学高一的化学课采用线上线下融合的教学模式，教师开放网络学习环境，学生自主学习，然后对现场实验进行小组协作，课后借助 QQ、BBS 和 E-mail 等互动平台进行交流，实现了知识拓展和课后指导[1]。

作者主持的一个面向博士和访问学者的必修课"教育技术新发展"，就进行了线上线下一体化的设计。该课程授课对象主要为教育技术学、远程教育专业的博士生及部分访问学者，课程的定位是让学生了解本领域的学术前沿并扩增外文专业文献的阅读量。

课程的支持平台采用作者团队开发的学习元平台[2]，具有支持协同知识建构、学习内容与学习活动整合、灵活开放的内容创生与访问、基于过程信息的发展性评估、社会知识网络共享等功能。

课程采用"教授前沿讲座 + 协同知识建构"的授课方式。开课教师作为主持者，邀请学院教育技术基本理论、信息技术教育、远程教育、计算机教育应用及知识科学与工程等研究领域的教授进行学科前沿讲座授课。协同知识建构环节的活动形式多样，除了课程知识微视频内容的协同建设、学习过程中课程知识内容的完善与生成，每四周还组织一次第四版的《教育传播与技术研究手册》（Handbook of Research on Educational Communications and Technology）的阅读课堂汇报与分享活动，并将其作为协同知识

---

[1] 刘富义. 混合学习在高中化学新课程教学中的应用研究[D]. 广西师范学院，2013.
[2] 余胜泉，杨现民，程罡. 泛在学习环境中的学习资源设计与共享——"学习元"的理念与结构[J]. 开放教育研究，2009(01).47-53.

第5章 在线教育

建构的一个重要环节贯穿于整个学期。在课堂汇报与分享过程中,师生角色的互换有助于促进学生由被动接受知识转为以主动、积极的态度自主建构知识,充分体验学习过程中的教师角色。其中,选择参与阅读的为12名博士生和一名访问学者,每位学生自由选择五章或六章内容进行独立阅读。整个课程的设计与实施主要包括课程知识的协同生成、同伴互助、无缝学习和发展性教学评价等四个基本环节(图5-2)。基本环节之外的教授前沿讲座目的是让学生了解目前领域研究的最新进展,辅助其阅读《教育传播与技术研究手册》。

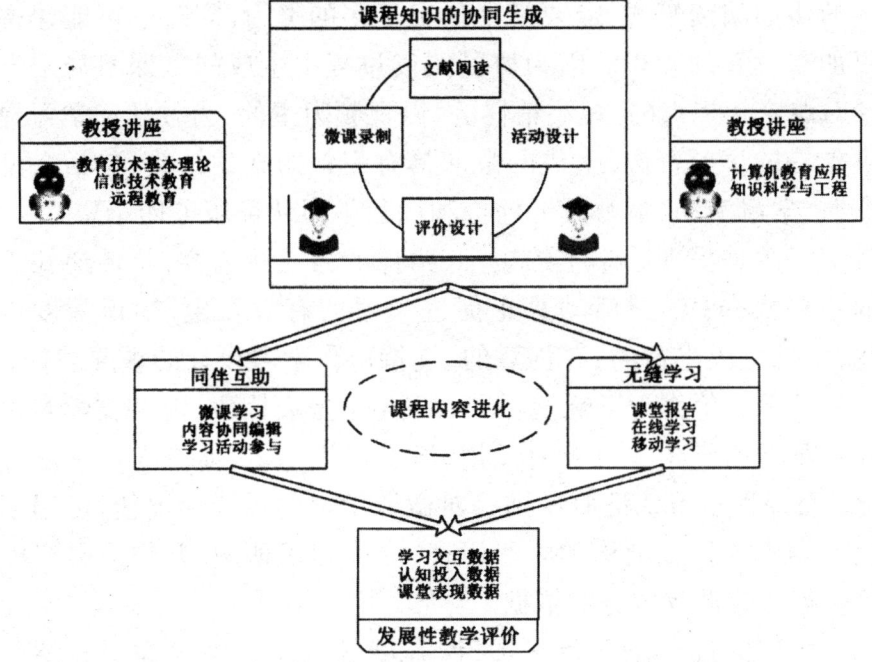

图5-2 基于学习元平台的生成性课程设计与实施思路

5.1.2.1 课程知识的协同生成

《教育传播与技术研究手册》是美国教育传播与技术协会(AECT)最权威的著作之一,大约每七八年由当时本领域知名学者领衔编撰一次。本次协同阅读的是原著第四版(中文译本目前国内有关学者正在组织翻译中),内容主要包括研究基础、研究方法、评估与评价、一般性教学策略、特殊领域的策略与模型、设计与实施、新兴技术、技术整合、未来展望等九部分,全书共74章,1005页。

按照传统作业布置的思维方式,学生不可能完成一千多页的经典文献的阅读。本课程阅读活动设计与一般意义上的阅读作业不同,学生除了需要完成自己选定的阅读章节,还需要参与协同知识生成与建构,即根据文献的内容及自己的阅读心得做汇报讲稿,并录制成相应的阅读微课,同时通过学习其他同学设计的微课来实现对其余文献内容的阅读。应该说,这种新型的、生成性的协同阅读模式,需要学生付出更多的努力,同时也可能建构更加有意义的知识。因为协同阅读过程中生成的微课不局限于针对单个知识点的、短小精悍的、以视频为主的、为教学和学习提供支持的学习资源,生成的微课具有完整的教学结构,包括微型资源、学习活动、学习效果评价和课程学习认证服务四个要素[①]。微型资源是呈现给学生的短小、精悍的微视频内容,是传递知识的主要媒介;学习活动真正促进学习的有效发生,知识深度内化,主动生成丰富的、有创意的、支持协作学习设计的重要载体;学习效果评价作为影响学习有效发生的重要因素,能够在学习过程中不断为学生提供及时反馈,激发学生动机,促进学习进度优化;而课程学习认证服务则是对微课学习的系统性评估,可用于表征学生的认知结构和学习历程,形成知识地图,并作为最终能否获得相应课程学分的依据。

协同阅读活动开始之前,课程助教向所有学生详细介绍了协同阅读的任务安排,并进行了学习元平台功能操作的基础培训。随后,每位学生利用课余时间独立阅读文献,阅读后利用Camtasia Studio、SnagIt等工具录制文献讲解微视频,并在学习元平台上发布,最终生成包含学习微视频、学习活动、学习资源及学习评价等要素的学习元微课。学习微视频由学生对文献内容要

---

① 余胜泉,陈敏.基于学习元平台的微课设计[J].开放教育研究,2014(1):100-110.

点的理解和个人阅读学习心得两部分内容构成,是对文献原始内容进一步内化和深加工之后的学习成果。学习活动来源于学习元平台所开发的包含讨论交流、投票调查、辩论活动、操练活动、发布作品、策展、SWOT分析等在内的学习活动库,学生围绕文献主题内容设计能够促进学生之间深度交流和协作的学习活动,以实现学习内容与学习活动的深度整合。有研究者指出,这种学习内容与学习活动相融合的设计能够引导学生与学习内容之间的深层次互动,激发学生的信息搜索、分析和综合等高水平思维活动,以实现知识的内化。学习资源中与文献主题相关的扩展文献资源或研究案例,用于帮助学生深入掌握主旨内容;学习工具来源于学习元平台的学习工具库,主要用于辅助学生完成微课的相关学习任务。此外,学习元平台允许微课的创建者为微课构建学习评价方案,这一方面可以给微课的创建者提供参与学习学生的学习过程评估信息,实现对学生学习进度的监控;另一方面可以为微课学生提供及时有效的学习反馈,实现学生对学习计划的自我调节。学习评价方案设计的数据来源既有表征浅层次的学习行为数据,如登录次数、在线时长,也有表征学生认知投入的深度交互数据,如作品质量、互评误差等。

生成的学习元微课除了具有上述内容要素,还具有丰富的教学元数据信息,如关键词、分类、标签、关联关系等语义属性。学习元平台中除了提供传统的手动填写关键词、标签描述学习元微课的元数据信息,还提供关键词和标签的自动提取、自动分类、语义标记可视化及关联标记四种方式,以便对学习元微课的元数据信息进行自动描述。借助学习元微课所包含的语义信息,学习元平台能够将学生协同生成的与《教育传播与技术研究手册》相关的不同学习元微课单元进行自动和手动聚合,最终生成主题鲜明、内容高度统一的学习元微课群,方便课程教师和学生参与学习及阅读。

5.1.2.2 同伴互助

在学习元微课协同构建的过程中,学习元平台除了为微课创建者提供强大的开放功能,还允许学习同伴通过协同编辑和申请协作的方式来协同参与微课内容建设。在同伴互助的学习过程中,学生能够随时对所学微课的内容进行编辑和批注,补充相关信息和资源,记录自己的学习心得。学习元平台所提供的微课协作建设方式,使学生不仅仅消费知识,也贡献知识和智慧,让微课的学生能够与其创建者共同丰富微课的内容,提升微课的质量。对于学习同伴在协同过程中产生的类型各异、质量参差不齐的课程知识内容,学习元平台所具有的智能进化控制机制能够从资源语义基因和用户信任两个层面提供有效的保证,使微课资源能够高效有序地生成和同质进化。此外,学生可以向创建者发送协作者申请请求,通过审核的学生就具有几乎与创建者完全相同的平台操作权限,如创设学习活动、管理和审核学习内容、设计学习评价方案等,共同为微课的设计注入能量,实现知识生产者与消费者、教师与学生角色的真正互换(图5-3)。

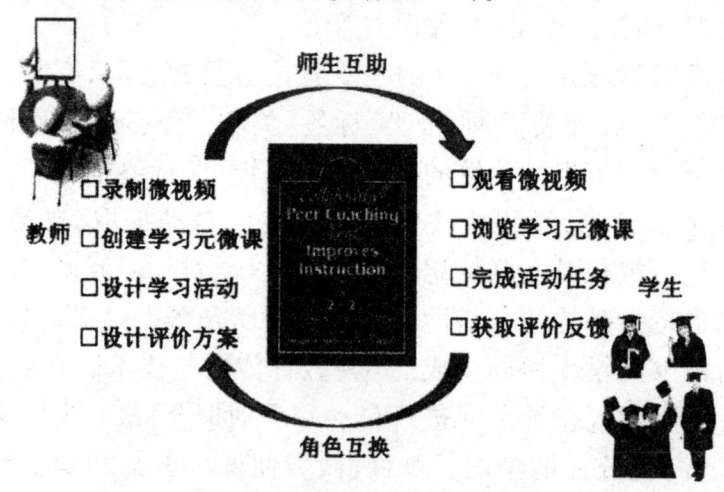

图 5-3 角色互换、师生互助

作为教师角色,需要录制微视频、创建学习元微课、设计学习活动和评价方案;作为学生角色,需要观看微视频、浏览学习元微课、完成活动任务、获得评价反馈。例如,对于名为"Section Ⅲ 24 Performance Assessment: Something Old, Something New"的微课,用户"万海鹏"通过深入阅读文献资料,录制了微视频进而生成学习元微课。随后"sida LIU""马丽""ji819"等用户申请成为协作者,"sida LIU""马丽""余胜泉""万海鹏"等用户对微课内容进行了编辑和完善。同时作为学习者和协作者的"sida LIU""马丽"既参与了微课的建设与管理,又参与了微课内容的学习并完成了相应的学习活动,最终获得该微课的学习认证。

除了内容创建与学习过程的协同完善,学习同伴(包括课程教师和学生)还可以从内容的准确性、客观性、完整性、规范性和更新及时性五个维度对学习元微课进行可信度投票、发表评论和评分,以此帮助和敦促创建者进一步优化学习元微课的内容设计。同时,学习同伴参与学习活动的交互数据和学习结果的反馈情况,能够引发微课创建者的反思,帮助其优化学习元微课的活动设计。总之,在学习过程中,协同生成的学习元微课也将伴随学习同伴智慧的付出而逐步完善,融合微视频内容、学习活动、学习评价、学习交互、人际网络等信息,进化为含有过程信息并能满足不同用户需求的优质微课学习单元,最终聚合为面向特定主题的学习元微课群(图5-4)。

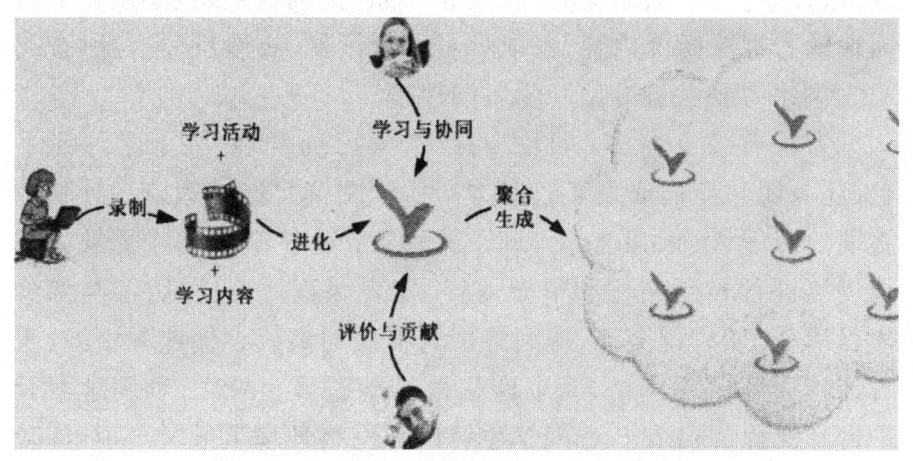

图5-4 同伴互助参与的学习元微课生成

5.1.2.3 无缝学习

学习应该是能够跨越学习情境的,学习体验应该是连续不间断的。早在 2006 年,移动学习研究者就曾提出"无缝学习空间(Seamless Learning Space)"的概念,并认为无缝学习的特征在于学生的学习经验可以在由不同学习情境构建的"无缝学习空间"中延续,学生只要对情境具有好奇心就能够进行学习。同时,也有研究者把学习看作一种具有可持续性的无缝学习(Sustainable Seamless Learning),认为学生能够将正式和非正式的学习情境、个人学习与社群学习、现实学习与网络学习等无缝地衔接和整合。可见,学习过程和学习体验应该是贯一化设计的,线上与线下学习活动应该是无缝切换和深度融合的。在本次协同阅读活动中,我们尝试将整个协同阅读学习过程进行贯一化设计,把线上活动与线下活动进行双向融合,实现课下文献阅读、常规课堂报告、在线学习、移动学习等多种学习情境和方式之间的无缝切换,保证学习过程和学习体验的连续性。

通过学习元平台的网页端,学生能够快速地参与微课的学习,包括观看微视频、完成学习活动(讨论交流、在线辩论、SWOT 分析、在线交流、绘制概念图、发布作品、提问答疑、投票调查)、协同编辑和批注微课内容、获取学习评价结果、查看反馈信息、查阅 KNS 网络寻找关键专家和学习同伴等。

为了有效支持多种形式的线上学习的开展,除了学习元平台,还有团队专门研发了针对本次协同阅读且能够适应多种移动终端的课程 Android App。基于课程 Android App,学生能够方便地浏览课程目录结构和单元内容,发表课程评论信息,参与部分学习活动(如讨论交流、提问答疑),下载与离线存储课程资源,查看课程人际关系网络,获取课程最新动态等。总之,利用学习元平台和课程 Android App,学生可以在网络环境下通过平板电脑、智能手机等移动终端进行随时随地的课程学习。

除了线上的学习活动,课程学习过程中还融入了线下课堂汇报与互动交流活动,课程主持教师每四周组织学生进行一次文献阅读心得汇报。线下课堂汇报与互动交流活动分为两个环节,学生先就所学主题进行文献汇报,然后听取师生针对文献主题的点评与交流讨论。文献汇报环节,一方面能够促进课堂汇报人员对相关文献内容深度内化,从被动的接收式理解转为主动式的认知建构,实现由文献观点转述到文献内容解读与拓展的转变;另一方面能够在很大程度上减轻网络学习过程中产生的孤独感。学习不仅仅是对学习内容的单纯浏览和阅读,更应该是一个社会对话和认知网络连接与共享的过程,它需要师生之间的交流和互动,以及同伴之间的互信互助。因此,文献汇报之后的师生点评与答疑互动环节,有助于师生之间、生生之间的深度交流,有利于增进彼此之间的协同性与认同感。此外,线下课堂汇报与互动交流还能够在一定程度上对学生的学习过程起到督促作用,激励学生补充主题文献之外的阅读材料,确保用户能投入大量的学习时间和认知精力,而不是停留在浅层次的资源下载与内容浏览上。

5.1.2.4 发展性教学评价

发展性教学评价重点强调评价主体的多元化、评价数据来源的多样化,主张从学习交互、认知投入、课堂表现等方面对课程的学习效果进行综合评估。

评价主体多元化强调课程学习的评价人员既可以是课程教师,也可以是学习同伴,还可以是学生自己。课程教师可以通过学生的课堂汇报表现等对学生进行评价,学习同伴可以通过参与互评活动、学习元微课评分、可信度投票等方式对学生进行评价,而学生自身则可以通过学习反思对自我学习过程进行评价。三种评价主体的评价结果信息都将纳入学生整个课程学习的评价当中,以提升学生的积极性。

评价数据来源多样化的实现,有赖于学习元平台基于学习过程信息采集与数据分析的评价功能设计,其设计在生成性课程层面提供了诸如学习元学习、讨论交流、回答问题、资源评分、发表评论等评价项目供选择，在学习元微课单元层面提供了诸如学习态度、学习活动、资源工具、内容交互、评分反馈等项目供选择。采集的评价数据包含学习情境信息、知识建构行为数据、学习行为数据和学习结果数据，融入了学习交互过程中学生对学习资源贡献的行为数据，避免了传统网络学习评价数据来源单一、集中于浅层行为数据的弊端。

课程学习评价体系主要通过两个层面来构建：一个是课程层面，也就是同主题聚合而成的学习元微课群；另一个是课程单元层面，也就是基于每篇文献逐步协同生成的学习元微课。课程层面的评价结果作为课程学习的最终成绩，其主要来源于所有课程单元学习的成绩、课程活动参与的成绩及课堂汇报表现的成绩三部分（图5-5）。

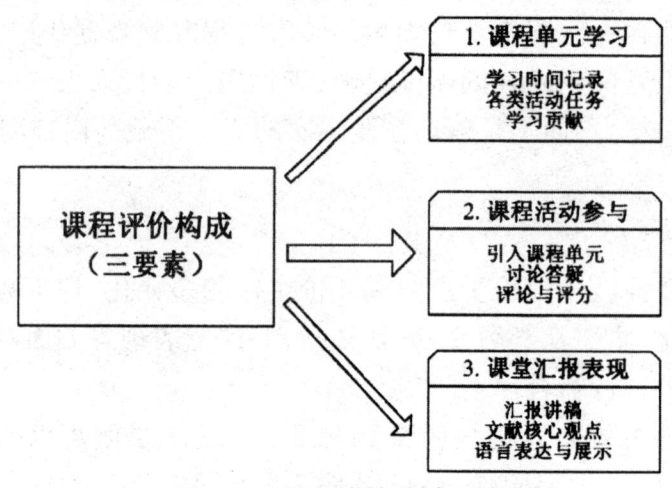

图 5-5　课程评价设计思路

为了充分体现每个学习元微课的特色，实现学习元微课单元的个性化评估，我们为每个学习元微课单独设计了评价方案，该评价方案主要用于评估学生在各微课单元中的实际学习表现，基于学习资源贡献质量、学习任务完成质量及回帖质量等来实现对深层次学习行为的评估。"引入学习元""发表评论""资源评分"等课程活动，通过采集学生的行为交互数据，实现对登录次数、在线时长、发帖数量、学习态度等浅层次学习行为的评估。课堂汇报表现作为课程评价体系的自定义维度,能够给予课程教师极大的灵活度,方便课程教师实施线下的课堂文献汇报评价,是整个课程评价体系中级别最高的评价项目,其成绩最能反映学生的认知投入、知识内化水平。最终,基于学习过程中所产生的学习交互数据,学习元平台将按照先前所设定的评价方案自动计算每位学生的学习成绩(自定义项目需要教师手动输入得分),实现线上和线下数据相融合的贯一化过程性评价。课程教师可随时查看每位学生当前的学习情况,包括课程学习评价总分、课程评价详情及基于评价详情所构建的课程个人学习知识地图,以及时调整教学策略,并给学习落后的学生发送消息提醒。同时,学生也可随时查看课程评价方案,了解课程评价标准和个人课程学习评价结果,了解各课程知识点的学习掌握状态,明确自己的薄弱点,从而及时调整学习计划并规划学习进度。

5.1.3 多层次的课程开放与共享

开放课件(Open Course Ware,OCW)运动始于1999年,当时德国蒂宾根大学在网络上发布了一些讲座视频,供学生在线学习。同年,MIT考虑如何使用互联网来完成其推广知识和教育学生的使命,并在2000年推出了OCW。截至2015年,MIT共提供了2320门课程课件,有1018门课程的课件被翻译成其他语言,所有课程课件的访问量接近2亿。MIT实施的OCW项目将允许全球的学生更好地获得课程,以便他们可以更多地参与课堂,并希望通过可用的知识网络增强全球的人类学习[1]。MIT的OCW项目拉开了开放教育资源运动的序幕,同时也体现了美国对数字化教育内容资源进行系统化建设的发展趋势。

随着开放课件运动的不断发展,2008年,大规模在线开放课程(MOOC)应运而生。与之前的开放课件相比,MOOC除了为

---

[1] Vest C M.Why MIT decided to give away all its course materials via the Internet[J].The Chronicle of Higher Education, 2004, 50 (21): B20.

学生提供配套的课程视频、教材、习题集等数字化课程资料,还提供交互性论坛和学习社区供学生交流学习,将数以万计的学生在共同学习目标、学习兴趣和先备知识的驱使下组织起来[①]。在线开放课程将成为学校日常教学的常规设置,课程的供给方式越来越趋向开放与多元化。

在 MOOC 建设方面,作为世界 MOOC 平台的三大巨头之一,edX(图 5-6)力求为学生提供质量最好的课程。目前为止,edX 平台与全球 50 多所一流大学合作开设了超过 950 门课程,涵盖人类学、数学、计算机科学等许多学科。

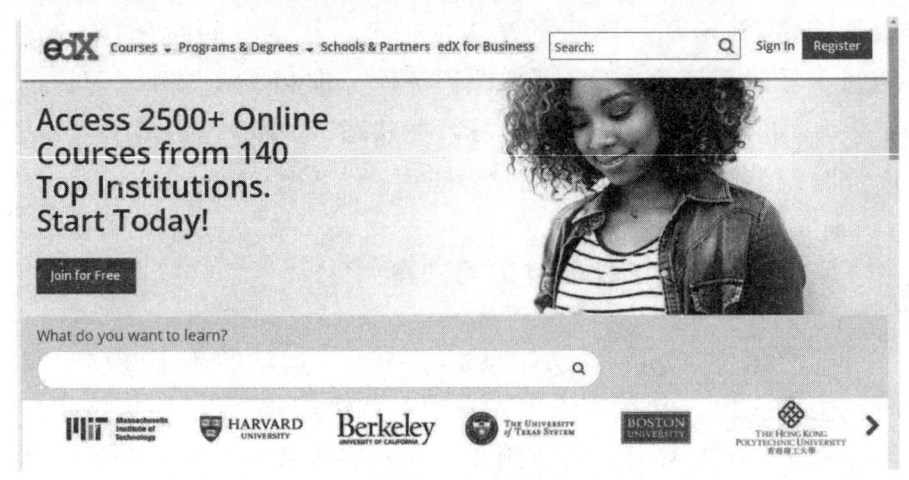

图 5-6　edX 平台

中国在 MOOC 的建设和发展方面紧随世界发展前沿,课程建设和学生注册数迅速增长,MOOC 平台层出不穷,目前中国规模较大的 MOOC 平台有中国大学 MOOC(图 5-7)、学堂在线、网易云课堂、MOOC 学院等。其中,中国大学 MOOC 与 112 所高校合作,建设的课程数达到 650 门之多,涉及计算机、心理学、经济管理、外语、艺术、工学、理学、生命科学、法学、教育学等高等院校的多种学科,此外还有大学选修课和职业教育课程供在校学生和成人学习。

---

① 王瑛,郑艳敏,贾义敏,等.教育信息化资源发展战略研究[J].远程教育杂志,2014(6):4-14.

第5章 在线教育

图 5-7 中国大学 MOOC 平台

MOOC 的出现，以及 MOOC 平台的崛起，不仅使课程的实施变得更加开放，而且还拓宽了开放课程的供给渠道，高等院校、职业技术院校、科研机构和部门等都能够将优质的、具有特色的课程投放在网络上，供所有在线学生学习。MOOC 使学生不出门就能够上世界上有名教授的课，以此进一步突破时间与空间限制。Coursera、OpenLearning、Open2Study、FutureLearn 等平台互动性、针对性、趣味性的学习经验，使得高校通过网络课程实施并完成教学全过程成为可能[①]。

MOOC 所具有的大规模（Massive）、开放性（Open）和在线（Online）等特点，及其支撑平台 Coursera、Udacity、edX、FutureLearn、Opert2Study、Spanishmooc 等的日益丰富和完善，使得成千上万具有不同教育背景的人能同时参与课程学习，MOOC 的大规模开放访问已不存在问题。同时，在课程内容设计上，MOOC 也不只是静态的授课录像，而是经过精心设计且具有完备教学过程的微型化学习内容，允许学生根据自己的学习习惯和节奏进行反复学习并辅以相应的练习。

MOOC 是在互联网技术成功运用于教育、开放教育的理念得到社会认可、社会化学习成为一种主要学习形式的背景下出现

---

① 攀菲，马国．浅析 MOOC 教学方法在高职教育教学中的应用[J]．科技资讯，2014（31）：131．

的,有利于构建社会化学习网络,有利于知识的创造和分享,对于推动开放教育可能会产生深远的影响[①]。

MOOC将融入学校教育,使人们能够根据自己的兴趣、爱好、价值观、文化传统等选择适合自己个性发展的学习,开创了新的教育供给方式,破除了教育垄断,增加了教育的选择性,推动了教育的民主化,是一种教育组织模式的变革。

课程的开放,不仅仅意味着网络访问的开放,更意味着内容建设的开放、授课的开放、学习终端的开放、学生的开放、学习评价的开放、课程管理的开放、学习过程的开放、学习理念与模式的开放,允许内容结构动态重组,实现内容和人际智慧的双重共享。未来的课程应是支持泛在学习、非正式学习的开放课程,开放课程的建设离不开平台的支持,而传统面向内容管理的教学平台无论是在设计理念还是功能支持方面均无法为开放课程的建设提供有力的支持。我们团队研发的学习元平台是以"生成""进化""社会性"等新理念为指导的新型开放学习平台。它不仅弥补了当前学习平台的缺陷,且具有协同编辑、KNS网络、内容与活动整合等特色功能,在实现网络访问开放的同时还为内容建设开放、授课开放、学习终端开放等提供了一系列功能支持,为实现新形态课程开放与共享提供了可能[②]。

(1)开放的资源访问权限能够实现课程内容访问的开放。学习元平台采用开放的权限设计,允许任何用户通过网络访问课程,并基于课程内容开展学习。这是开放课程最基本的特点。

(2)开放灵活的创建方式扩大了学习内容的来源。与以往"专家创建"的课程建设方式不同,学习元平台允许任何用户创建内容,提倡利用群体智慧来共同建设课程,从而使开放课程不仅仅由专家统一创建。除了专家,学习内容还来自广大群众,大大扩

[①] 李青,王涛.MOOC:一种基于连通主义的巨型开放课程模式[J].中国远程教育,2012(3):30-36.
[②] 陈敏,余胜泉.基于学习元平台的开放共享课设计与应用研究——以"教育技术新发展"课程教学为例[J].开放教育研究,2013(2):49-59.

第 5 章　在线教育

展了内容来源。

（3）学习元协同编辑功能、段落批注功能为课程内容的开放建设提供了有力支持。在 Web 2.0"群建共享"理念的指导下，开放课程不仅允许用户创建课程，且允许普通用户对已有的课程内容进行协同编辑与修改，从而实现课程内容的不断完善进化。

（4）灵活的资源组织方式使得课程内容结构动态开放。与传统课程不同，未来课程的内容结构不是固定不变的，而是动态的、可重组的。一方面允许用户根据学习或教学需要对内容结构进行重组，另一方面系统可根据内容之间的语义关系进行自动重组。学习元平台采用知识群这种资源组织方式，将相关主题的学习元组织起来，且允许对各学习元及其关系进行调整和改变，从而实现课程内容结构的开放和动态重组。

（5）人际网络共享拓宽了学生学习信息的来源渠道。在知识更新速度越来越快的今天，学习不再仅仅是为了掌握现有的知识，更重要的是能持续性地获得知识及知识的变化发展，而这就需要一条能持续获取和维护知识的"管道"。学习内容不再是学生获取学习信息的唯一渠道，还有更重要的渠道——"人"。"人"作为一种重要的学习资源，已被越来越多的学生认可。未来开放课程不仅体现在物化资源的开放共享上，还将体现在"人"这种重要资源所构成的人际网络的共享上，促使学生在与人交流中获取学习信息，实现学习信息来源的开放。学习元平台提供的 KNS 视图中呈现了知识与知识、知识与人之间的关系，学生可从中寻找相关的专家、学者进行交流学习。

（6）允许利用多种终端开展学习，实现学习情境的开放。为了满足泛在学习、非正式学习的需要，未来开放课程不该被学习终端所限，而应让任何学习终端均可访问进入，便于学生在任何时间、任何地点进行学习。学生不仅可以通过计算机访问学习元平台，还可使用手机、平板电脑等终端进行访问。

（7）开放的内容访问与开放的内容建设为师生角色的转换提供了可能。学习元平台没有固定的教师和学生角色，师生的角色是可转换的。普通用户可创建课程,成为教师,同时也可申请成为某课程的管理员,协同教师共同进行课程管理,还可以成为另外一些课程的学生。开放课程没有固定的学生限制,即使未选修该门课程的学生也可通过网络进入该课程进行学习,成为该门课程的学习者。

（8）丰富的学习活动开放了学习过程。一方面,学习活动作为学习过程的重要环节,开放的课程需将课程内容与活动紧密地结合起来,允许学生在学习内容的过程中有针对性地参与相关活动,实现学习过程的开放。另一方面,过程性信息是学习过程中产生的重要资源,开放课程允许开放学生的学习过程性信息,且能够将学生的学习过程性信息作为新的"养料",生成新内容。学习元平台提供了多种类型的学习活动,且支持学习活动与内容深度整合,促进学习过程的开放。

（9）学习内容与学习活动的整合性设计,开放支持多种教学模式的混合式学习。混合式学习绝非简单地将课堂教学和在线教学两种学习形式混合。开放课程并不局限于某种学习理念、教学模式或学习方式,而是能够支持多种理念、多种教学模式和学习方式的混合。一门课程的教学,就应当根据不同的教学目标和教学内容做不同设计,采取多种教学模式,这也是一种混合。学习元平台通过学习内容与学习活动的整合性设计,实现了多种教学模式的混合式教学,以改变传统以教师为中心的教学结构。其关注学习过程及学习的主动性、探究性、交互性,在实践中,关注学习问题设计和学习活动设计,通过体现不同教学模式特征的学习活动序列,激发学生参与交互式学习的积极性,在交互过程中完成对问题的理解与对知识的应用。

（10）基于过程性信息的评价使得学习评价变得更加开放。未来网络课程的开放不仅包含内容、理念和模式的开放,还应包含学习评价的开放。学习元平台提供基于过程性信息的评价工具,教师可根据学生的过程信息对学生进行评价,且将评价内容、过程和结果予以开放。除了教师,学习元平台还允许学生参与评价,实现评价主体的多元化。

5.2 在线教学的新形态

在线教学,是信息时代的产物。与面对面教学相比,在线教学具有突破时空限制、支持大规模参与等天然的优势。信息通信技术的发展使学校教学逐渐突破结构化的空间布局,形成虚实融合的教学环境。在线教学由过去基于资源的自主学习(不支持交互,以网页形式呈现学习内容)发展到基于学习社区的在线学习,进而发展到基于网络在线的开放式直播教学;网络学习空间成为学校实施混合式教学的重要组成部分,在教学过程中的普及程度大幅度提高。网络在线教学平台的发展一方面推动了在线教学模式的变革,另一方面也使学生的主体地位得到了强化。学生由过去单纯地接收信息转变成可以评价信息,参与交流讨论;由资源的消费者变成资源的生产者、传播者;由单纯的知识使用者发展成知识的建构者、贡献者。与此同时,在线教学(如 MOOC)由于缺乏及时的互动、友好的参与体验、滞后的评价反馈,出现学生注册率上升,但是保留率降低,学业、课程的完成率低,教师对在线教育的认可度降低,教师持观望态度等问题[1],成为目前在线教学亟待突破的瓶颈。然而,随着视频直播技术、远程录播技术、认知工具等的发展,在线教学迎来了别样的生机,在线教学将越来越富有现场感、互动感。

5.2.1 "互联网+"催生新的在线教学形态

信息通信技术和互联网技术的发展,使学校课堂教学、在线

---

[1] 熊华军,何海清.分化:2014 年美国在线高等教育的特征翔[J].高教探索,2016(9): 61-67.

教学模式发生了巨大变化,网络在线教学模式层出不穷。在与传统教学模式融合的过程中,衍生出了新型的在线教学形态,如MOOC教学、SPOC教学、在线直播教学等。通过与传统课堂结合,其为翻转课堂的教学模式提供了有效支持,既能够适应学生个性化学习需求,又能够满足师生、生生之间的面对面交流,克服在线教学中的一些不足。这些新的在线教学形态在发展非正式学习方面具有一定的优势。"互联网+"教学以为学生个性化学习提供教学产品、模式和平台,在教学实施过程中为学生提供学习前的自我评估、学习中的学习进度评价和学习效果评价,以及学习后的总结性评价为目标。

在线教学的新形态是以"互联网+"在线教学平台为支撑的。在线教学平台需要把握适合学生的学习节奏,为学生设置合适的学习任务,形成个性化的学习策略和实施程序,同时,要根据每一阶段的评价给出适当的反馈,从而支持学生循环自主学习。"互联网+"在线教学平台向学生智能推送学习资源、人力资源、学习路径、学习策略等,全方位地为学生提供学习服务。

基于"互联网+"的在线教学,不但能使学习更加个性化、更有效率,同时具有推动现代教育变革的价值[1],主要表现在:第一,"互联网+"在线教学支持让学生作为学习贡献者,可激励学生知识创新;第二,"互联网+"在线教学鼓励学生学会学习,培养学习能力;第三,在线教学平台以学生为中心,利用丰富的教学手段和认知工具,智能化地向学生推送学习内容、知识专家、学习同伴、学习路径、认知工具等,帮助学生进行自主学习、协作学习,创新了互动教学和协作教学模式;第四,新型在线教学形态能够利用大数据分析、学习分析技术对学生的学习行为进行分析,为学生提供合适的个性化教学。

---

[1] 颜正恕,徐济惠.线上线下一体化"互联网+"个性化教学模式研究[J].中国职业技术教育,2016(5):74-78.

5.2.2 在线教学新形态注重认知工具与教学融合

在线教学需要将过去遵循"learn from IT"（从技术中学习）的技术应用观转变为学生"learn with IT"（用技术学习）的技术应用观，即通过使用技术工具来发展高阶能力。在在线教学中，技术以认知工具的形式为学生的信息加工、知识建构、问题解决提供支撑，作为激发学生思维、提高学生技能、强化学生学习的智能伙伴。

可以把认知工具看作任何能够帮助超越大脑限制的媒介，例如，超越大脑在记忆、思维活动、学习和问题解决等方面限制的媒介，它是一种支持、指引、扩充使用者思维过程的心智模式和计算机设备。目前比较常用的认知工具主要有语义组织工具、动态建模工具、信息解释工具、知识建构工具、交流协作工具等。根据建构主义的技术应用观，"互联网+"时代的信息通信技术、云计算技术等都可以作为学生的认知工具，能够帮助学生建构知识、协作交流、激励情感，可有效地促进学生的协作学习，支持有意义的社会性建构，使得在线教学不局限于学生观看视频、异步互动，而是能够提供多样化的在线教学模式，支持学生即时的同步交互，辅助学生进行信息检索、信息加工、知识提取、知识关联、知识内化和应用。

在认知工具与在线教学的融合上，教师可以深刻领会认知工具的基本思想，充分认识学生的主体地位。在认知工具支持的课堂教学中，学生能够快速发现问题、解决问题；掌控个人学习进度，及时获得反馈，并根据反馈有效调整学习计划。认知工具有利于提高学生设计、利用认知策略的能力，提高学生的活动参与度，提高学生的创造能力和控制学习进度的能力。认知工具不但有利于具体知识的学习，也有利于一般技能和策略的学习，它可以使学生从事深层次的信息加工。在一定意义上，它是一种智力资源，是一种知识的建构工具，而且是由学生自主控制的。

认知工具与在线教学的融合需要注意以下几点[①]：一是设计复杂的、重要的、真实的任务，让学生在完成任务的过程中主动协作；二是引入多种技术和工具（包括新兴技术）作为认知工具，不仅仅教师可以使用认知工具辅助教学，更应该促进学生使用认知工具实现学习活动；三是认知工具的使用不是为了减少学生的学习活动，而是为了给学生提供脚手架和引导，保证学生持续地、努力地学习；四是让学生创造学习结果，并在协作小组和课堂内共享、展示作品。

例如，北京师范大学"移动学习"教育部–中国移动联合实验室提出的学习元网络在线教学平台"移动课程App生成器"，是一款面向普通一线教师的移动课程在线开发及App在线生成工具，为广大的普通教师提供移动课程在线制作与管理，以及相应的移动课程App在线生成服务，开展移动课程教学。

"移动课程App生成器"具有以下功能特色：普通教师所开发的移动课程采用"微课程"的组织形式，将学习内容和学习活动深度整合，并具有良好的组织结构；移动课程自身包含一系列"一致贯一"的学习活动组件库，支持学生跨情境、跨终端的移动学习；移动课程使用基于个人知识地图的知识组织形式，学生可以通过可视化的方式进行个人知识管理；移动课程提供知识人际图和在线交流工具，方便学生在学习过程中找到与特定知识相关的专家。

何克抗教授等人总结了认知工具与在线教学融合的五条原则[②]：①避免学生在教学活动中受到负面的、消极的影响；②提供一种支持学生自主学习及符合学生发展水平的学习背景；③把学习需求体现在学习活动本身上；④通过培养能增强学生对于发展建构过程的责任感的技能和态度，来支持对学生学习过程进

---

① Jan H, Jenni P.Emerging technologies as cognitive tools for authentic learning[J]. British Journal of Educational Technology, 2013, 44(4): 607-615.
② 李永健,何克抗.认知工具——一种以多媒体计算机为基础的学习环境教学设计的新思路[J].北京师范大学学报（社会科学版），1997(2): 61-66.

行的自我监控过程；⑤通过策略地使用学生的学习错误,强化学生从事有意识学习的趋势。

在互联网时代,分布式认知、碎片化认知是当今学生的基本认知方式。作为促进学生知识与技能获得的学科认知工具,必须从单纯作为教授知识的工具转变为支持学生随时随地学习的工具。为此,在认知工具与在线教学融合的研究领域需要着重关注的是,开发促进学生知识建构与知识创造的认知工具(包括不同系统支持下的移动学习App);落实课程改革所提倡的培养自主、探究、协作的能力;在促使学生更好地理解知识的前提下培养学生的创新能力和实践能力;实现开放式的、知识与综合能力并重的深度学习。

5.2.3 在线教学注重深度学习

教育信息化在经过了一轮大规模的硬件投资之后,当前已经进入一个发展和应用相对缓慢、集中反思的高原期[1]。目前,制约其发展的最大瓶颈是在硬件设备极大完善的情况下,丰富的软件与服务并没有带来学习效率的显著提升。虽然在线教学(e-Learning、MOOCS)具有丰富的多媒体资源、便捷的协同交流、友好的互动等独特优势,但学习效果并不像预期那么理想[2]。目前在线教学主要提供呈现浅层次知识的学习过程,这无疑能够让学生获得特定的知识点,但是,它们是凌乱的,并不足以让学生建构起对整个问题的认识,不能有效地促使学生开展反思,以及将知识进行迁移与应用。而且这样的学习过程缺乏有效促使学生反思的机制,学生缺乏对问题的深入探讨。一言以蔽之,信息化环境增加了信息的广度,但是,在促进认知的深度方面仍需要加强。毕竟高度信息化的知识经济时代更要求学生能够深度加工知识

---

[1] 余胜泉,陈莉.构建和谐"信息生态"突围教育信息化困境[J].中国远程教育,2006(5):19-24.
[2] 余胜泉,程罡,董京峰.E-Learning新解:网络教学范式的转换[J].远程教育杂志,2009,17(3):3-15.

信息,深度理解并掌握内在含义,进而构建个人化、情境化的知识体系,用以解决现实复杂问题[①]。

学习理论的变革、建构主义的兴起为学习科学的诞生与深度学习的发展奠定了坚实的理论基础。在学习科学视域中,建构主义学习理论、情境认知理论、分布式认知理论、连通主义学习理论及元认知理论是深度学习的主要理论基础。着眼于学习科学视域,应既关注传统学习的大环境设计观,又关注分子水平、细胞水平的学习分析。在现有深度学习的研究基础上,我们从在线教学、深度学习所涉及的环境条件、学习的外在行为表现、内在认知过程及最终的学习结果等方面将深度学习的研究框架聚焦在学习环境(技术层面、知识层面)、学习过程(外显学习行为与内在认知过程)、学习结果及情感体验四个层面,提出深度学习分析框架模型,如图5-8所示[②]。

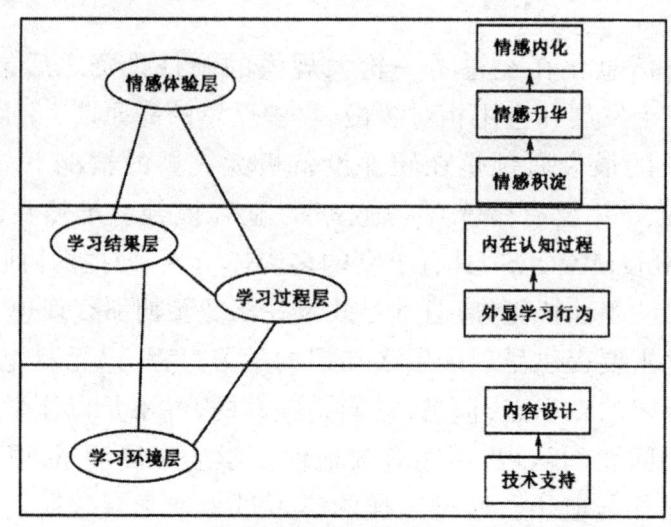

图 5-8 网络环境下深度学习分析框架模型

由上述模型可见,学习是一个有机统一的系统,从前端学习信息的输入、信息的处理,到最后信息的生成,这三个完整的环节

[①] 张浩,吴秀娟.深度学习的内涵及认知理论基础探究[J].中国电化教育,2012(10):7-11.
[②] 段金菊,余胜泉.学习科学视域下的e-Learning深度学习研究[J].远程教育杂志,2013(4):43-51.

构成了深度学习的分析路径。与学习信息的输入、处理和生成三个环节相对应的分别是学习环境层、学习过程层和学习结果层,而情感体验层贯穿于学习过程的始终,这四个层级对构成深度学习来说不可或缺,彼此之间相互联系、相互影响。在学习环境层,深度学习体现在技术支持和内容设计等方面;在学习过程层及学习结果层,深度学习可以从内在认知过程和外显学习行为(能力)等方面付诸判断;在情感体验层,深度学习体现在学生情感的积淀、升华、内化三个方面。

在芝加哥原始森林IB世界磁石学校(Wildwood IB World Magnet School)[1],学生们将根据他们要学习的新知识提出问题,并将这些问题创造成一个在线思维导图,学生可以通过思维导图选择一个查询路径进行下一步的探讨[2]。在这个案例中,学生积极提出问题,将问题关联起来,绘制出思维导图并放置在网络上供同学们查看、探究、问答,这种方式激发了学生的深度学习。

以大数据为基础的学习分析技术为基于互联网的深度学习研究提供了契机,随着计算机科学技术的迅速发展和深度学习在计算机科学领域的进一步应用,基于"互联网+"的在线教学更加关注深度学习,研究的重心将从外部环境设计聚焦于学生内在的认知过程,并逐步探索基于互联网的深度学习过程的评估,进而有效促进深度学习的发生,更好地发展互联网环境下学生的高阶思维能力。

---

[1] Adams B S, Freeman A, Hall C, ec al. NMC/CoSN Horizon Report: 2016 k-12 Edition[e]. Austin, Texas: The New Media Consortium, 2016.
[2] Wildwood IB World Magnet School. Inquiry-Based Learning: The Power of Asking the Right Questions[DB/OL]. https: //www. edumpia. org/blog/inquiry-based-learning-asking—right-questions—georgia-mathis.

5.3 线上教学

5.3.1 线上教学概述

2015年,教育培训行业的热点当仁不让属于线上教育,大量的资金、人力、信息早在2013年下半年开始就被如火如荼地投入线上教育产业中来,但至今线上的赢利模式并不明朗,线上的产品繁多而难成体系,线上教育的讨论莫衷一是,对很多关于线上的思考还不清晰,所以谈到线上课程的质量也就大多差强人意,而再论及线上的可持续赢利也就为时尚早。

如果我们要做一个有前途的在线教育公司或平台,就必须由跨界人才来组建,这种人才梯队至少包括如下三个部分。

第一,公司里必须有一群懂教育教学的管理精英。

第二,公司里必须有一群懂互联网与移动互联网的运营精英。

第三,公司里必须有一群支持移动互联和互联产品的技术精英。

只有当线上教育教学内容、线上教育教学工具和线上教学服务流程三者都达到优质,并且形成很好的融合,线上教育的品质才会有最基本的保障。而要真正理解上面所说的这个简单道理,其实是需要很长时间和大量试错才能真的体会到其中的奥秘,即什么是优质的线上教学内容,什么是优质的线上教学工具,什么是顺畅的线上教务服务流程。所有这些和传统线下教育既有相似之处,又有不同。而仅仅满足线上的自循环还是远远不够的,我们还需要线上直播和线上录播的融合,线上教学和线下教学的融合,移动端碎片化学习和整块时间学习的结合,凡此种种的若干组合形成了不同的教学形态与模式。而由于教学对象的广泛性、教学种类的多样性,不同目标的教学产品需要采纳不同的教学组合,从而形成真正的因材施教。

如前所述,只有当线上教育教学内容、线上教育教学工具和线上教学服务流程三者都达到优质,并且形成完美的融合,线上教育的品质才会有保障。目前的线上教育恰恰都存在着上述三缺其一或其二的重大缺陷,这也就是线上教育公司的痛点所在。当然我们并不据此排除依托线上教育公司开课的独立教师们可能获得超越期待的收入。

其实,表面上看移动互联教育与互联教育的出现大大降低了以下三种成本。

第一,降低了学习者的学习成本。

第二,降低了教学者的教学成本。

第三,降低了开设学校的管理成本。

但实际上却大大加重了线上教育平台研发的成本,而这种研发也绝非一劳永逸,总要与时俱进,不断推陈出新,这才符合互联网时代的特征和要求。

来自于优质线上教育教学内容、优质线上教育教学工具和优质线上教学服务流程三者的要求,相应地,完备的线上教育平台的业务部门应该有与上述三板块内容相对应的三个部门,即教学部、教具部和教务部,三个部门的背后是来自技术部的支持。

教具部,此名词在传统线下教育公司是比较新鲜的概念,这恰恰是线上教学和线下教学差异化最大的地方。这里我们避免使用了类似"产品部"的概念,原因是由于教学培训和互联网的跨界结合,导致了"产品"二字极易被来自不同背景的人士所混淆,来自教学背景的人提到产品会认为是"四六级培训""考研培训""托福培训""司法考试培训"等。而来自互联网背景的人提到"产品"会认为是"教学直播工具""考试作业工具"等。我们把来自教学背景的人提到的"四六级培训""考研培训""托福培训""司法考试培训"等产品称之为"教学"。把来自互联网背景的人提到的"教学直播工具""考试作业工具"等产品称之为"教学工具",简称"教具"。

进一步,我们把教学流程设计,诸如线上排课、学生服务,特别是线上教学特有的服务流程(比如跨国跨时区的直播课程等)等,称之为"教务"。线上产品的真正形态=教学+教务+教具。显然,线上教育的教学工具的作用比重无疑较线下教育大大加强了。而线上教学和线上教务也都各有其不同于线下的特性,需要我们反复体会、改进和研发。

综上所述,初步依据一般教学管理和推广原理以及线上教学的特殊性,可归纳出线上教学的五个最核心环节,即教学、教具、教务、技术和推广。

5.3.2 线上教学操作

目前关于在线教育核心或者首要问题的讨论有很多,有的人提出了"在线教育成功的第一步——注意力控制",有的人提出了"在线教育核心是简单,而非效果",还有的人提出了"时间是在线教育的核心资源"等。上述论断,各有其依据和合理性的一面,但是无外乎都是关于教学结果或者目标的一种现象描述,而没有从本质上说明问题。

无论是注意力控制也好,使学生感觉到学习内容简单也好,还是提升了学习效率,本质上讲,这都是学习效果的体现。换句话说,无论是线上教学,还是线下教学,最终的评判标准都是教学的效果。而线上教学之所以能从传统教学的各种教学模式和工具中脱颖而出,形成一种新的教学模式,恰恰在于通过线上教学相比传统线下教学效果可能有了本质的提升。

一般意义上的教学理论,或者说保证线下培训课程质量优于他人的三个教学原则是:"简单、好学、实用。"这个教学基本三原则,是由巴黎第五大学神经语言学博士高朋,在历时十几年知名线下和线上教学机构的教学实践中总结而来的。它们在实际教学和师资培训中也是屡试不爽,让很多学生学有所成,让很多新教师成为行家里手。凡是课程设计能够满足上面三个原则,相应的培训效果也就有了保证。

第 5 章　在线教育

反观这三个原则同样适用于线上教学。线上教学的优越性在于教学效果对线下教学的某种超越。要特别注意的是某种超越,而不是全面超越。这就注定了线下教育模式不会因线上教育的出现而消亡。两者只能是互补存在的辩证关系。

而提及线上教学效果如何被保证的问题,一定是诸如"淘宝同学""YY 教育"等这样互联网出身的平台机构相对最为头疼的一个问题。而这个痛点恰恰可能是未来类似的平台机构必须着手解决的问题。只有解决了这个问题,平台间教学质量才会显现出差异化,平台的口碑和特色也会凸显,相应地才可能发现平台的赢利模式。

但是,大多数线上的教学平台并没有深刻认知这个痛点,单纯地认为自己只要提供了很好的教学直播工具,只要自己对教师、对学生的服务流程顺畅就基本完成任务了。至于教学内容,平台管理者可能不是很懂,或者只是略懂一二。而且,对于教学好坏的评判标准,也总是带有个体的主观评价,所以也不好参与其中或者制定客观标准来评价。而恰恰是这种逻辑给目前这些教学平台的进一步发展带来巨大瓶颈。

假如一个学生登录这样的平台,初次体验这种良莠不齐的课程,那很难再有购买的欲望。这与普通商品付款后才能体验的方式完全不同。

故开设线上教学平台的起步阶段,各个课程的开发,切忌求全,宁缺毋滥。每更新一个新的课程,都应该有严格的审核标准作为保障。这个标准,不仅适用于平台形式,也适用于内容运营。而且这种审查的制度规范,必须是由懂得教学或者教学管理的专业人员制定而成,且需不断完善修订。

线上教学平台教学部的工作人员的工作经验应该至少具备如下标准之一。

第一,亲身参与过授课,平均授课经验应该在 3000 小时或以上。

第二,作为产品经理或者课程设计者,亲身参与过 30 种以上课程的设计,并确保自己设计的课程在相应领域实现了运作赢利。

第三,作为客服,曾经处理过2年以上的教学投诉,并且亲身就100起以上投诉,参与了听课或者课程质量监控。

第四,作为人力,曾经面试招聘过100位以上的教师,并能保证监控过所招聘教师的教学质量。

第五,作为培训教师,需是培训教师的教师。

当然上述五种情况所涉及的具体数字指标是依据笔者十几年在教学机构中的工作经验所预估的,可在实际情况中再做调整。具备该经验标准的工作人员往往可以举一反三,通过一定信息收集和试听课程判断出所审查课程的基本质量,并给出评估报告。在授课团队出现问题的时候可以在教学层面给出一定的指导和改进意见,确保课程质量。

除了上述关于教学质量的基本控制之外,为了确保线上教学张力进一步表现,凸显线上教学的优势,教学部的研发工作也是不可或缺的,研发的内容包括(但不限于)以下几点。

第一,线上教学工具的挖掘。结合平台的教学工具,最大限度把教学工具所提供的教学功能挖掘和发挥出来,并对授课教师进行培训。

第二,线上教学法的研究。首先是常规教学法的迁移,之后是根据线上教学特点的总结和培训。

第三,线上课程设计得是否科学合理成体系。如果是录播课程是否可以达到高质量的碎片化与及时答疑相结合。如果是直播课程,教学方法、教学内容、课堂控制力都可以做常规评估。

第四,引入直播课开课前的试讲机制。

第五,引入定期的教学评估机制。

5.4　线上直播与录播

直播和录播是在线课程教学的两种形式,两者之间时效性的差异致使二者各有优缺点。直播更注重老师教的作用,同时辅导老师还可以及时与学生产生互动,可以有效地提升教学效率。但直播具有不可控的因素,对直播工作准备及教师的要求很高。录播更注重学生学的作用,学生听起来相对枯燥,这就要求课程的质量非常高。微课是一种高效的录播课形式,同样可以有效提升学生学习效率。但微课对课程制作人员的专业技能要求很高,而且制作成本也是普通录播课的数倍甚至数十倍。

5.4.1　录播

在 PC 端网速和移动端网速达到一定标准前,录播课程的教学形式将始终是线上教学最主要的教学模式。它也几乎被默认为是线上教学的代名词。

这种录播课程无论早期是以广播电视大学课程为媒体,还是以录像带、VCD、DVD 为介质传播,又或是在 21 世纪前 10 年成为线上教学的主要模式,它的整体教学效果始终不尽如人意,这也是线上教学相比线下教学发展明显滞后不少的主要原因。

录播课程在电视端以影像制品为主,比如 20 世纪 80 年代初在中央电视台播出的曾风靡一时的《Follow Me》等。录播课程一般有两种模式,其一是课件 + 配音模式,其二是教师出镜的录播模式。由于面对的是镜头而不是学生,在一定程度上会挫败教师教学的积极性。因此,课件 + 配音模式赢得极多教师的青睐,这种模式也成为了现在很多直播课程的原型。

众所周知,传统录播教学形式的问题主要有以下几点。

第一,教学过程中,无法实现教师与学生之间、学生与学生之间面对面互动,缺乏学习氛围。

第二,录制篇幅过长,教学形式较为单一,无法使学生长期集中精力学习。

第三,学生学习的初始原因多是被动性的,有着考试、毕业、学分等刚性压力,教学效果打折扣,学习效率总体低下。

针对这些问题,在移动互联时代到来之际,很多专家提出了录播课的改进模式是"高质量碎片化的录播课程"+"即时在线答疑",从而实现教学内容的真正互动,这也被称为是超越"线上直播课程仅仅是形式上互动"的优势,解决了线上录播课程教学效果的问题。但依目前实际情况来看,这只是一种理念,要真正形成某一门学科高质量碎片化的录播课程,背后需要大量的时间、资金和人力成本以及专业的策划包装团队。在中国,面对这些高昂的成本,如何实现利益回报,如何保护知识产权等都是必须去面对和解决的问题。

最后,目前有很多在线教育行业的先锋们还在研究"动画教学系统""自适应学习系统"与更为深入的"人机对话学习系统"等,这些都可能是未来线上录播教学系统发展的方向。

5.4.2 关于直播

线上直播教学系统直接面向教师和学生,是师生教学互动最重要的平台。它所提供的功能直接决定了教师在线上备课授课的表现力,一定程度上可以放大或限制授课教师的教学能力,同时也影响着学生听课时的状态。可以说,线上直播教学系统有望成为线上教学首要的、核心的教学系统。因此,对这个教学系统的深入研究尤为必要。

我们以下所着力研究的不仅仅是线上直播教学系统的表现形式和功能,也拓展了与之相匹配的教学服务流程。

我们依据线上教室的形态和功能可以把线上教室划分为:自习教室、答疑教室、线上讲座教室、线上对线下讲座教室、大班教室和 VIP 教室。每种教室对硬件和软件配置都有不同的要求。

5.4.2.1 线上直播教室功能区划分

线上直播教室功能区划分如下：
- 系统设置区
- 功能设置区
- 道具设置区
- 学生名单区
- 会话打字区（硬件可配置手写板）
- 课件展示区
- 白板区
- 视频播放区

5.4.2.2 直播课程服务流程

在线直播课程的服务流程，在一定程度上可以弥补教学平台技术与网络环境的不足，并更好地服务于学生、教师和机构。有的平台虽然技术全面、平台功能齐全，但在教学服务流程上却和令人满意的服务流程有很大差距，需要引入相应的人才和规范。

在线直播课程的服务流程，不仅包括开课当天的服务流程，还包括课程上线和课程宣传的服务流程。

另外，上课前对教师操作线上直播课程系统的培训尤为重要，在线直播课程系统的功能越强，教师的课程就会越精彩，但对教师的培训也就越发重要。我们说细节决定成败，即使教师坐在家里，其背后的布景以及教师的坐姿、眼睛和摄像头之间距离的设置等，都需要有很好的调整和设计，以使学生在计算机前感觉舒服和正常。这些也都是线上课程教研和培训的重要内容。

细节决定成败，服务于课程流程、师生关系维护的教务、客服的角色也同样重要。并且，线上教育平台，让传统机构中服务于内部教务和对外服务的客服在职能上越来越重叠交叉。

目前有的平台虽然技术全面,平台功能不错,但在教学服务流程上却有很大差距,需要引入相应的人才和规范制度。很多机构,特别是技术出身公司的服务流程,还需要大幅度提高自身的教务客服水平。

下文仅以开课当天流程做一简要说明。在线上直播课程中,有教师、班主任(助教)、学生(家长)等角色之分。其中,班主任(助教)在线上教学中有着保证教学顺利进行的职能。班主任(助教)作为班级的负责人,对于本班的所有情况必须第一时间掌握、反馈、调整和完善。班主任既要了解授课教师和此门课程的特点,还要对线上直播系统了如指掌,对各种可能常见的技术问题以及解决方案也要了然于胸。

班主任(助教)在每节课需要将教师、学生、平台等所有的事情都进行记录和邮件反馈,对于出现的异常情况要用红色字体标注,在课后反映给相关的技术人员、平台服务人员或者教师本人等。针对成年人的课程、少儿的课程以及讲座类课程等,班主任(助教)的职能又有一定的区分。根据不同的班级人数配置班主任(助教)的数量。

这里简述班主任(助教)应履行的职能。

(1)课前沟通。班主任(助教)上课前与授课教师对于平台的使用以及相互间的配合做全面的培训、沟通,增加解决问题的默契度。

(2)课前热场。班主任(助教)提前30分钟左右进入教室,打开本地视频,播放课件或上课注意事项或其他(不能出现黑屏)并且播放音乐直至教师正式上课。

(3)课前检测。班主任(助教)测试学生音视频及出勤情况(表5-1),在课前2分钟通过QQ或其他私信方式传给授课教师,方便教师对学生设备及出勤情况的了解。避免教师上课后再次点名以及对学生设备情况再次进行检测。

第5章　在线教育

表 5-1　课前检测表

用户名	真实名或常用名	是否出勤	音频情况	视频情况

（4）课中突发问题的解决。上课中若学生设备出现问题，班主任（助教）及时告知授课教师，授课教师不需要纠结于某一两个学生的问题。由班主任（助教）与学生私下联系解决问题，问题解决完毕后班主任（助教）可以私下联系教师告之情况。

（5）课中休息。课中休息时可由班主任（助教）播放音乐并切换至"文档共享"。

第6章 中小学网络云学习平台

目前,中小学网络云学习平台仍处于探索阶段,本章主要介绍了几种典型的网络云学习平台。

6.1 国家中小学网络云平台

国家中小学网络云平台是2020年防疫期间,根据教育部办公厅、工业和信息化部办公厅联合印发《关于中小学延期开学期间"停课不停学"有关工作安排的通知》,为支持各地做好"停课不停学"工作,帮助学生居家学习,教育部整合国家、有关省市和学校优质教学资源,在延期开学期间开通的云平台。

2020年2月17日,平台正式开通,免费供各地自主选择使用,可供5000万学生同时在线使用。2020年2月24日,教育部对国家中小学网络云平台进行升级,进一步丰富平台资源,促进学生全面发展。

最初的国家中小学网络云平台资源包括防疫教育、品德教育、专题教育、课程学习、电子教材及影视教育。其中,课程学习从近年来全国开发的原有资源库中择优选取,并根据需要由北京等地骨干教师补充录制,覆盖初高中12个学科。课程分周陆续上线,第一周上线169节。

升级后的平台资源包括防疫教育、品德教育、课程学习、生命与安全教育、心理健康教育、家庭教育、经典阅读、研学教育、影视教育、电子教材等10个版块,新增加了生命与安全教育、心理健康教育、家庭教育、经典阅读、研学教育,并更新补充了部分内容,供自主选择使用。

同时,应学生和家长要求,平台增加了中国教育电视台CETV4"同上一堂课"播出的小学及初中、普通高中课程,可通过平台收看电视直播,也可在课程学习栏目点播回看。

此外,为了保证学生在线学习网络的畅通,工业和信息化部署百度、阿里、中国电信、中国移动、中国联通、网易、华为等企业全面提供技术保障支持,协调7000个服务器、90T带宽,可供5000万学生同时在线使用。

6.2 钉钉在线课堂

钉钉(DingTalk)是由阿里巴巴集团打造的免费沟通和协同的多端平台。学校利用钉钉群开设直播课堂,教师可以自由地为学生进行直播,学生随着教师的直播主动学习并进行师生互动,教师可以随时根据学生的反馈进行教学调整。直播内容自动保存,学生课后可随时观看回放,家长也能一同观看并进行辅导,既有利于学生的个性化学习,又有利于亲子关系的建构。

6.2.1 钉钉平台的下载安装和注册

钉钉平台提供PC版、Web版和手机版,支持手机和电脑间文件互传等。在各"应用市场"均可免费下载安装。用户注册较简易,按软件指示逐步进行即可。

6.2.2 教学群的建立及功能简介

手机APP注册及建群相对简单,群邀请及链接也更容易通过微信、QQ等形式发送给学生,因此建议教师使用手机APP建教学群。电脑端可以更大屏幕地分享教学内容,建议教师直播时选用电脑端应用程序。手机建群操作如图 6-1 所示。

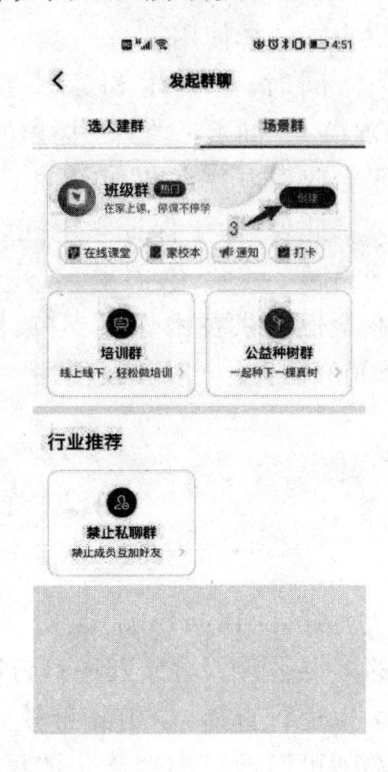

图 6-1　手机建群示意图

(1)打开手机钉钉APP,点击右上角"+";
(2)点击右上方"发起群聊";
(3)点击右上方"创建";
(4)在班级群名称中输入课程名称等信息,例如物理教学群、化学教学群;
(5)点击下方"创建",教学群就建好了。

群建好后,可以通过"微信邀请""QQ邀请""钉钉邀请"和"二维码邀请"等方式让学生和其他任课教师或助教加入。为减少学生等待和教师审核时间,教师可以在群设置中点击"群管理",把"入群验证"开关关闭,学生即可直接通过分享的二维码或链接入群,而不需要教师验证。

钉钉群的功能强大,可以发起群直播,如同日常课堂教学一样向学生展示PPT、音视频等,利于教学辅导与讨论;可以上传课件,方便学生查看;可以布置作业,学生可以线上提交作业;可以发布群公告,方便教师发布课程信息;可以签到考勤,实时查看学生到课情况;课堂使用过程中,可以不中断课程,随时发言、提问等。

6.2.3 精准教学辅导与讨论

钉钉既可电脑端操作,也可以手机端操作。智能手机近些年来呈现爆发式增长,并且国内4G网络已较为完善,因此每位学生在家即使没有电脑,也可通过手机接入移动互联网进行学习。此外,多家网络运营商在疫情期间为师生上网流量提供优惠,师生们都能享受网络提供的便利,为教育公平和教育质量提供了保障。

上教学辅导与讨论课时,屏幕上方显示视频、课件,下方是讨论区。主讲教师主要通过影音进行教学辅导,学生有问题可随时在讨论区提出、讨论,另一位教师或助教随时引导回答,真正实现了"主讲教师不中断,其他教师或助教实时回答"的辅导与讨论的教学模式。课后,师生更是可以随时进行讨论。因此,从课上到课下均可实现教学辅导与讨论完全融合。

6.3 腾讯教育

腾讯在国内的知名度相当高,旗下的 QQ、微信及相关的延伸业务共同组成了一个庞大的商业帝国。

在教育方面,腾讯很早就推出了腾讯教育频道。腾讯教育是中国用户量最大的教育门户网站,将国内外优秀教育信息资源和强大的产品服务紧密结合,网站开设有考试、外语、出国、校园、博客等栏目。但是腾讯教育频道更主要的是作为门户网站存在,并不是面向大众提供学习机会的在线教育网络平台。

6.3.1 腾讯教育概述

随着在线教育平台的发展,同时也因为淘宝和百度抢先进入在线教育领域,腾讯集团随之推出了正式的在线教育平台,即腾讯课堂和腾讯精品课,同时腾讯大学也在逐步完善,在未来也将会成为在线教育平台。

腾讯集团在教育领域的布局比较长远。除了教育门户网站之外,在上线腾讯课堂之前,QQ 进一步地完善了 QQ 群视频直播工具、支付工具的相关条件,为腾讯课堂上线之后形成完整的闭环而提前做准备。

2013 年 11 月,QQ 正式推出了基于群的教育模式,2014 年 4 月推出腾讯课堂。这个平台聚合了优质的教育机构和教师的海量课程资源。需要注意的是,腾讯课堂从一开始就与其他互联网平台一样,定位为开放式的教学平台,帮助和支持线下教育机构入驻平台,以获得更好的教育资源及影响力。

在具体的教学上,腾讯课堂与 QQ 客户端的关系十分紧密,充分地利用了 QQ 群的优势,实现在线即时的互动教学。同时在

第 6 章　中小学网络云学习资源平台

QQ 群中还支持进行 PPT 的课程演示，不同课程的屏幕分享等多样化的授课模式，更为授课者提供了白板、提问等全方面功能。腾讯课堂的官方主页如图 6-2 所示。

图 6-2　腾讯课堂的官方主页

腾讯精品课与腾讯课堂在定位上有很大的区别，在内容上更为精简，主要包括考试、培训、社会公开课和高校公开课四大类。腾讯精品课的大部分课程是收费的，这些课程来源于知名教师、出版社、学校及其他的教育机构，按照一定的比例分享获得的营业额。

与腾讯课堂依附于 QQ 群的模式不同，腾讯精品课主要以腾讯视频提供的视频点播模式为基础，进行课程教学。目前腾讯精品课的注册人数已经超过了 1000 万人，在国内的在线教育领域影响广泛。

6.3.2 腾讯教育的平台优势

腾讯教育的平台优势主要体现在以下三个方面。

6.3.2.1 用户优势

2014年的QQ用户数量为829亿,是全球第二大社交网络,用户优势在TAB三巨头中最明显。除了用户数量QQ群有着天然的群聚效应,即使是其他的教育机构也会使用QQ群或者同类型的微信群。这种优势让教学机构非常愿意入驻,通过腾讯平台获得人气。

6.3.2.2 技术优势

作为互联网公司,技术优势是腾讯发展至今的根本。从QQ交流技术、QQ群构建技术到腾讯课堂依托于QQ群进行开发等,腾讯的技术优势为用户提供了一个便利的学习环境。同时,腾讯为授课者提供了用户关系管理,通过CRM技术来管理与学生之间的关系,能够更为方便有效地进行沟通和授课。

6.3.2.3 推广优势

腾讯课堂对于入驻的教育机构有一定的推广帮助,如果机构在腾讯课堂达到一定评分,那么腾讯将为其提供"万元广点通基金",主要是用于机构的广告宣传。同时,安排专业人员进行推广指导,让教育机构在短时间内以"零成本"获得第一批固定用户。

6.3.3 腾讯教育的成功因素

腾讯教育的成功主要取决于以下五个因素(图6-3)。

广泛的用户基础

腾讯教育的用户已经突破了1亿,远远地将大部分的在线教育平台甩在了身后。广泛的用户基础是腾讯教育平台能够成功的主要原因。

教育机构的入驻

平台与教育机构是互帮互助的关系。教育机构需要腾讯平台的影响力,腾讯平台需要教育机构提供的实际课程的师资力量,各取所需,获得双赢。

课程内容层次化

腾讯课堂面向所有大众,内容广泛;腾讯精品课面向的是精英人士,层次较高;腾讯大学则主要面向新时代的技术。所有的课程在层次上各有不同,共同组成了整个腾讯教育。

多形式互动教学

无论是QQ群的互动教学,还是腾讯视频的互动教学,都是在教学的同时保证授课者可以和学习者进行充分沟通,让学生更好地去消化学到的内容。

移动端学习效果

APP移动学习是未来的主流,对于腾讯这种互联网巨头而言,更是早就有所准备。除了APP软件,腾讯教育还大力推广微信公众号服务,目前大部分的在线教育平台都有微信公众号。

图6-3 腾讯教育的成功因素

6.4 优学派智慧教育

优学平台是一个高效学习的平台,它调动和激发学生自主探究的能力,发挥学生学习的主观能动性,满足不同层面学生的学习要求,实现自主前提下的个性化教育模式。

6.4.1 优学预习,智慧可视导学

践行"先学后教"的教学理念初期,课堂的改革者经常有这

样的困惑。先学是让学生学什么,学到什么程度;而教师怎样检查学习效果,怎样通过学生的先学来决定教师的后教。"先学"不是让学生泛泛地看看书,而是学生根据教师所给出的学习目标和任务,带着思考,用科学的方式,结合有效的资源而展开的自主预习,主动交流和自主检测。这样的学习方式,既培养了好学生自主学习的习惯,也培养了后进生独立学习的习惯。

先学的模式加上电子书包的丰富资源和反馈的数据,使得学生的预习能够有多种选择。将资源变成学习任务,用任务来确定预习内容。让先学的过程有了层次性、趣味性和个性化特点。老师能够利用教师账号随时在线查看任务完成的时间,任务完成的质量,存在的个性和共性的问题。解决了之前预习的反馈滞后性,反馈结果模糊性,学生学习被动性的问题。让学生的先学用数据的形式呈现,而这些数据更直接有效地指导了教师的课堂教学。以优学智慧平台为依托的课前导学并没有减弱课堂的重要作用,而是发挥着"催化剂"和"发动机"的作用,实现了课堂功能的转变。

学生要想成为学习的主体,意味着教师在备课时要投入更多的精力,要详细地了解学生的已知、未知,哪些新知是可以通过迁移获取的,哪些知识是教师必须要教授的。以往是靠教师的经验进行预设,现在可以通过导学推送相关的内容,数据统计帮助教师定位知识的盲点,在授课前有针对性地进行备课,老师还可以在手机中适时评价学生的作业,做到随时随地。

课堂上学生普遍存在的、突出的或可迁移延伸的问题,借助智能统计,一目了然,再进行分析、讨论、讲解、巩固,将事半功倍。

6.4.2 优学互动,智慧人机对话

在传统课堂的教授环节中,教师与学生的教学互动往往是射线式的,单向的。教师教什么,学生学什么。所以,大多数学生的学习过程是被动的。而优学派电子书包给了课堂逆向的互动方

式,将教师定位为服务于学生的指导者,将课堂打造为学生与自己,学生与教师,学生与学生,甚至学生与信息平台之间对话交流的场所。达到了"后教"所需要的知识与技能的需求,同时丰富了课堂的互动方式。让课堂成为交流对话,合作创新的平台。

优学派的互动教学组件中,互动题板和截屏发送这两个功能有机地结合了人机互动和师生互动这两种模式。教师在教学的过程中可以将教学任务即时发送到每个学生手中。在完成教学任务的过程中,师生都能够实时看到学生的答题进度,学生作业提交时间。学生在进度的压力下,更容易集中注意力,提高学习效率,高效地完成师生互动,而在教师对结果的检测环节中,可以随机抽取某个学生的作业进行讲评,也可以随机抽取几份作业进行互评,实现人机互动模式。这个学习环节,让教师的教学管理更高效、让教学更轻松、让学习更快乐、让沟通更便捷。

互动课本的应用更加丰富了传统课堂教学,将课件与课本互为补充,让师生角色适时互换,学生可针对自己的理解与感受更直观地在电子大屏幕中勾画、批注、讲解,将无声课本变成有声工具。真正实现课堂是学生思维飞扬的竞技场,让学生在互动交流感悟中提升能力。

针对中小学生注意力易转移、好奇心强、活泼善动等心理特点,优学派电子书包配备游戏教学组件,从不同角度吸引学生的注意力,如汉字学习:内容从字的结构、读音,解释到词汇巩固,语言的拓展与运用,层层递进。各种妙趣横生的课堂组件,形成教学的听、说、读、写全方位的学习体验,过程遵循由点及面,由浅入深,循序渐进的教学原则,将教学过程游戏化,让学生"玩中学,学中玩"。

6.4.3 优学反馈,智慧数据课堂

现在教学活动中的评价基本以考试成绩和教师平时的观察为依据。这种没有数据统计和比对的评价本身的信度和效度往

往具有局限性和片面性。在现有的大班额教学模式下,教师对于一部分学生特别是中等或者中等偏下的学生的学习数据了解不够,也很难对这部分学生进行准确全面的评价和持续有效的指导。

优学派电子书包与传统课堂最直观的对比是于教学效果的及时反馈中体现出来的。它能将学生整体情况和个体差异的数据,及时、准确地反馈到教师的手中。而教师可以基于这些数据的分析和比对,在讲解的环节中,精准地把握学生的所需所求,建立科学的、务实的课堂。在大数据和小数据的催化作用下,实现课堂的精讲。

在课堂的互动环节之后,学生通过完成各种任务,对教学内容有了自己的认识深度,形成了自己对知识的总结、归纳和提炼。而进一步的学习渴望,就是检测自己对掌握知识的应用能力。每个学生在不同的智力水平下,所收获的知识和技能是有差异的。如何准确判断学生还存在哪些共性和个性的问题,是每个教师最想知道的。利用优学派的数据反馈功能,能清晰地看到学生的收获曲线。

通过数据的高峰值和低谷值,把握教学的短板,进行个性化的、科学的课堂讲练,才能把精讲落到实处。搭乘优学平台、构建智慧课堂体现了现代化教育的重要性,它为教师和学生提供了系统化的一站式学习辅导。丰富了教师的教学方法,记录了学生的学习轨迹。

6.5 超星泛雅平台

超星泛雅平台是集海量教学资源、专业课程建设、教学互动、教学成果展示、教学管理于一体的新型网络教学平台。它不仅为教师提供了一种辅助教学手段,而且为学习者提供了不受时间与空间限制的交互学习环境。传统的教学模式是教师在课堂上讲授知识,学生接受知识,学生在学习当中一直扮演着被动的角色,学习兴趣不高。而超星泛雅平台打破了传统教学模式的局限,通过线上学习的方法,让学习者体验网络教学的便利与趣味。

超星泛雅平台可以提供学习引导资源,可以针对不同的学生提供他们能接受并且感兴趣的题材。学生可以通过平台掌握具体的知识点以及相关操作流程,进行自主学习,在不懂或者没有记住知识点的情况下可以反复登录平台,找到解决问题的方法。超星泛雅平台是辅助教学工具,以教师平台为中介,与学生一起交互学习,这样不仅可以方便教师的教学,学生理解起来也更加轻松。

6.5.1 基于超星泛雅平台的教学设计

教学目标的完成需要以教学活动为载体。基于超星泛雅学习平台教学活动的设计主要分为学习平台课前教学活动设计、教室课中教学活动设计以及课后教学活动设计。

6.5.1.1 泛雅学习平台教学活动设计

结合学生特征以及学习材料,在尽量不增加学生学习负担来达成学习目标的情况下,将学习知识碎片化,将碎片化的知识点以微课视频的形式呈现,并配以对应的学习资源,包括相应的PPT、文本文档等。在此阶段,不提供完整的教案,因为教案中的术语和格式化的套路,学生不感兴趣也不易于理解。另外,增设平台学习指导材料——自主学习任务单,详尽的自主学习任务单包括学习的知识与技能目标,学习内容,学习步骤以及需要完成的作业、测验和讨论等。通过平台的自动评分系统,可不断监控学生的学习情况。

6.5.1.2 课中教学活动设计

在教学实践中,课中教学活动设计的原则均是以学生课前在泛雅平台上的学习内容为依据,在有限的时间内能将自主学习任务单中布置的学习知识内化。针对课前自主学习内容设计不同目标和层次的教学活动。

（1）课前学习成果展示。

教师可采用随机抽签方式，以小组为单位让学生对课前学习的知识进行展示。在此活动中其他小组可以提出质疑。教师要针对过程中出现的问题，引导各小组及时讨论，并实时讲授难以理解的重点、难点，从而将相应的知识内化。这一环节的设置同时也是对课前学习的检测和监控，不但能促使学生进行课前自主学习，而且还锻炼了学生的表达能力。

（2）小组学习。

在此阶段，教师不仅要设计除了第一阶段的知识点以外需要记忆、理解层次的问题，还要引导学生以小组为单位讨论、解决这些问题。在此期间，教师可不间断巡回答疑，观察学生的课前学习情况，锻炼学生的协作探究能力。

（3）同伴教学和个人进阶。

在上述两个阶段，教师的讲解以及低阶层次的知识均已呈现。在此阶段，教师可设计运用和分析层次知识案例、情景或任务，引导学生以小组为单位进行讨论，增加学生的能动性，协作探究、讨论、争辩、竞答再辅以教师的答疑，将该层次的知识和技能内化、重构，又达成过程与方法、情感、态度与价值观的教学目标，培养了学生的协作学习能力和团队合作意识。

另外，教师还要设计分析、评价等较高层次的案例、情景，引导学生个体进行自主探究，以竞答的方式形成学生争先恐后学习的场景，完成知识的内化，并培养学生勇于克服困难、自主创新的精神。

6.5.1.3 课后教学活动设计

在征询学生意见的情况下，以不增加学习负担为原则，布置运用、分析、评价等布鲁姆认知过程维度的综合问题作为课后作业，通过泛雅学习平台上交、批改。另外，可以鼓励学生通过平台群聊、讨论窗口进行课后学习,也可在 QQ 学习群中进行讨论。

6.5.2 考核评价体系设计

超星泛雅学习平台设有基于学习技术的形成性评价,包括课程视频、章节测验、访问频率、作业和考试等环节,这种形成性评价虽然对学习过程有一定的关注,但实际上仍是类似于传统课堂的目标取向,其虽然也列出了情感领域的教学目标,但这类学习的结果是渗透在学习过程中的,没有相应的方法来评价这种体现在学习过程中的成果,因此其仍然停留于知识和技能层面上的考核。考虑到教学目标的三维设计以及以学生为主体的教学理念,基于超星泛雅学习平台的考核评价体系设计是以过程性评价和总结性评价相结合的评价方式。过程性评价除了关注达成的学习目标,对整个学习过程中学生的积极性、参与度、周围学生的影响等难以量化的指标都综合进去了,其能更真实地反映学生的学习情况。总结性评价仍以传统的期末考试成绩作为评价指标。本次初步实施混合教学改革,暂定过程性评价为 50%,总结性评价为 50%,其具体的评价标准如表 6-1 所示。

表 6-1 考核评价体系

项目	子项目	
过程性考核（50%）	单次课程累计（35%）	课前学习（20%）
		课中学习（60%）
		课后学习（10%）
		其他不定期讨论及平台形成性统计（10%）
	实验考核（5%）	
	期中考试（10%）	
总结性考核（50%）		

多元化的评价方式能更真实地反映学习者的学习效果,更利于学生自主学习、探究学习、协作学习以及创新学习等学习能力的培养。

6.5.3 基于超星泛雅平台的计算机基础课建设

当今社会,信息技术已然是一种先进生产力,为教育事业的改革和创新提供了更多的选择,利用网络空间推动教育的发展成为当下教育研究的一个热点课题。在"互联网+"视域下,在线式的课程教学模式逐渐受到重视,成为高校教学的一个重要组成部分。基于教学目标与教学成效,本节以超星泛雅平台为例,对计算机基础课程的建设进行探索,旨在提高课程的教学质量。

6.5.3.1 教学方法设计

为了更好地让学生把理论知识运用到实际中去,可以基于超星泛雅平台,构建一种新的移动教学方法。这种教学方法混合了线上与线下教学方式,在教会学生理论学习的同时,也提升了学生的实际操作能力。

线上学习主要依托于超星泛雅平台,以互联网空间资源为主导,按照"自主学习"和"少教多学"的原则进行设计。一是要整合学习资源,划分学习内容,分章节处理知识点,方便教学与检索;二是制订一套完整的线上教学指导方案,教会学生如何利用超星泛雅平台资源进行网络学习;三是要设计知识测评与课后总结环节,巩固所学知识点,总结学习过程中存在的不足,提高学生将理论知识转化为解决现实问题的能力。

线下学习主要借助于机房,按照"理论与实践、超星泛雅平台与机房、教师与学生多点的双向互动"原则进行设计。一是设计线上实践教程,结合线上学习资源,明确实地教学目的,把专业性的理论问题与机房教学进行一一对应;二是通过理论知识的指导,合理设计实地教学的教学案例,引导学生运用线上理论解决线下实际问题;三是考虑到学生在实践过程中所遇到的困难,设计线下面对面指导教程,对于疑难问题进行有针对性的教学,培养学生自主解决问题的能力,提高学生对于理论知识应用的能力。

6.5.3.2 教学实施

首先是课前准备。在教学开始之前,教师在超星泛雅平台上建立课程教学模块与班级互动模块,通过班级 QQ 或微信群发布超星泛雅平台客户端,创设网络教学环境。教师通过平台把之前已经录制好的视频上传,学生收到学习的信息后,登录自己的用户名进入系统,打开今天的学习任务清单。学生可以根据学习的任务和自己的实际情况,自主选择在什么时候对视频进行预习,在预习过程中遇到任何问题都可以在线反映给教师或者跟同学进行在线讨论。对视频进行预习后,每个学生完成课后的练习题,并把相关的问题一并反馈提交给教师,教师总结学生反馈的信息,对于授课内容进行有针对性的准备。

其次是课中实施。一是线上导学。第一步,学生利用携带的移动设备登录超星泛雅平台,按照课程学习模块进行自主学习;第二步,参与课程网上探究与主题活动,利用互动功能与辅导教师进行线上双向交流,第一时间解决学习中遇到的问题;第三步,独立完成线上作业与自测题,巩固所学知识,提交遗留问题;第四步,教师对未解决的问题进行汇总归纳,开展空间讨论活动,与学生一起线上分析课程难题,找到正确解决问题的方法。二是线下操作。第一步,结合线上学习课程选择实践基地体验学习,教师选择典型案例让学生自主探究,学生利用从超星泛雅平台上获得的案例分析能力,厘清解决问题的思路,初步寻找解决问题的方法;第二步,组建头脑风暴式学习小组,学生针对案例问题进行机房演练,通过小组讨论,分享各自解决问题的方法,学生在交流中总结他人解决问题的好方法,发现自己存在的不足;第三步,开展面对面指导,教师对于每一组的作业进行评价,给出合理的修改意见,学生针对修改意见完善自己的方案;第四步,开展总结研讨会,各组汇报最终解决方案,指导教师进行打分,学生分享在实地教学时的心得与体会。三是双线混合。采用循环验证学习法,随时随地通过线上与线下的反复学习,发现学习中存在的薄弱环节,全面复习与重难点学习相结合,逐步实现个人能力的重塑。由于运用网络空间学习具有不受时空限制的特点,可以把线上学习拓展到线下,把线下问题带到线上进行探索讨论,提高了知识的应用水平。

再次是教学评价。课程学习完后,学生根据自己的实际学习情况与教师的评分,通过超星泛雅平台的自评模块,对自己在各个环节的表现进行打分。通过对自己的学习评估,更加客观地总结学习中需要保持的地方以及需要加强的方面。课程学习完后,学习团队之间通过超星泛雅平台相互评价学习情况。教师根据学生的自评及团队互评结果,通过超星泛雅平台发布讨论帖,对于某些突出问题以及需要改善的方面进行指导,针对评分较低的同学,教师可以通过平台对具体的题目进行评价与批注,帮助学生提高。

最后是教学反馈。课程结束后,教师鼓励学生根据学习体验对课程的教学提出意见,通过汇总学生的意见以及大数据分析,帮助教师在今后的学习中做好课程优化,提高教学质量。

6.6 其他网络云学习平台

6.6.1 100 教育平台

与其他的教育机构相比较,100 教育属于一个相当年轻的平台,因为其出现的时间相当晚,2014 年才正式上线。其独特性在于平台的定位是一个在线教育服务平台。

在现阶段,100 教育平台包括以下四种形式,如图 6-4 所示。

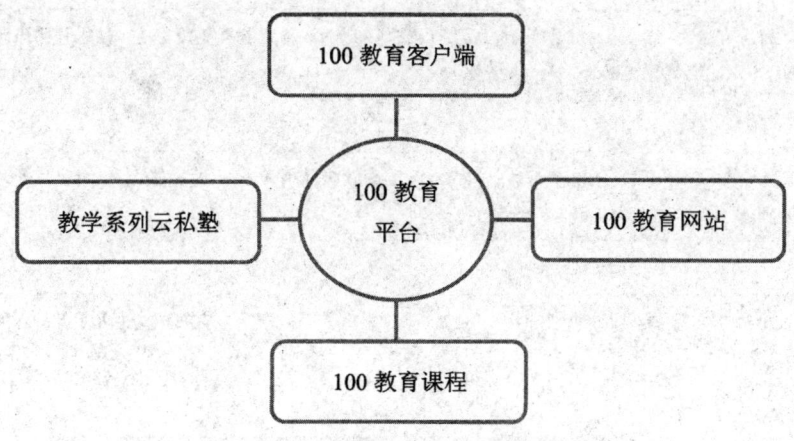

第6章 中小学网络云学习资源平台

图6-4 100教育平台的四种形式

6.6.1.1 100教育平台的创立

欢聚时代在2014年2月25日推出了独立的在线教育品牌，这就是100教育。

100教育在成立之初从托福和雅思免费强化班的角度，切入了在线教育领域。随着一段时间的发展，100教育将平台的定位分为以下三个领域，如图6-5所示。

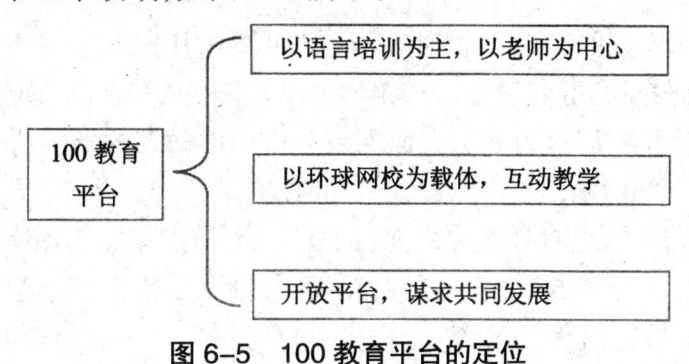

图6-5 100教育平台的定位

6.6.1.2 100教育的发展历程

100教育的发展历程十分清晰，属于相当年轻的一个教育平台，与其相关的主要发展步骤如图6-6所示。

> 2014年2月25日，100教育独立品牌正式发布，100教育首期免费托福、雅思强化班课程在官方网站启动预约报名。

> 2014年4月18日，100教育独立客户端及100教育移动App正式发布上线，提供移动教学服务。

> 2014年8月21日，100教育推出K12（基础教育）开放平台，宣布正式进入基础教育的平台竞争中。

> 2014年12月12日，100教育收购国内规模最大的在线职业教育机构——环球网校，宣布正式进入职业教育领域。

> 2015年6月24日，100教育推出个性化教学系统"云私塾"，该系统是继100教育收购环球网校后推出的首个产品，加速在线教育的个性化学习进程。

图6-6　100教育的发展历程

6.6.1.3　100教育的影响情况

100教育的影响力相对较弱，但如果和其发展时间相比较而言，平台在同类型网站中已经相当突出。下面从知名度、创新能力、用户体验和发展潜力四个方面深入分析100教育的影响情况。

（1）100教育的知名度

100教育的前身YY教育在2014年的中国在线教育综合水平排行榜中以7.53分位列前20。著名投资人雷军和李学凌都对100教育进行过大额的资金投入。同时托福、雅思强化班的免费，四六级相关课程的永久免费都对知名度的提升有所帮助。

（2）100教育的创新能力

100教育在2015年发布了未来的产品战略，将继续全力推进免费在线课程和基于网络的、智能化的、个性化的教育模式的大变革。创新主要在于产品的表现模式和"一对一"的教学模式，

第6章　中小学网络云学习资源平台

同时结合个性化教学系列"云私塾",以创新去占领市场。

（3）100教育的用户体验

100教育内容包括多个方面,如K12领域的"一对一"教学、留学领域的外语培训、职业方面的教学以及家长学院等,较全面地覆盖了领域内的相关内容,同样从细节入手,通过用户的良好体验打造品牌。

（4）100教育的发展潜力

由于教育信息化的加快推进,以及互联网飞速发展等因素,在线教育市场已经相当繁荣,100教育就是在这种环境下进入的。在移动端,随着移动互联网的兴起,在线教育逐渐平移到手机移动端。教育类App在2014年底就已经超过了7万个,占据应用商店中应用类型第二位,占比超过10%,仅次于游戏类应用。100教育的重心就是这些大热的方面,同时自身竞争力也较强,在未来的发展中潜力巨大。

6.6.1.4　100教育平台的网站设计

100教育平台的网站设计以舒适为主,在具体的页面导航上主要按年级进行划分,如图6-7、图6-8所示。

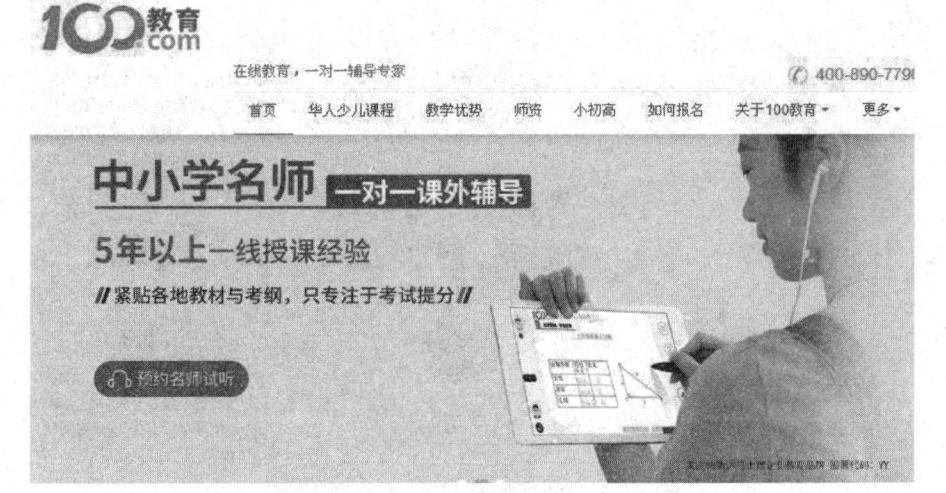

图6-7　100教育的平台主页

图6-8　100教育平台上的部分课程

在平台上可以直接了解平台的相关优势,这也是100教育的主要宣传渠道,用户能够更深入地认识100教育平台,如图6-9所示。

图6-9　100教育平台的宣传界面

6.6.1.5 100教育平台在基础教育上的优势

师资力量一直是100教育平台最为关注的方面,教师资源的丰富性和优秀性直接决定了平台的发展潜力,以及留住用户的可能性。

如图6-10所示,即为平台对其师资力量的具体分析。

解放教育力量 实现百分愿望

100教育汇集全国好老师

- 一线授课经验
- 带过毕业班
- 教龄超过10年

- 过硬的专业知识、出色的授课技巧
- 能快速、准确发现孩子问题,并制定有效的教学方案
- 精通历年考试考点,孩子提分事半功倍

- 除了能够让孩子学到扎实的基础知识,还擅于培养孩子的创造性思维能力,让难点题型轻松突破
- 针对孩子性格特点进行沟通,使孩子乐于面对问题并保持一个积极向上的学习心态
- 尤其擅长突击式强化提分

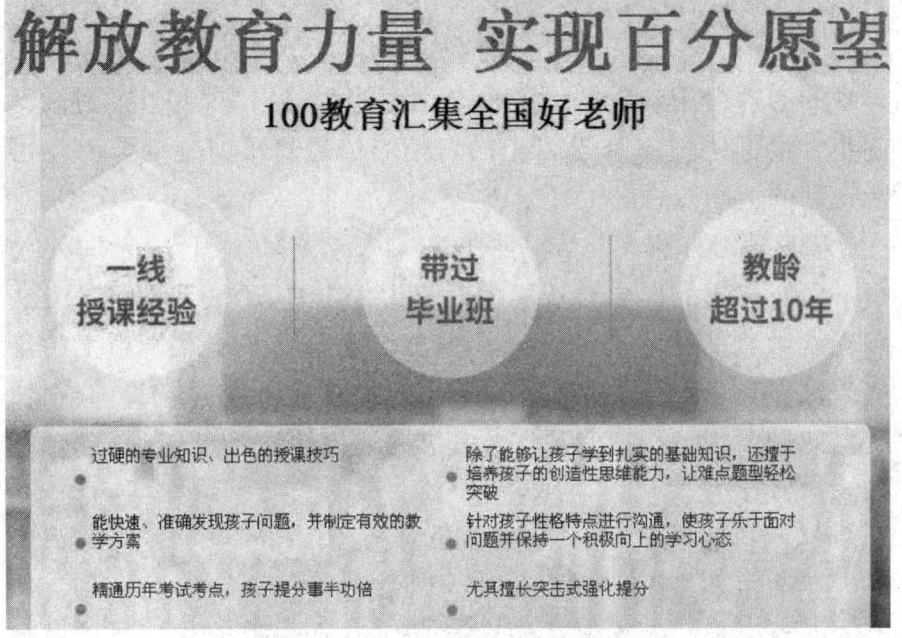

图6-10 平台的师资力量分析

基础教育领域的受众主要是学生,目前100教育平台主打的是依靠优秀的教师团队打造一对一教学,而放弃传统的全面教学模式,使受众获得更直接有效的教学,从而提高分数。需要注意的是,100教育的"一对一"教学是网络式的,是只在线上进行的教学。

家长能够在平台上了解相关的情况,制定计划和选择科目,然后平台就会提供全方位的教学服务,并且根据学生的实际情况进行分析,选择最适合学生长期发展的方式进行教学。

在实际的教学中,"一对一"网络家教模式的优势主要体现

在以下几方面。

（1）弥补不足

在基础教育时期，中小学生的学习负担过重已是一种常态。主要是新知识太多，作业量又大。对于孩子来说，就会有一些消化不了的知识。长此以往，势必造成恶性循环。网络家教可以弥补这方面的不足，但是，这同样也会进一步加重孩子的学习负担。

（2）增强信心

"一对一"的辅导模式，学生的注意力会相对集中，同时经验丰富的老师会用幽默的语言提高学生的学习兴趣，并且通过教学逐步帮助学生树立起学习上的自信心。这是平时在课堂上不可能得到的全面照顾。

（3）学习方法

学习方法的形成对于学生而言十分重要，不成熟的学习方法会耗费大量的学习时间。家长很难发现自己孩子在学习上的某些弊端，但是辅导的教师凭着专业的本领和丰富的经验，会很快明白问题所在，并在潜移默化中帮助学生纠正不良习惯，掌握正确的学习方法。

（4）针对授课

教师在课堂上，只能以大多数同学的接受水平进行授课，不可能面面俱到。网络辅导的教师面对面地授课，且授课之前对学生水平已有了解，包括相关的性格等方面，在教学上的针对性较强，并给学生留有充分的考虑余地。学生在此种环境里学习，情绪会放松下来，学习的效率自然会大大提高。

6.6.2 学大教育平台

线上与线下的结合一直被认为是在线教育领域中未来的主流趋势，早在十几年前，国内就已出现了探索该方向的网站，并获得了成功，这便是学大教育平台。

学大教育推出的 e 学大平台虽然属于学大教育的一部分，但

第6章 中小学网络云学习资源平台

是在形式上两者并不相同,具体内容如下。

(1) 学大教育

2001年9月,学大教育正式成立,同时推出国内首家网上家教服务网站,开始探索线上与线下相结合的模式。从成立之后,学大教育主要以传统的教育模式进行发展,主要的精力在线下教学点的扩建上。

学大教育在全国共有400多所学习中心,在不同的城市分别设有不同的网上教育平台,在北京的学大教育平台如图6-11所示。

图6-11 学大教育在北京的网络教育平台

(2) e学大平台

2014年3月,学大教育正式发布线上与线下相结合的O2O战略,推出个性化智能辅导平台"e学大",该平台包括线上ASPG辅导平台与线下辅导体系。

平台主要面向中小学生推出个性化测评在线学习,通过海量的题库支持练习,同时注重中高考全方位的内容覆盖。平台的核心优势是,在K12教育领域共有8000个知识点,拥有50万道海量题库,2万个视频课程。

e学大是面向全国的,不分地区的在线学习平台,在内容提供上是全免费模式的。平台主页如图6-12所示。

一般情况下,大众所了解的学大教育是包括线下教学点与线上平台两个方面的,并不需要去特意分开认识。

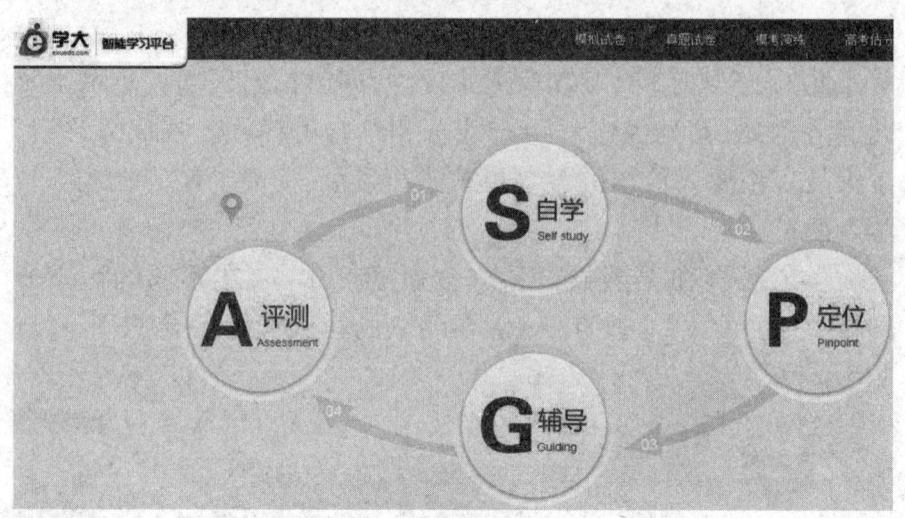

图 6-12　e 学大在线学习平台的官方主页

6.6.2.1 学大教育平台的创立

2001 年 9 月,学大教育集团在北京成立,集团的核心发展目标是专注于利用优质的教育资源和先进的信息技术,打造国内的个性化教育。其内容定位十分专一,自始至终主打国内 K12 教育领域的学习。

目前学大教育在全国 114 个城市设有学习中心,其中规模较大的有北京、上海、广州、深圳、成都、杭州、天津、武汉等。北京学大教育平台是学大教育集团的总部,也是规模最大的分校,同时用户可以在平台上直接查询北京校点的 21 个学习中心,选择地理位置上最为方便的学习中心进行相关的学习和测试。

6.6.2.2 学大教育平台的发展历程

下面对学大教育发展的相关历程如图 6-13 所示。

6.6.2.3 学大教育平台的影响情况

学大教育的影响力因为十几年的不断发展而显得日益稳固。

第6章 中小学网络云学习资源平台

随着在线教育O2O模式的布局,学大教育在未来的影响力必将更为广泛,在未来在线教育领域的合并浪潮中,这个庞然大物很难被击败。下面从知名度、创新能力、用户体验和发展潜力四个方面深入分析学大教育的影响情况。

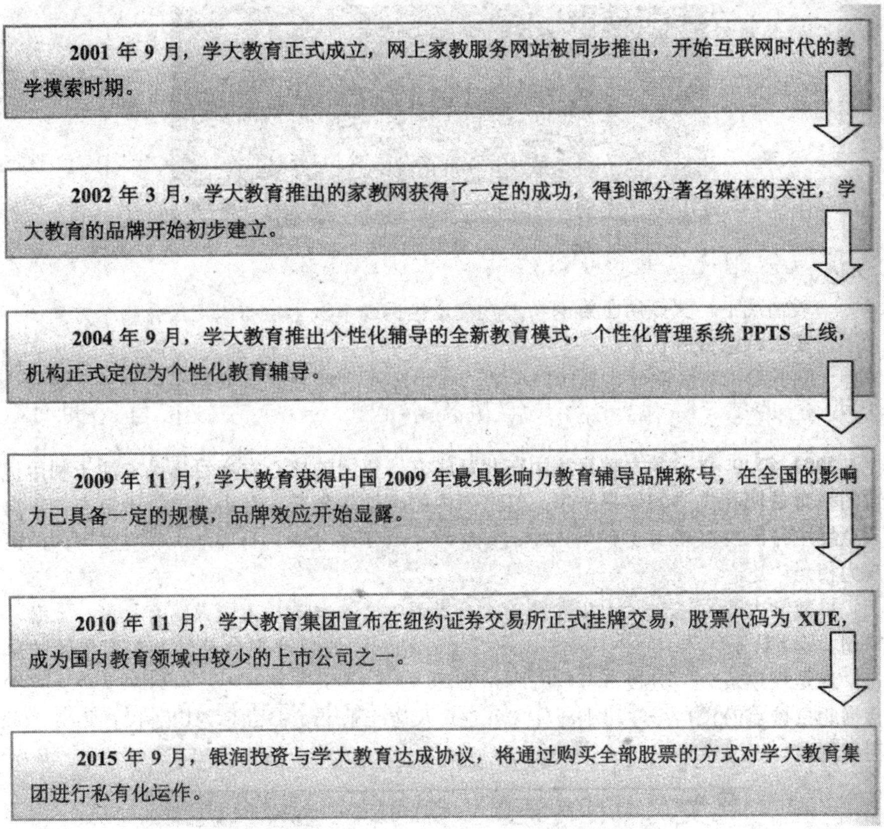

2001年9月,学大教育正式成立,网上家教服务网站被同步推出,开始互联网时代的教学摸索时期。

⬇

2002年3月,学大教育推出的家教网获得了一定的成功,得到部分著名媒体的关注,学大教育的品牌开始初步建立。

⬇

2004年9月,学大教育推出个性化辅导的全新教育模式,个性化管理系统PPTS上线,机构正式定位为个性化教育辅导。

⬇

2009年11月,学大教育获得中国2009年最具影响力教育辅导品牌称号,在全国的影响力已具备一定的规模,品牌效应开始显露。

⬇

2010年11月,学大教育集团宣布在纽约证券交易所正式挂牌交易,股票代码为XUE,成为国内教育领域中较少的上市公司之一。

⬇

2015年9月,银润投资与学大教育达成协议,将通过购买全部股票的方式对学大教育集团进行私有化运作。

图6-13 学大教育的发展历程

(1)学大教育的知名度

对于学大教育而言,即使是利用移动互联网和O2O提高线下业务产能,其最终目标仍是将线下主营业务做扎实,这就要求学大教育的学习中心覆盖面越广阔越好。随着线下教育的布局,学大教育在国内114个城市都有学习中心,几乎覆盖了所有省份的中心地区。

(2)学大教育的创新能力

学大教育集团的创新几乎贯穿于整个集团的发展历程,比如初期从传统的教育机构创新为拥有师资力量的培训机构,这是学大教育历史性模式突变的起点。e学大的出现,使集团领先于其他机构,开始进行O2O模式的尝试和转变,与原本的线下优势相结合。

（3）学大教育的用户体验

无论是e学大的网上免费教学模式,还是线下学习中心的单独辅导,对于学生而言,都是能够提高个人成绩的重要法宝。线上和线下的融合教育形式可以解决K12阶段的中小学生缺少监管、难以自主学习、学习空间、时间受限等相关问题,使个性化教育得以智能化实现。

（4）学大教育的发展潜力

传统个性化教育辅导行业发展到互联网时代,需要进行变革转型是必然的。但是与其他机构不同的是,学大教育首先拥有线下教育的绝对优势,形成O2O模式的闭环远比其他机构来得容易。同时在线教育的未来发展趋势,也就是O2O模式,其本身就是学大教育一直致力于发展的中心内容。

6.6.2.4 学大教育平台的网站设计

与其他的教育平台相比,学大教育的网站设计得比较务实,较为传统化,没有特别突出的地方,但是这种设计方式被很多后来者所模仿,成为一种传统教育机构的典型网站模式。

除了不同学科的内容介绍之外,学大教育还会在不同地区的平台上展示对应的师资力量及相关信息。

e学大的平台设计更注重简洁,内容上主要分为题库、试卷、微课程和掌上e学大等四个方面。

6.6.2.5 学大教育平台的受众

大多数在线教育平台都是同时具备多个领域的垂直化内容,但是学大教育却自始至终只做K12教育,也就是基础教育领域的培训,利用十几年的时间形成一套成熟的培训系统,并以学生为中心,不断地进行教学方式上的创新。

需要注意的是,在国际上的 K12 教育领域中,学大教育的影响力并不算出众。在国际上最有影响力的专注于 K12 教育领域的平台,是 K12 国际在线教育平台。

K12 国际在线教育平台的目标并不仅仅只是提升学生成绩,这与学大教育及国内的几乎所有在线教育模式都不一样。其目标是创造一个由学生、老师和家长共同组成的环球教育中心,通过提升学生的整体素质,包括学习成绩,来推动国际教育事业的发展。

K12 国际在线教育平台的定位是通过有效的教育服务使不同地区、不同社会经济背景的孩子都能发挥出最大的潜能。

6.6.2.6 学大教育平台的独特优势

在国内,K12 阶段主要是指从 1 年级到 12 年级的基础教育,也就是小学、初中和高中三个阶段。

学大教育的课程内容具体分为以下方面。

(1) 小学辅导课程

在线学习以 e 学大为例,平台提供语文、数学、英语和科学 4 门主要学科的题库。使用者通过单击不同的知识点可以进入实际的题目界面。

除了题库,平台还同步为用户提供试卷和微课程等配套的相关内容。其中微课程就是在线教育的视频课程。

(2) 初中辅导课程

e 学大平台上的内容是根据实际教学需求的内容进行相应提升,初中辅导的课程主要有语文、数学、英语、物理、化学、历史、地理、政治和生物等学科。

用户能够在平台上获得国内名校的相关试卷,如图 6-14 所示。

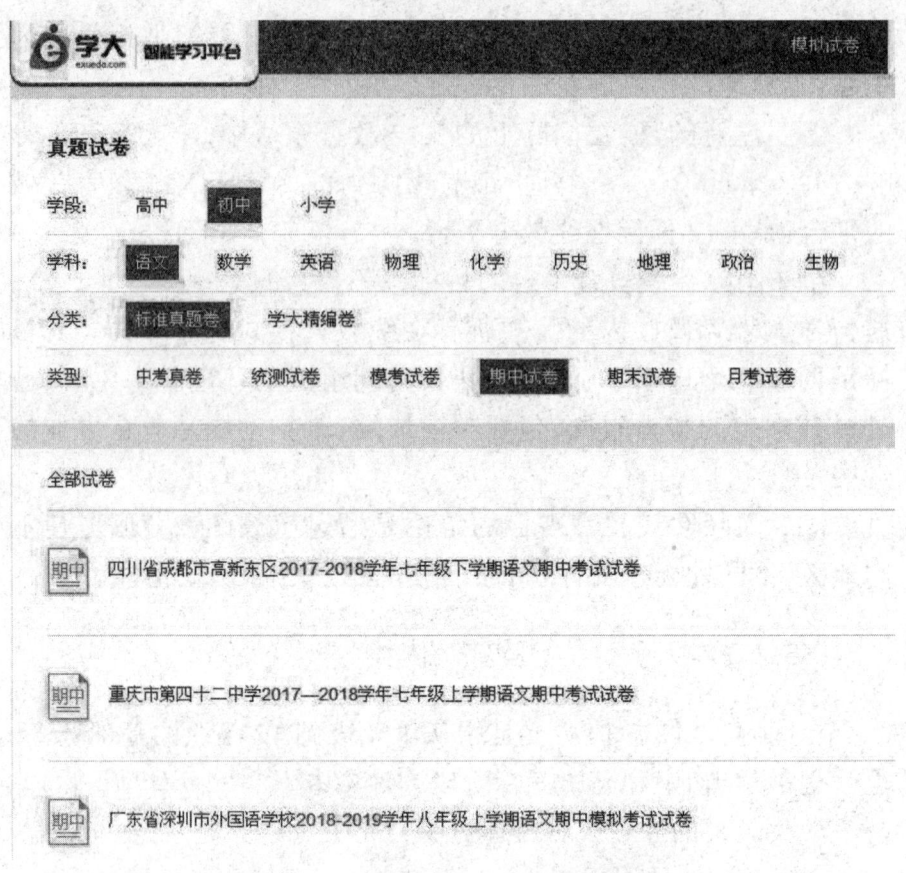

图 6-14　初中阶段的部分国内试卷

（3）高中辅导课程

与低年级的课程相比，高中的课程无论是题库、试卷，还是微课程，在难度上都更高，同时数量也较多，主要是为了满足高考的需求。

在质量上，学大教育追求的是精益求精，尽可能地全面而细致地将知识点的内容表现出来。需要注意的是，所有 e 学大上的课程都是可以在移动客户端进行播放的，实现了 PC、手机和 Pad 的全线覆盖，并在平板电脑端支持离线使用。

（4）特色辅导课程

e 学大平台上的课程与题库、试卷等都是免费的，但是学大教育本身是营利性的公司，其主要的收入来源就在于特色辅导课程部分在学大教育平台上的课程与 e 学大平台上的课程是完全不同的,所有的相关课程都是需要付费才可以进行学习的。为了让用户觉得更满意,平台提供了配套学习模式,比如学科测评,让学生更明白自己的优缺点。

对于师生之间的互动也是学大教育重点关注的部分,平台上开放了专门的页面用于学生答疑,解决学生遇到的每一个学习上的问题。

6.6.2.7 平台的成功因素

学大教育的成功可以从以下几个方面进行具体分析。

(1)行业内影响力广泛

在正式向 O2O 模式转型之前,学大教育就已经是国内传统教育领域的巨头之一。随着 TAB 等互联网巨头的进入,学大教育的竞争压力加大,但是其在国内的 114 个城市开设的 400 多所个性化学习中心,是其他机构所力不能及的,即使是 TAB 也无法消除其在线下的影响力。

学大教育在师资力量方面主打精英模式,经过多年的教育研究和实践总结出一套行之有效的全新的教育模式,也就是个性化教育系统。在目前大部分的其他平台都在采用类似的教育系统提升自身的影响力和平台能力时,可以说,学大教育在行业内的影响力是相当广泛的,尤其是在 K12 教育领域。

在目前,学大教育仍然在努力地扩大线下的学习中心数量,同时借助互联网的力量拓展品牌信息。

(2)区域打造独家优势

在十几年的布局中,学大教育的影响范围几乎遍及全国,每一个学习中心都是学大教育的利益来源。通过在区域内打造独家线下学习中心的优势,提供给学生和家长最便利的学习途径,从而进一步地依靠教学质量打造品牌。

(3)产品的大众信任度

产品的质量是一个教育机构长期发展的根本,学大教育之所以能够持续稳定地发展下去,主要是因为其产品获得了大众的信任,具体的分析如图 6-15 所示。

- **品牌实力**:十余年的教学辅导经验、强大的网络平台及线下教学规模。
- **先进方法**:"一对一"教学,针对孩子的问题点出发,提高学生成绩。
- **教研团队**:学大对于师资要求极高,打造的师资团队力量雄厚。
- **辅导效果**:成功辅导的学生数量超过 30 万,大部分的分数有显著增长。
- **教学承诺**:在宣传上,以学生为中心,学生在学习过程中可以随时更换老师。

图 6-15　学大教育取得大众信息度的分析

(4)完全家教式的服务

学大教育的学习中心主要是致力于学生学习能力开发和培养、自主学习社区建设,同时具备家庭教育研究和咨询、课外辅导服务等功能的个性化教育机构。在学生方面,学习中心推出了完全家教式的服务,也就是学大教育主打的个性化教育。具体内容如图 6-16 所示。

- **"一对一"咨询**:学习咨询师利用科学的评测方法及丰富的教育教学经验,为学生和家长提供一对一咨询服务,解决学生的各种学习问题。
- **"一对一"定制**:由专业的教育团队根据每位学生的特点,定制并实施以学生为主题的个性化教育服务方案。
- **"一对一"教学**:学习中心聘用的老师都是一线的资深教师,绝对有水平为学生提供"一对一"的个性化课外辅导。
- **"一对一"管理**:为每位学生都配备一名学习管理师,随时监督学生的辅导进度,并与家长保持紧密的沟通,积极反馈对学生的辅导情况。

图 6-16　学大教育的家教式服务

6.6.3 智慧学伴

北京师范大学未来教育高精尖创新中心以"全学习过程的数据采集、知识与能力结构的建模、学习问题的诊断与改进、学科优势的发现与增强"为理念，开发了智能教育公共服务平台——智慧学伴（见图6-17）。智慧学伴平台面向北京市基础教育领域师生未来教育发展的需要，基于全学习过程的大数据分析驱动，为全市师生提供创新的教育应用服务，并探索移动互联时代的创新教育业务形态和治理方案，推进北京教育公共服务从数字化转型到智能化，助力构建北京教育公共服务新模式。

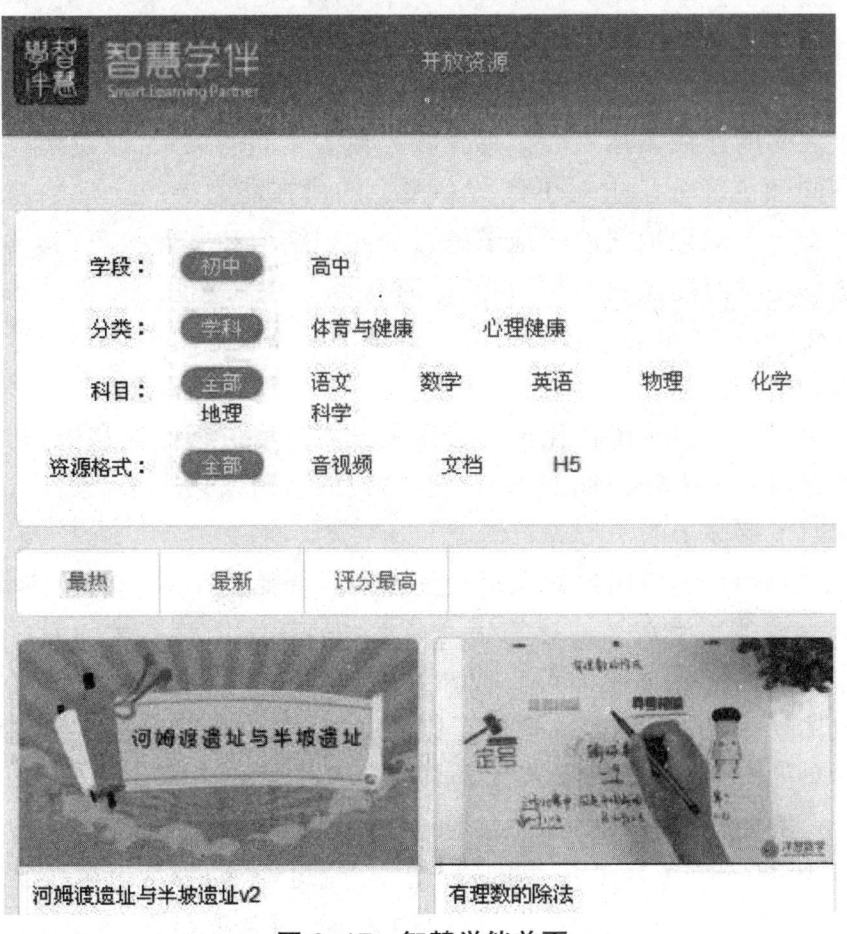

图6-17 智慧学伴首页

智慧学伴面向北京市中小学生,提供在线测评、智能作业、个性化报告与学习资源包智能推送等教育服务,实现学生学科能力素养的分析与诊断、个性发展优势的发现与扬长。

智能教育公共服务平台支持全学习过程的数据采集,包括学期总测、单元微测、素质测评、创意作业、开放实践和体质健康等方面。学期总测在学期末进行,针对学生的学科能力与学科素养进行诊断;单元微测在单元学习结束后进行,针对学生的知识点掌握情况进行诊断和分析;素质测评面向学生的跨学科心理发展水平测查;创意作业支持学生完成形式多样的在线作业;开放实践面向学生的综合实践活动;体质健康模块采集学生的体测数据。智慧学伴对学生全学习过程的数据进行采集、分析、构建知识空间、推荐学习内容与服务。

智慧学伴为每个学生提供个性化的知识地图,通过结点及结点之间的连线表达核心概念及核心概念之间的关系,通过结点的不同颜色区分学生对于该核心概念的所在能力层级。学生通过查看个人知识地图清晰地了解自身知识结构和掌握状态,为学生进一步学习提供辅助与引导,同时获得平台中优质学习资源的个性化推送,用来进一步提升自己的能力。家长通过微信公众号可以随时查看孩子的学科能力测评报告、心理综合素质分析报告,可以对自己孩子个性化推荐资源的学习进度进行监控和检查,以及查看其个人知识地图。通过全方位的诊断信息推送,家长可以实时了解孩子的学习成长情况。

双师在线应用最大限度地还原教师原始的一对一辅导体验,减少教师实施在线辅导的学习成本和转换不适感。教师通过纸笔书写的操作体验即可完成在线辅导。教师几乎不费力就可完成图形图像、公式书写等多元化的内容输入,大幅度提高数理化学科的教师在线辅导体验和流畅性。

智能教育公共服务平台通过教师在线辅导、学生在线学习和讨论,实现问答中心的提问、回答、交流讨论等,为学生提供精准化、个性化、多样化的在线教育服务供给,促进基础教育基本公共

第6章 中小学网络云学习资源平台

服务转方式、补短板,提高服务质量,助力北京市学科教学改革和考试招生制度改革。

第 7 章　如何实践翻转课堂和混合式教学

翻转课堂技术的核心就是一个很简单的创意,我们将这个简单的时间转换称为翻转课堂,它生动地反映了人们通常所提及的翻转课堂。利用课堂讲课视频翻转家庭作业,就能拥有一个高效的翻转课堂。

当我们翻转我们的课堂时,学生在单元测试中的表现明显变好了,这使得我们在课堂上开展亲身实践活动的时间多出了一半。从最开始帮助学生满足他们需求的简单实验,变成了一项举世瞩目的新技术。翻转课堂高效地实现了混合式教学,可以根据每位学生的学习进度、接受程度进行个性化教学。

7.1　如何实践翻转课堂和混合式教学

翻转课堂与混合式教学并不是一种简单地将教学与现代技术结合以实现学习方式、学习环境的混合模式。在翻转课堂与混合式教学的过程中会遇到很多很难解决的状况。如果学生不看视频会怎样呢?如果学生在家没有机会接触到电子科技产品又会怎样呢?碰到这样的情况,教师该怎么办呢?

7.1.1　思维方式的翻转

对于一线教师而言,他们能够很快抓住课堂主题的关键点,在不用参考任何备课教案,只是简单地依据自己的教学经验,就

第7章 如何实践翻转课堂和混合式教学

能轻松地开始今天的教学。在这种传统的教学模式下,教师就是学生们关注的中心。此时,当教师翻转他们的课堂时,就意味着必须放弃对学生学习的控制权。

7.1.2 巧用科技的力量

很多教育者将翻转课堂和混合式教学归为教育的一种科技解决方案,很多观点也认为翻转必须使用包含了科技成分的视频作为一种教学工具,以实现教学与技术的混合。我们不赞同这些人将翻转学习视为基于科技的教育练习,在这一点上,翻转课堂和混合式教学需要与"技术型教学"加以区分。那些采用数字化工具的学校未必就是进行混合式教学和翻转教学的学校。所谓的"技术型教学",对于教师的教学与学生的学习来说,它完全依赖于技术的实现,实际上只是一种采用了技术的教学模式。我们将翻转学习与混合式学习视为一种包含了潜在科技成分的教学技巧解决方案,技术只是学习的资源与工具,真正的核心是学生及其学习。

这里有很多整套的科技工具,有一些科技工具使用起来很简单,但功能有限,而有一些科技工具很复杂,能够提供很多强有力的功能,以更好地增加教师所讲知识的价值。有一些科技工具,教师必须掌握它们才能有效地翻转课堂。

7.1.3 上传视频

当制作完一个视频后,就必须将它上传到互联网上,以便学生能够进入网站,并获取到它。现在有大量可用的视频托管网站可供选择,比如 YouTube、Vimeo、TeacherTube 或者 Screencast.com。也可以把视频放在学校的网站上,或者放在一个学习管理系统里。

7.1.4 让视频具有交互性

当教师制作完一个翻转视频,并把它上传到在线网络上,其最终的目的就是让学生明白视频所要表达的内容。此外,教师还可以运用一些创造性策略。现在有很多有效的软件和网站可以在特殊的时间暂停视频,以便教师在中途插入问题,这样一来,教师就可以登陆论坛了解谁观看了视频以及每个学生如何回应这些问题。不管使用哪种工具,教师都要确保学生能够积极参与到内容的学习当中,还要确保学生在观看视频的过程中有事可做。

7.1.5 让学生轻松获取翻转视频

对于教师来说,找到一种简单的方式来上传视频内容是非常重要的,但是让学生轻易获取到视频也同等重要(甚至可能更重要)。学习管理系统是一种能够允许教师或者整个学校在同一个地方管理数字内容的网站,学生可以登陆这个网站,用某种方式与数字内容积极互动。一个学习管理系统可以管理视频,储存专门给学生浏览的在线文件,还具有论坛、博客、小测验以及评估功能。

这个系统能够为学生获得某堂课所需要的所有资料提供一站式服务。学习管理系统有很多,包括 Moodle、Blackboard、Canvas、Schoology、Edmodo、Haiku Learning、My Big Campus,以及其他一些学习管理系统。

这些学习管理系统各有优劣。我们的建议是:学校需要找到适用于自己的一种学习管理系统,帮助学生能够轻松地从网站上得到他们所需要的数字内容。

7.1.6 巧妙挤出时间

成功的翻转课堂教师只有一个诀窍,那就是自己挤出时间,

第7章 如何实践翻转课堂和混合式教学

甚至大多数翻转课堂教师会通过合作的方式来最大限度地利用他们的时间。翻转课堂不会让教学变得简单,但是它会让教学变得更有效、更美好。当我们内心坚定地实践翻转课堂时,我们会在开学前后挤出时间来做这件事。即便完成这项任务要付出很多额外的时间和精力,但对我们来说,这也是非常值得的。

7.1.7 进行有效培训

对所有加入到翻转课堂中的人而言,翻转课堂最大的障碍就是大家没有得到适当的培训。只有对所有加入翻转课堂的人进行正确的培训才能更好地实施这种模式,下面两个关键要素可以通过培训解决。

(1)学习如何翻转课堂,不仅是布置一个视频、解决课堂上的问题任务单那么简单,它还意味着更多。例如,参与者必须计划、参与、提高和修订自己的课程设置。

(2)在课堂上找到并实践这些措施。每一个翻转课堂看起来都是独一无二的,每一个翻转课堂也应该成为独一无二的课堂。

开创一个成功的翻转课堂需要深思熟虑和周详计划,能让教师获得成功的最好方法就是与其他翻转课堂的教师建立关系网,参加有关翻转课堂的培训班和会议以及积极地提问。事实上,教师在实施翻转模式之前需要考虑很多事情,因为只有考虑周详了,才能坚持到底。

7.2 翻转课堂如何改变教学

我们所有的教师在大学课程中都学过如何计划一堂课、一个单元或者一整个学年。课程计划的很多模式都是有效的,很多教学计划体系和教师评估手段都包含了一些针对整个班集体学生的信息演示,而在一个完全的翻转课堂里,直接的教学方法是基于个人水平或者小团体的。因此,翻转课程计划将要求改变传统的课程计划和交付周期。最简单的方法就是在课堂上进行时间转换,将直接的教学方法转移到课堂外,将学生的独立练习转移到课堂内。在翻转课堂里,课堂要素之间复杂的安排也可以是井井有条的,尽管那些教师要在教学计划不允许太复杂的环境下进行自己的教学工作,但是一个简单的时间和空间上的转换,也能让教师们实施翻转课堂。

在下面的章节中,我们将通过观察如何组织一堂课、一个单元、一天的教学来打破传统的教学模式。

7.2.1 翻转一个单元:将教学安排得井然有序

当实施翻转课堂时,如何改变一个单元的计划?在很多教学方法中,花时间去改变一个单元的计划是完全没必要的。表7-1是国外某教师使用过的一个位值单元教学计划指南,在表格里,他辨别了学习目标,围绕这个目标设计了练习和亲身实践的活动,并创制了一个视频。假设绝大多数教师已经拥有了一份和这个表格差不多的目标清单,最有可能的是,伴随着视频创新的期望,这些已经发生在大多数课堂。因此,只有一件新事情需要教师去做,那就是创制新的翻转课堂视频。

实施这个方法的一个益处就是要求教师更好地去组织知识内容,不管教师是否决定实施翻转课堂,写下目标、创建或修正合适的学习目标这个过程本身就是教师必须执行的一个强有力的过程,表7-1就是这样一个组织文件。这种一丝不苟的教学计划能帮助教师更好地思考,哪些资源和评估更适合每一个目标。这个过程对那些不按事先确定好的规矩,而按照自己临时的感觉做事的人来说,包括我们自己也是非常有帮助的。在我们翻转自己的课堂之前,可以在散步时"思考"我们想要什么或者只是探讨这个课程中的下一步该怎么做。当我们开始认真思考翻转课堂时,我们必须将如何教学安排得井然有序。这个练习能够帮助我

第7章 如何实践翻转课堂和混合式教学

们彻底想清楚什么是教学、如何教学、我们必须停止教给学生的是哪些内容。

表 7-1　五年级关于位值的数学教学计划指南

学习目标	视频	观察—总结—提问	必需的家庭作业问题
学习目标1：我能读懂和写出小数点后三位数以内的小数	2.1	在千分位之后你认为会是什么位值？解释一下你这么认为的理由	家庭作业：2-1 问题：2-22
学习目标2：我能读懂和写出千位数以内的数字	2.2	如何区分"102000"和"第102000"	家庭作业：2-2 问题：1-5 和 14-21
学习目标3：我能对比小数点后三位数以内的小数	2.3	排列组合1、2、3、4位数。找出最大的数字和最小的数字	家庭作业：2-3 问题：16-27
学习目标4：我能进行小数的加法运算	2.4	解释为什么泰勒在下面的加法运算中出错了，解释如何得到正确的答案。35.2+1.46=4.98	家庭作业：2-4 问题：4-6 家庭作业：2-5 问题：11-13
学习目标5：我能进行小数的除法运算	2.5	写出现实生活中需要用到的小数的加法运算或者除法运算	家庭作业：2-4 问题：7-9 家庭作业：2-6 问题：4-6
学习目标6：我能够使用不同的数学方法来进行心算	2.6	你如何使用联想和交换律来解决数学心算问题	家庭作业：2-7 问题：1-5 和 7-8
学习目标7：我能将小数四舍五入到最近的整数、十位数和百位数	2.7	解释你是如何将小数10.239四舍五入到最近的整数的	家庭作业：2-8 问题：19
学习目标8：我能解决包含整数和小数的加法和除法运算的故事问题	2.8	你要写出故事问题。故事问题要用三个句型：一个句型（首先……）、一个句型（其次……）和一个需要解决的问题。你的工作就是写一个涉及这个单元所有学习目标的故事问题（至少用三个完整句型）	家庭作业：2-5 问题：14-15 家庭作业：2-6 问题：7-10

7.2.2 翻转一周：灵活安排学生的学习任务

当教师计划了一个单元的教学,他们就必须创建一些额外的步骤,以确保学生不只是停留在观看视频的阶段,还要积极与视频互动。下面有一些建议,帮助教师们如何带着翻转的心理去调整一个星期的教学计划指南。

（1）为学生提供额外的时间并提前通知学生。不要布置完一个观看视频的家庭作业后就期待所有的学生都能完成家庭作业,学生可能需要更多的提前通知,一些学生从放学的最后一刻起就忙忙碌碌的。

注意：在截止时间前,要学生在互联网连接设备前挤出一点时间,这对这些学生来说都是极具挑战性的。

（2）允许学生做一些选择。不是每个学生都需要观看每个视频,最关键的不是他们看了什么,而是他们学到了什么。举个例子,如果有一个在线模拟游戏可以教学生关于板块构造论的原理,那么这种模拟游戏就可以代替观看视频,让学生更好地与之互动。

7.2.3 翻转一天：使用简单的翻转视频和有趣的课堂活动

作为一种教学策略,单独地翻转一天比翻转整个单元或者翻转一个课堂更为艰难,这是因为在翻转课堂背景下学生在学习上并没有经常接受"培训"。不管怎样,很多教师接触翻转课堂模式都是从翻转少数几节课开始的,他们一两个星期可能也只翻转一节课。翻转一天最关键的是在视频上呈现比较容易理解的认知内容,并在上课期间增加有吸引力的课堂活动。

7.2.4 在学生积极参与课堂与独立学习之间找到平衡点

教师想要在课堂上增加一些学生可以积极参与的实践活动,

第7章 如何实践翻转课堂和混合式教学

一些教师可能每天都让学生做实验和参加课堂活动,但是这样也会打乱学生的学习节奏,学生只收获了他们试图通过实验所获得的知识要点,然而,学生真正需要的是拥有更多的时间去完成课堂上布置的问题和练习。

还有一些教师让学生在家观看视频,在课堂上完成课堂练习,但是教师没有为学生提供任何可以亲身实践的课堂活动。这样的情况日复一日地重复着,尽管学生需要独立学习和不断的练习,但是他们也同样需要可以积极参与和互动的课堂活动。如果你只做一点改变——翻转一天的时间,将你的直接教学移出课外,让学生在课内完成课堂练习,那么你并没有做出教学法上的变革,而只是做出了时间维度上的改变。

下面是教师可能会犯的两个极端错误。

任何一端都会导致学生不积极参与课堂(参见图7-1)。因此建议教师努力去寻找一种平衡,找到教学中的最有效的那一个点。在这个最有效点上,学生既有时间积极参与可亲身实践的课堂活动,也有时间在教师在场的情况下独自学习。

图7-1体现了在教师陪伴下,学生独自学习的时间与最大化学生积极参与课堂活动的时间之间取得平衡或者找到最有效点。

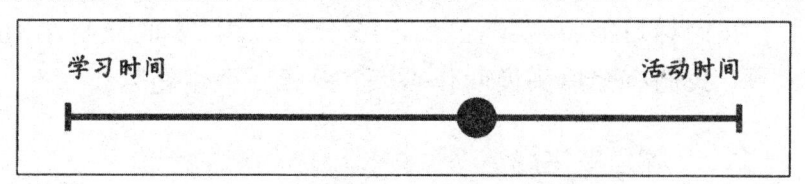

图 7-1 如何辨别最需要帮助的学生

7.2.5 家庭作业:观看视频

老师在翻转课堂的过程中面临的最为严峻的问题要数寻找或制作高质量的视频了。在使用视频教学之前,请认真考虑视频是否能达到理想的教学效果。如果视频适合,然后再开始着手制作。如果视频不适合,那么制作一段视频就只是单纯的视频制作而已,别无他用。

另外还有一些老师可能没有时间制作自己的视频,或不能熟练使用科技产品,或在电脑屏幕前不太会表达。此时,建议这些老师在翻转课堂的时候使用其他人的视频。

7.2.6 制作学生喜欢的视频

当教师已经准备好要制作自己的教学视频,也有了相应的设备,打算尝试着翻转课堂时,首先要知道,不可能第一次尝试就做出好的视频,这需要不停地锻炼,不断地尝试,还需要很多的练习。对于有些视频有效的做法,用在其他视频上可能就不行了。因此,教师要给自己一些时间,这样才能为学生做出高质量的教学视频。

7.2.6.1 视频要简短

最开始制作教学视频的时候,视频长度和平时上课的时间一样。我们讲的课多半都有多个主题。在课堂环境下这样做没有问题,但在视频教学中,我们发现必须坚持每个视频一个话题的原则。我们尽可能将视频控制在 15 分钟以内,争取控制在 10 分钟以下。我们有个口头禅叫作"一个视频一个主题"。

7.2.6.2 嗓音要生动

制作这些教学视频的时候,教师一般会使用某种展示软件(PowerPoint、Prezi、Keynote、Smart Notebook 等)。除了幻灯片之外,教师仅有的可以与学生有所联系的就是手写笔和嗓音了。语调要多变,使视频令人兴奋一些。当我们对软件的使用渐渐熟练了之后,在电脑前录像的时候就越来越放松,表现得也越来越像真实的自我。如果教师选择在给学生讲课的时候现场录制视频,那么语调会更为自然。但是,如果教师是对着电脑录视频,生动、有趣的语调就尤其重要。如果第一次所做的视频不是很好也

第 7 章 如何实践翻转课堂和混合式教学

不要气馁,做多了之后就会好起来的。我们要学会适应这个学习的过程。

7.2.6.3 与另外一位老师共同制作视频

对于观看者而言,两位老师通过对话的模式进行讲课,比一位老师单独讲课要更有意思。两个人(两种声音)比一个要好,学生会学得更多。因为我们两个人都有很长的教学经验,我们知道学生在哪些话题上会遇到极大的困难,因此我们两人中经常有一个扮演正在学习课程的学生,另一个扮演相关的专家。对于学生而言这样的对话有助于他们理解学习材料。

7.2.6.4 添加注释

利用可以手写注释的设备在上面留下笔记。如果不可以添加手写注释,我们或许根本就不会开始翻转课堂。解决复杂的数学、化学、物理问题经常需要写很多步骤。请找到一个可以在屏幕上手写内容的电子工具,使翻转课程成为现实。

7.2.6.5 不侵犯他人版权

因为这些视频很可能被放到网上,一定不要违反版权法。我们不是版权律师,也没接触过这方面的专业知识。请咨询相关领域的专家,确保不触犯他人的版权。

7.2.7 教会学生承担起自己的学习责任

刚开始开发翻转模式的时候,并没有意识到这种模式会彻底改变我们职业生活的各个方面。有了翻转模式,学习的责任就落到了学生身上。有一些学生还是第一次听到要承担起自己学习责任的这种要求。学习再也不是强加在他们自由之上的枷锁,而更像是一种等待探索的挑战。老师放开对学习过程的控制,由学生接手,学习成了学生自己的事情。

最开始学生会感觉奇怪,这种不同寻常的系统是"怎么回事"。但随着学生欣然接受这种模式之后,他们也开始对学习、知识的本质以及自己在教育中的角色有了成熟的理解。我们科学课上的学生多半不会成为科学家、工程师或医生,但当我们教育他们承担起学习责任的同时,也教会了他们人生中最有价值的一课。

7.2.8 让学生的学习成为课堂的中心

学生来到课堂是为了继续学习或证明已经掌握了学习目标。当学习成为课堂的中心之后,学生就会像老师一样努力工作。这说明学生的头脑已经被学习所吸引,不再是被动地接收信息。

为了能够完成教育的关注点从老师到学生的转变,我们把教室称作"学习空间"。"教室"这个词也带来了负担,强调了老师在其中的中心地位,令人眼前不禁浮现出这样的画面:老师站在讲台上,手里拿着粉笔,向学生讲授知识。在教室里,老师讲课,学生听讲。老师"授课"的同时,还要寄希望于学生能够去学。

我们作为老师,把教室称作"学习空间"之后,就迫使我们改变旧的思维方式。我们和学生讨论更改这个名称的时候,他们意识到学校的要旨在于学习,而不是授课。当学生增添了为学习而学习的力量时,我们的学校就变成了一个高效率的学习空间。

7.3 如何利用交互式资源进行翻转

翻转课堂注定会为教师提供一些额外的课堂时间,以吸引学生参与更多的积极学习。对于教师来说,为学生提供大量的交互式课堂活动是非常有必要的,除了学生亲自参与的活动之外,还可以通过他们满意的作品去收集交互式知识材料。

第7章 如何实践翻转课堂和混合式教学

7.3.1 虚拟教具

很多学科的教师都会使用教具,以教具为基础的课堂活动可以帮助学生更好地理解和应用重要的知识概念,教师经常面临的一个问题就是在课堂上缺乏时间去完全利用教具的力量。因为翻转课堂会让教师们强烈反思如何使用课堂时间,所以教师们在翻转课堂里可以更频繁地使用教具。

7.3.2 交互式模拟

有很多为学生准备的在线交互式模拟活动能够替代教师的直接教学。在这些模拟活动中,学生可以自主探索一些知识概念,或者针对一些特别的主题做深入的挖掘。这些模拟活动通常用图表、图形以及概念在实际生活中的应用来吸引学生积极参与到学习中来,让学生与目标和学习产生积极的互动,学生依靠不断变化和发现来探索关键的概念。这样的模拟活动是非常有用的,而且通过翻转视频可以替代教师的直接教学。学生可以通过不断去发现新东西,从而促使自己学得更加深入,而不仅仅是在同一主题上与视频互动。

学生通过这样的模拟活动进行学习,也会比参加一些调查实验学得更快,因为在虚拟的环境中学生能更高效地掌握变量。

很多教科书也会包含一些绑定了学科知识点的模拟活动。

对那些可以接触交互式白板的教师而言,教具和模拟都是很理想的教学方法,尽管它们不是必要的。学习小组的学生可以聚集在交互式白板周围,一起体验这些交互式模拟活动。很多的交互式模拟会引导一些极具价值的课堂活动,帮助学生将知识内容的学习变得更有意义。

7.3.3 让学生创造内容

一旦学生理解了学习内容,让学生通过创建他们自己的指导材料来示范学习内容就变得非常有价值。为了能够让学生更好、更深入地讨论教学内容,给予学生必要且合适的资料,便成了教师需要做的工作。

老师还可以将学生作为他视频里的主角,这将有助于主角学生用同学能够理解的方式解释他已经掌握了的概念。在这些视频中,教师和学生的思维都很清晰,在没有完整解决方案的情况下也能清晰地讨论某个练习或者评论某个问题。

虽然让教学更加具有交互性和参与性是改善学生课堂的一种有效方式,但在翻转课堂上教师依然要有意识地使用那些传统的学习资料。

7.4 如何选择与使用学习资料

相对视频而言,其他的方法也会让信息得到更清晰地传达。学生可以阅读课本和在线内容,通过调查与探索过程进行学习,不仅如此,学生还可以通过自己的所作所为以及其他方法进行学习。从教学方法来看,阅读一份文稿,完成一个活动,点击幻灯片,观看一个视频,它们之间的区别并不大,所有这些设计的方法都只有一个目的,那就是希望学生能够有准备地来到课堂。用视频来翻转课堂是一种能够用我们所熟悉的媒介达到让学生积极学习的简单方法。

7.4.1 分配合适的阅读课本和翻转视频

学校在每个学年之初通常会给学生发放课本,尽管现在的很多课本都已经数字化了,但是不可否认学生依然需要学习课本。我们将这些课本视为可以帮助学生学习的宝贵资料。作为一个基本原则,翻转视频不会取代阅读。不管怎样,请有策略地对待教师布置的任何课本阅读任务。作为一名教师,请记住:为学生分配合适的阅读课本,也为学生分配合适的翻转视频。

7.4.2 拓展学生阅读的深度和广度

课本不是我们所能提供给学生并能与学生互动的唯一的阅读资料,我们希望学生能够读到更多其他的书籍和文章。学生也可以阅读和知识有紧密联系的流行事件,因为这些文章会包含一些难懂的词汇和概念,所以学生可能需要在课堂上阅读更多复杂的内容。既然这样,学生可能需要额外的帮助以辅助他们理解更高水平的文章内容。

7.4.3 混合式教学:让学生自主选择学习方式

当我们是传统教师时,我们会有条不紊地按照我们的时间表给所有学生简单地教授我们的课程,然后学生按部就班地回家做作业,学生只能通过上课获得他们的知识信息。现在,我们翻转了我们的课堂,学生可以通过观看视频获得他们的知识信息。尽管很多的理由证明翻转视频优于先前的教学系统,但它们也只是获取信息的一种方式而已。

不是所有的学生通过任何一种方式(讲课或者视频)都能学到最好,通过多种方式教学是有效组织翻转课堂最好的办法。让学生自己选择他们希望如何学习新的内容,有些学生会选择通过阅读课本进行学习,有些学生喜欢观看视频进行学习。所以,建议教师们为学生提供多样化的选择,以取代简单地布置一次阅读,或者观看一个视频,或者进行一次在线模拟。

实现学生自主选择的一种方法是创建一个选择公告板(参见

表 7-2）。教师要合理地设置公告板,必须确保学生既要完成简单的课堂活动,也不能逃避难度大的课堂活动。实际上,选择公告板要确保学生必须去完成符合知识水平的课堂活动,这个选择公告板方法要使用布鲁姆分类系统作为认知决策水准的基础。

创建一个选择公告板和与之相符的课堂活动将花费大量的时间,所以,我们不建议刚开始翻转课堂的教师使用选择公告板。

表 7-2　这个选择公告板样板让学生能够自由选择最契合他们自己实际情况的活动

	认识/理解－水平的活动	运用－水平的活动	高阶/实际操作－水平的活动
活动 1	阅读课文并做笔记	工作表（奇数问题）	交互式活动 A
活动 2	观看视频,做笔记,使用线上工具与视频进行互动	工作表（偶数问题）	交互式活动 B
活动 3	寻找在线学习目标并总结你的发现	交互式在线模拟；与你的老师碰面,解释概念	学生项目。设计你自己的能够演示学习目标关键点的交互式活动

创建一个视频资料库以及在课堂上实施高质量的课堂活动,依然是最优选择,但是作为一名教师,选择公告板应该作为他们课堂上强有力的辅助工具,而不是主要教学工具。

7.5　反思翻转课堂

7.5.1　个性化教学

在一个非常传统的教学模式中,学生通过一个预先设定的课堂节奏来接受教师的教学。在翻转课堂里,学生在需要知识时,通过自学加上教师的援助就可以获得正确的知识。

7.5.2 同伴教学法

同伴教学法通常与针对课外作业的及时教学相辅相成,这种教学方法建立在有效证明了的确能增强学习效果的将近 20 年的研究基础之上,包括问题解决技巧、概念理解以及减少在科学学习方面男学生和女学生之间的性别差距。

同伴教学法有七个步骤归纳如下。

(1)布置一个"报道"任务:一次阅读、视频或者活动,或者提供一个有关特殊概念的微型讲课。在翻转课堂里,学生们通常在上课之前就会观看这些视频。举个例子,在上课之前,教师会让他的学生观看有关根数的视频。

(2)开始新一轮的问题(第一轮):布置一个和学生报道活动有关的问题,征求学生个人的反馈。学生必须就这个问题提交一个答案。教师可以用低技术含量的工具如卡片,或者高科技的工具如一个学生反馈系统来收集学生的反应。然后教师让他的学生对图 7-2 进行反馈。

> 我会将一个根数写成一个有理数指数幂的形式,然后,从反面来加上简化的表达式
>
> 在不用计算器的情况下估算 $(32)^{-3/5}$
>
> 简化的表达式
>
> $\sqrt[3]{5} \cdot \sqrt{5^3}$ $\dfrac{2c^{1/8}}{c^{-1/16} \, c^{1/8}}$ $\dfrac{ab}{\sqrt[3]{c}}$ $(a^{-2/3})^{-1/6}$

图 7-2 教师设置的问题样本

制作的视频不会直接回答这个示范性问题,视频传达的是在视频里发现的概念的应用。在发展良好的同伴教学法中,问题的答案是让学生根据他们对知识的理解去应用相关的知识,这就是典型的高水平的认知(思考知识的应用或者建立在布鲁姆分类基础上的理论知识)。

（3）分析学生的回答。

（4）以学生的回答为基础进行分组。

（5）将那些和全班学生回答不一样的学生进行分组，2～4人一组。提示他们去寻找和他们答案不一致的同学，并试着理性地对自己的答案进行辩护。在这个讨论的过程中，学生们会尝试一起理解问题。

（6）开始第二轮问题。重新对学生进行调查，教师将看到在讨论之后大家得到的一致答案正慢慢靠近正确答案。

（7）讨论任何一个错误观念。并不是所有学生都能得到正确的答案，因此一个对问题进行的讨论对学生来说是非常值得的。教师发现，那种30%～70%的学生能够答对的问题是最理想的。如果问题太简单就没有必要使用同伴教学法了，如果太难则只会加深学生对知识的错误观念和错误理解。在他的实验课堂上，多项选择题使用同伴教学法最高效，在他的课堂上，数学学得很好的学生在开放式问题上表现得更好。

7.5.3 有组织的讨论

有的教师会将一部分课堂时间用于带领学生进行有组织的讨论，例如，关于二次方程式模型的课。在上课之前，学生观看一个关于如何使用二次方程式的简短视频。上课时，学生分成若干组，将二次方程式模型运用到踢足球的抛物线上。他们利用自己对二次方程式功能的理解来应付各种各样的提示，这类提示最终会带领他们理解为什么踢足球的抛物线最好的模型是二次方程式，而不是三次方程式。为了正确地仿照被踢足球的运动轨迹，二次方程式里的"a"是否必须是绝对值小于1的数字？

学生利用课堂时间去提升对知识的深入理解，不仅仅学习如何解二次方程式，更多的是在学习如何将二次方程式运用到现实生活中。

7.5.4 即时给学生反馈,减少老师的文书工作

通常情况下,学生会把已完成的作业带给老师看,与老师就学习目标中的关键点进行交流。在此类交流中,我们会查看学生的学习情况。我们不再把学生的作业带回家批改,而是当着学生的面"批改"他们的作业。学生确认不理解的地方,我们便和他们一起探讨,并安排课程活动来纠正学生的错误理解。如果学生证明已经掌握了学习目标,我们就会帮助他们做下一步的学习计划,掌握下一步的学习目标。这段交流的时间非常有效,可以纠正错误理解,促使聪明的学生挑战进一步的学习目标。学生经常会孤立地完成一项学习目标,却看不到这个目标与其他关键主题之间的联系。这种一对一或小组讨论的形式能使学生的理解和认识更为深入。

学生在教室电脑上做单元测试,所用的测试程序可以即时评分,并给他们反馈。每次测试之后,学生都会通知我们,我们则会和学生一起评阅这次考试,然后进行一次交流,讨论他们已经理解和没有理解的内容。通常我们能够看出错误问题的分布,并依此为学生制订恰当的补习方案。学生不必再等老师把考卷带回家,批改,退还给他们,然后用整整一堂课的时间来做试卷分析。每名学生都能得到及时的反馈,对快速纠正他们的错误理解至关重要,也不会妨碍学生对学习目标的掌握。即时的反馈是目前翻转模式的一项关键要素,因为学生必须掌握当期的学习目标才能继续下一个单元的学习。

7.5.5 为学生提供补习的机会

并不是所有学生都能在第一次尝试时就能证明自己掌握了课程目标。如果学生第一次没有学明白,后面会发生什么呢?在传统课堂上,教学进度会依然向前推进,不管学生到底听懂或是

没听懂。课堂的推进节奏由老师决定,根据某日应该教授的课程材料来安排。在这种模式下,有些学生越来越落后,他们的成绩很差,而且会因为学得慢而受罚。我们不会惩罚学得慢的学生,反而会给他们足够的机会去重新学习,加以补习。

由于可以即时给学生提供反馈意见,节省下来的时间便可以用于与学生一道讨论,找出学生错误的理解和不明白的概念。我们在教室里巡视,随时根据学生的学习进度给予反馈。我们会来到一名学生或一小组学生面前,询问或查看他们在做什么。然后我们会查看学生的成果或通过引导性提问来检验他们的进度。如果发现他们的理解有问题,我们会立刻加以纠正。这种即时的反馈可以把学生的很多问题消灭在萌芽状态。

通常,在进行每个单元学习时,都会有学生因某些特别的学习目标而受挫。我们会确认哪些学生有类似的问题,然后和他们一起组成小组,再做一次简短的补习课。据有些学生反映,这样的特别关注是他们学习中最美妙的体验。学生参加单元测验的时候,肯定会有人成绩不理想。这些学生会单独与老师会面,找出最好的补习方法。我们注意到这些学生要么是没能把各个知识点联系起来,要么是没能掌握关键的概念。一旦这些问题都厘清了,学生就可以继续学习下面的课程了。

7.5.6 让学习途径变得更加多样化

全方位学习设计(Universal Design for Learning,UDL)学习理论源自哈佛大学。UDL 的基本宗旨是为学生提供多样化的表现手段、多样化的表达方式和多样化的参与方式。

我们发现并不是所有学生通过我们的视频学习都能得到最好的学习成果。为了能够帮助学生创造多样化的表现手段,我们为学生提供了其他可供选择的学习方法。除了教学视频、作业和实验,每一个系列的学习目标都对应着学生用书中的相应章节。很多学生可以通过我们的视频学习,另外有一些学生可以通过教

第7章 如何实践翻转课堂和混合式教学

科书学习,还有一些学生可以通过网络搜寻出学习相关的信息。

允许学生选择学习的方式为他们带来了巨大的动力。学生意识到学习是他们自己的责任。教会学生这个人生道理比我们的科学课内容更为重要。学生可以自由地选择最适合自己的学习策略。由此,学生能够发现最佳的学习方法。我们给学生自由选择学习方式的机会的同时,也给了他们学习的主人翁意识。

我们给学生安排的任务使他们可以用多种不同的方式证明已经掌握了学习内容。以往我们会要求学生完成每一项任务的每一个问题,直到我们满意。现在我们已经不在意学生如何学习,我们只想要他们学会。我们为学生提供适宜的教学视频、工作表和实验安排,我们认为这些资源可以帮助学生掌握学习目标。我们要求学生向我们证明正在学习掌握的每一个学习目标。

此外,特殊教育环境下的学生也能在老师的帮助下学习课程材料,学生真的很喜欢自主选择按何种顺序来完成自己的学习任务。每次授课我都会安排一些辅助任务(实验、工作表、小型项目)。有些学生想要先听听课程内容,然后再完成工作表中的任务,之后再做"有趣的事情"(实验)。而有些学生只想按顺序去做。他们都可以按自己的喜好选择顺序。因为学生可以自主选择去做什么,所以他们也会更愿意去做。

7.5.7 给予学生充分的选择权

在 UDL 的关键要素中,就是给予学生多样化的表达方式。这些表达方式要灵活,并允许学生选择。我们刚开始施行通达翻转模式的时候,坚持要求学生在单元测试的时候能得到 75% 以上的分数。

我们反思过去评价学生的方式后,发现一个统一的检测标准并不适合所有人。我们与学生进行了讨论,给了他们几种可供选择的方式来证明自己对课程目标的理解。现在我们允许学生选择多种证明自己掌握了课程目标的方式,包括总结性单元评估、口头讨论、详细的幻灯片展示、简短的视频陈述、用文章形式证明自己已经掌握了课程目标、其他由学生开发出来的方法。

7.5.8 增加学生与老师面对面的时间

刚开始使用通达翻转模式的时候,有部分家长说出了他们的担心,怕师生之间的交流会减少。有些家长开始抱着怀疑的态度,因为他们以为教师不会再在课堂上与学生交流。经过几次和家长的会面,多数家长都愿意接受这种方式并充满期待。

同时,家长对教师在课堂上一对一与学生沟通的时间量表示很欣赏。还有家长说在传统模式下他们的孩子的科学课学得很差,而现在则好多了,在家里做作业的时候压力也小多了,因为他们随时都能找到要学习的内容。

7.5.9 确保所有学生都参与到课堂中

在通达翻转模式课堂上,所有的学生都是自己学习的掌控者。传统教学模式下,很多教室都是老师站在学生面前,给学生讲课,或许还会使用PPT展示和交互式白板。可惜的是,老师的大脑是工作最努力的,因此也得到了成长,而学生被动地坐在那里,大脑的活跃程度就要差很多。

在通达翻转模式课堂上就非常不同了。学生参与到各种活动中:做测试,在移动设备上观看教学视频,与老师探讨某个话题。做手工活动,组成学习小组一起学习。

7.5.10 让学生的动手活动更加个性化

动手活动是直接授课教学之外的另一种帮助学生学习的方式。在科学课上尤其如此。学生不可能只是学习科学——他们需要通过做科学实验来学习相关的知识。学生在做实验的同时也是在经历和体验科学,掌握与科学概念相关的知识。做得好的话,这些动手活动可以帮助学生审视、消化和分析他们所做的工作。

在开始翻转模式之前,我们都是组成大组来做这些动手活动的。全班人一起听实验指导,所有学生都同时动手。从组织性角度来看,这样做非常高效,但并不意味着这对孩子是最好的。因为翻转模式是异步的,学生在准备好时才会开始实验。学生做实验的时间各有不同。通常我们会四五人一组做实验。做实验之前,我们会与这一组学生进行一次讨论,讨论内容包括活动的目的,以及相关的安全事项。因为是小组讨论,我们可以直视孩子们的眼睛,看他们是否真正知道要做的实验是什么以及如何才能保证安全。在相对更亲密一些的小组里,这些学生做起动手活动时会更加投入。我们感觉学生接受单独的安全指导之后,做实验更加安全了。

7.5.11 让老师的示范变得更加吸引人

现在我们的课堂是异步的,我们只有在学生都准备好了之后才会做这些示范。这也就意味着我们在几个周的时间里会为一个班级的学生做多次示范,每次参与示范的都是一小组学生。小组示范中,所有学生都能看清发生的现象:所有的学生都围在一起观看有趣的示范。让每名学生都能得到与老师面对面探讨的机会。

我们发现这种个性化的示范有利于学生的理解。在翻转模式下完成的示范能使所有的孩子都参与到讨论中,而不是只有那些聪明的孩子才有机会喊出答案。将学生分成小组参加示范实验是通达翻转模式能够如此成功的一个重要变化。学生每天都接受着更为个性化的教学。

参考文献

[1] 海天电商金融研究中心编著. 一本书读懂在线教育 [M]. 北京：清华大学出版社, 2016.

[2] 吕森林. 玩转互联网教育：平台搭建+课程制作+运营推广+行业案例 [M]. 北京：人民邮电出版社, 2016.

[3] 余胜泉. 互联网+教育. 未来学校 [M]. 北京：电子工业出版社, 2019.

[4] 高万林. 互联网+教育. 技术应用 [M]. 北京：电子工业出版社, 2020.

[5] 智学. 信息技术在学科教学中的应用与实践 [M]. 北京：光明日报出版社, 2016.

[6] 吴鹏泽. Web 2.0环境下职前与在职教师教育技术能力培养模式研究与实践 [M]. 广州：广东教育出版社, 2018.

[7] （美）乔纳森·伯格曼,（美）亚伦·萨姆斯著；韩成财译. 翻转课堂与混合式教学：互联网+时代, 教育变革的最佳解决方案 [M]. 北京：中国青年出版社, 2018.

[8] 方其桂. 中小学教师信息技术应用能力培训教程 [M]. 北京：人民邮电出版社, 2016.

[9] 吴琳. 新媒体与新技术环境下教师信息技术应用能力培训教程 [M]. 广州：世界图书出版广东有限公司, 2015.

[10] 杨现民, 唐斯斯, 李冀红. 发展教育大数据：内涵、价值和挑战 [J]. 现代远程教育研究, 2016（1）：50-61.

[11] 王佑镁, 包雪, 王晓静. 密涅瓦（Minerva）大学：MOOC时代创新型大学的探路者 [J]. 远程教育杂志, 2015（2）：3-10.

[12]张岩."互联网+教育"理念及模式探析[J].中国高教研究,2016(2):70-73.

[13]ScoR K, Benlamri R.Context-aware services for smart learning spaces[J].Learning Technologies, IEEE Transactions on, 2010(3):214-227.

[14]Jae-Kyung K, Won-Sung S, Yang Sun L.Advanced Knowledge Sharing Strategies Based on Learning Style Similarity for Smart Education[M].Berlin:Springer Berlin Heidelberg,2012.

[15]荣荣,杨现民,陈耀华,等.教育管理信息化新发展:走向智慧管理[J].中国电化教育,2014(3):30-37.

[16]李铁萌,侯文军.高校教育中基于移动互联的碎片化教学理念与实践探索——以微信公众平台为例[J].教育现代化,2016,5:74-77.

[17]杨现民.信息时代智慧教育的内涵与特征[J].中国电化教育,2014(1):29-34.

[18]饶丹娟.多媒体教学资源云共享平台设计研究[D].南京:南京师范大学,2013.

[19]李晖,王艳娟,崔维.移动终端应用软件在教学中的应用[J].科技创新导报,2014(12):132.

[20]柯清超.大数据与智慧教育[J].中国教育信息化,2013(24):8-10.

[21]张韫.大数据改变教育——写在大数据元年来临之际[J].师资建设,2013(10):91-94.

[22]顾明远.教育领域综合改革的宏观视野[J].教育研究,2014(6):4-9.

[23]张惠敏.微课开启职业教育改革新模式[N].中国青年报,2015-07-27(11).

[24]杨现民.息时代智慧教育的内涵与特征[J].中国电化教育,2014(1):29-34.

[25]张永和,肖广德,胡永斌,等.智慧学习环境中的学习情

景识别——让学习环境有效服务学习者[J]. 开放教育研究, 2012 (1): 85-89.

[26] 联合国教科文组织国际教育发展委员会. 学会生存——教育世界的今天和明天[M]. 上海：上海译文出版社, 1979.

[27] 教育部. 目前我国教育规模位居世界首位2.6亿学生在校[EB/OL]. 人民网, 2013.10.15.

[28] 罗祺, 董佳. "互联网+"背景下翻转课堂教育模式优势解读[J]. 教育现代化, 2017 (09): 131-132.

[29] 徐作栋. 翻转课堂在高职项目式教学模式中的构建与实践研究[J]. 中国多媒体与网络教学学报（中旬刊）, 2018 (08): 4-6+39.

[30] 李欢, 张治勇. 基于网络日志的教学模式探析——以教师教育课程为例[J]. 现代远距离教育, 2013 (2): 74-80.

[31] 丁伟. 浅谈高职院校数字化图书馆建设的困境与对策[J]. 知识经济, 2011 (12): 183.

[32] 崔萌, 胡晓玲, 王希哲. 移动环境下中小学教师信息技术应用能力培训模式探索[J]. 教育信息技术, 2015 (10): 39-42.

[33] 李红霞. 移动环境下创客教师培训的问题与对策探究[J]. 教育信息技术, 2016 (7-8): 119-122.

[34] 杨彦栋, 郭玉刚. 基于《标准》的《现代教育技术》公共课教学内容重构探索[J]. 中国教育信息化, 2015 (08): 70-72.

[35] 张晓华. 基于多元智能理论的高职公共英语翻转课堂实施探究[J]. 农村经济与科技, 2016, 027 (003): 152-153.

[36] 张爱华. 基于信息技术的教学环境建构思考[J]. 济南职业学院学报, 2007 (03): 51-52+60.

[37] 陈子超, 蒋家傅. 高校翻转课堂教学模式探索与实践[J]. 现代教育技术, 2018 (12): 114-119.

[38] 殷旭彪, 陈琳. 论数字化学习环境设计[J]. 现代教育技术, 2013, 23 (5): 20-24.

[39] 王钰莹. 智慧教育背景下微课的设计分析研究[J]. 中国

新通信,2018,21（03）:169-170.

[40] 任双全,张忠子. 基于阳光体育的高校体育教学模式创新体系构建[J]. 民营科技,2017（5）:247-247.